XiBeiMinZuDaXueXiaoYouFengCai
ZhiQiShiNianQiShiRen

西北民族大学
校友风采之七十年七十人

主编 李辉

民族出版社

《西北民族大学校友风采之七十年七十人》
编委会

主　编：李　辉

副主编：冶生贵　　刘　曜

编　委：久美道杰　　马鸿波　　许国栋　　马　莉

　　　　格尔勒　　　李晓丽　　戴　正　　卢　敏

序 言

2020年是我国全面建成小康社会和"十三五"规划圆满收官之年,是实现第一个百年奋斗目标的决胜之年,也是脱贫攻坚战的达标之年。对于中华人民共和国成立后创建的第一所民族高等院校——西北民族大学而言,2020年也具有特别的意义,即将点燃她的70根蜡烛。

西北民族大学在解放大西北的凯歌中孕育,在共和国的晨曦里诞生。70年中,我们有过辉煌,经历过群贤汇聚、英才辈出的盛况;也历经撤销停办、举步维艰的困境与遗憾;更有卧薪尝胆、奋起直追的成功和喜悦。70年的办学历程,就是一部薪火相传、励精图治的创业史,团结拼搏、锐意进取的奋进史,求实创新、和谐共进的发展史。

在党和国家的亲切关怀下,经过几代人筚路蓝缕、艰苦奋斗,西北民族大学从起初单纯培养少数民族政工干部和翻译人才的"革大三部",建设成为学科门类齐全、优势特色鲜明,拥有73个本科专业和本硕博三级学位授权资格的综合性大学。在校学生从当年仅有8名学员的"藏民问题研究班"发展到有来自全国31个省(自治区、直辖市)、港澳台地区的全日制学生2.6万余人;校园从西北新村的不足400亩扩展到榆中的近1400亩,现拥有2个校区、1所三甲附属医院,27个省部级重点学科,中国语言文学一级学科博士学位授权点、中国语言文学博士后科研流动站,16个一级学科硕士学位授权点、2个二级学科硕士学位授权点、8个硕士专业学位类别,具有推荐优秀应届本科毕业生免试攻读硕士研究生学位资格和招收"少数民族高层次骨干人才计划"硕士、博士研究生资格。70年风雨兼程,学校实现了跨越发展,具备了现代高水平大学的雏形,为建设一流民族大学奠定了坚实基础,为铸牢中华民族共同体意识和传承中华民族优秀文化做出了积极贡献。

70年赓续奋进，70载铸就辉煌。一代代西北民大人坚守为党育人、为国育才的初心和使命，18万多优秀学子从丝路重镇兰州奔赴祖国各地、世界八方，秉承朴实无华、甘于清贫、淡泊名利、无私奉献的"黄土地"精神和志存高远、奔流不息、百折不挠、勇往直前的"黄河"精神，在祖国的大江南北、各条战线成为栋梁和骨干。他们是兼济天下、克己奉公的人民公仆，是潜心学术、用心育人专家教授，是商海弄潮、实业报国的企业精英，是扎根边疆、默默奉献的人民教师，是面对疫情、无畏逆行的白衣天使，是祖国信赖、保家卫国的忠诚战士……

70年不平凡的历程，校友们付出了辛勤的汗水，在各自的岗位上兢兢业业、尽忠职守、创新创业，为母校增添光彩，共同铸就了母校的丰碑。自1980年来到学校，我已在这里度过了40个春秋，从学生到教师、管理者，成长的每一步都离不开母校的教育和培养，作为学校发展的亲历者见证人，无论年龄和角色如何变化，始终对母校葆有赤子之心。

在喜迎西北民族大学70华诞之时，我们编辑出版《西北民族大学校友风采之七十年七十人》献礼母校。旨在展示优秀校友在各领域的突出成就、先进事迹和绚丽风采，记载他们将个人发展同国家和民族的前途命运紧密相系的行动足迹，集中反映18万余名各民族校友的业绩印记，同时激发在校师生的自信心、自豪感和爱校之情，共同书写高水平大学和一流民族大学的发展史。

由于时间、名额所限，难免挂一漏万，还有很多优秀校友的丰硕成果未能收录，望见谅。作为《西北民族大学校友风采之七十年七十人》的主编，本书付梓之际，校友办嘱我作序，勉而为之。

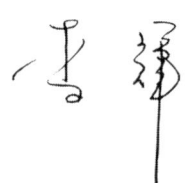

目 录

党政管理篇

勤政爱民好公仆
　　——记原干训部 1952 届校友穆永吉 …………………………………… 3

肩担大义　胸怀草原
　　——记 1953 届校友乌伦赛 ………………………………………………… 9

争做大写的人，成为大写的人
　　——记原法律系 1954 届校友马有功 …………………………………… 14

拓荒者的犁镜
　　——记原医学系 1963 届校友次仁卓嘎 ………………………………… 20

保住青山绿水也是政绩
　　——记原政治系 1968 届校友石宗源 …………………………………… 25

鹰击长空万里阔　不负时代砥砺行
　　——记原政治系 1982 届校友吴海鹰 …………………………………… 27

责任・情怀・忠诚
　　——记原汉语系 1982 届校友梁明远 …………………………………… 32

矢志不渝、潜心研究藏学的汉族专家
　　——记原少语系1982届研究生校友蒲文成 ………………………… 38

三江源头绽放精彩人生　驰骋高原书写真情大爱
　　——记原汉语系1982届校友马海瑛 ……………………………… 43

教学科研篇

西北民间非物质文化保护的先行者
　　——记原语文系1954届校友郝苏民 ……………………………… 51

于无声处听惊雷
　　——记原语文系1955届校友马俊民 ……………………………… 55

笔耕不辍译春秋
　　——记原语文系1955届校友赵国栋 ……………………………… 59

传神手笔架金桥
　　——记原语文系1956届校友郝关中 ……………………………… 64

路漫漫其修远兮　吾将上下而求索
　　——记原语文系1960届校友唐景福 ……………………………… 68

执着追求　自强不息
　　——记原语文系1960届校友樊保良 ……………………………… 75

大夏河孕育的藏学专家
　　——记原少语系1977届校友洲塔 ………………………………… 80

桑榆暮景，回母校
　　——记原语文系1955届校友贾晞儒 ……………………………… 83

孜孜以求终不舍　笃志传承优秀文化
　　——记原少语系1982届研究生校友高瑞 …………………… 87

蒙古族文化研究领域里的一轮圆月
　　——记原少语系1982届校友萨仁格日勒 ………………… 91

三尺讲台　桃李芬芳
　　——记原语文系1982届校友艾尔肯·哈的尔 …………… 95

耕耘学科　服务于民
　　——记原少语系1982届校友尕藏才旦 …………………… 100

母校，梦的起点
　　——记原少语系1982届校友孟根花 ……………………… 105

扎根新疆教育工作的西北民大人
　　——记原汉语系1982届校友茹克娅·沙吾提 …………… 109

魂牵梦系丁香园　扎根高原育桃李
　　——记原政治系1983届校友尕宝英 ……………………… 113

内蒙古医疗战线的"首席专家"
　　——记原医疗系1984届校友王智勇 ……………………… 115

患者最信赖的"古大夫"
　　——记原医疗系1984届校友古力苏木·艾力木哈孜 …… 120

结核病防治战线上的勇士
　　——记原医疗系1984届校友赵晓 ………………………… 125

晶莹白雪润人生
　　——记原畜牧兽医系1984届校友韩雪清 ………………… 128

东乡语和唐汪话研究"第一人"
　　——记原汉语系 1984 届校友陈元龙 ………………………… 133

不断挑战新领域的藏族经济学家
　　——记原民贸系 1985 届校友王仁曾 ………………………… 139

时闻芳树春　唯有"青"笳曲
　　——记原民贸系 1985 届校友杨树青 ………………………… 145

医者仁心德为先　心有患者情自满
　　——记原医疗系 1985 届校友叶晓锋 ………………………… 149

过河看石头
　　——记原政治系 1987 届校友杨云才 ………………………… 154

学生心中的好老师　专业领域的大学者
　　——记原少语系 1988 届校友郭须·扎巴军乃 …………… 157

母校，永远的精神家园
　　——记原少语系 1988 届研究生校友万果 ………………… 161

不忘初心的藏族学者
　　——记原少语系 1991 届校友切排 ………………………… 166

奉献真爱　不辱使命
　　——记原医疗系 1992 届校友马娟文 ……………………… 169

百姓信赖的好医生　抗击疫情的好战士
　　——记原医疗系 1994 届校友周玮 ………………………… 172

潜研跨国民族　创"和平跨居"论
　　——记民俗学 1995 届研究生校友周建新 ………………… 177

扎根田野　无悔人生
　　——记民俗学1996届研究生校友袁同凯 …… 181

攀登民族出版高地的引领者
　　——记原藏语系1997届研究生校友阿旺泽仁扎西 …… 185

踏踏实实做科研　兢兢业业为环保
　　——记化工学院2003届校友王静 …… 191

那年的年少　此间的青春
　　——记化工学院2009届校友张传芳 …… 195

文学艺术篇

心泉喷出千首歌　唱尽人间乐和愁
　　——记原西北民族学院前身"革大三部"校友朱仲禄 …… 205

豪情抒壮志　妙手著华章
　　——记原西北民族学院文工队校友赵之洵 …… 210

功夫不负苦心人
　　——记原语文系1978届校友乔旦德尔 …… 215

夕阳下的奋蹄驽马
　　——记原干训部1975届校友马自祥 …… 220

《不忘初心》新时代　《丢羊》华表奖风采
　　——记原汉语系1981届校友汪小平 …… 226

踏踏实实做事　坦坦荡荡为人
　　——记原少语系1982届校友包图雅 …… 230

绘天山南北　展边疆风情
　　——记原艺术系1983届校友亚里昆·哈孜 ·················· 234

不负韶华勇向前　桃李芬芳舞新篇
　　——记原艺术系1985届校友白金峰 ························ 238

丝路绽放的雪莲花
　　——记原艺术系1985届校友燕娅娅 ························ 243

春风化雨育英才，躬耕杏坛铸歌魂
　　——记原艺术系1986届校友黄金中 ························ 248

用声音礼赞人生　以执着挑战梦想
　　——记原音乐舞蹈系1987届校友多吉次仁 ················ 253

精雕巧琢　天下神功
　　——记原历史系1990届校友包英志 ························ 258

以梦为马　不负韶华
　　——记原音乐舞蹈系1995届校友琼雪卓玛 ················ 263

闪耀在民大上空的裕固之星
　　——记原音乐舞蹈学院2002届校友萨尔 ·················· 265

从民大始梦走向世界的影视奇才
　　——记原藏语系2003届校友万玛才旦 ····················· 269

一朝民大人　一生民大情
　　——记医学院2007届校友杨安 ······························ 273

企业管理篇

行业的翘楚　撒拉的骄傲
　　——记原数理化系1985届校友陈喆 ························ 279

促团结发展　树清风正气
　　——记原民贸系1985届校友卓玛才让 ………………… 285

踏马扬鞭　挥斥方遒
　　——记原医疗系1987届校友沙靖轶 ………………… 288

自由的人　自由的梦想
　　——记原医疗系1992届校友马文贵 ………………… 293

勇于逐梦　追求极致
　　——记原民贸系1992届校友马健 …………………… 297

藏药传承与开发道路上的奋进者
　　——记原医疗系1998届校友孙泰俊 ………………… 301

不负少年梦　未曾惰寸功
　　——记原经济管理学院2000届校友乙壤月 ………… 306

创业有路　藏药飘香
　　——记医学院2005届校友吉美才让 ………………… 312

产业政策互联网的创新创业之路
　　——记教科院2006届校友兰林 ……………………… 317

不忘初心　做新时代"赶路人"
　　——记电气工程学院2007届校友马占虎 …………… 322

高原上"智慧城市"的建设者
　　——记马克思主义学院2010届研究生校友才让扎西 … 327

后　记 …………………………………………………………… 331

党政管理篇

勤政爱民好公仆

——记原干训部 1952 届校友穆永吉

穆永吉（1932—2017），男，回族，中共党员，甘肃省天水市人，1952年毕业于西北民族学院干训部。

穆永吉从最基层工作干起，先后担任甘肃省人事局干部调配科副科长、副处长，山丹和高台县委副书记，甘肃省委组织部干事二处处长、省委组织部副部长，甘肃省人事局局长兼党组书记，甘肃省政协秘书长，甘肃省副省长，甘肃省人大常委会副主任，第九届全国政协委员、全国政协民族和宗教委员会委员等职。在数十年革命生涯中，他一身正气、两袖清风、坚持真理、廉洁奉公，根植于人民群众之间，为甘肃的组织人事、民族宗教、统战政协和地方立法等工作做出了巨大贡献。他自幼喜爱文学、考古、书法和绘画，是位多才多艺的省部级领导干部。他退休后仍坚持笔耕墨池，冶情冶志，探索艺术的奥秘，先后出版了《穆永吉书法选集》和诗词集《百蕙斋吟稿》。他的书法作品曾在《人民日报》等报刊上发表，并被广泛收藏。他曾担任甘肃省书画研究院名誉会长、陇山书画院名誉院长、甘肃省穆斯林书画摄影协会名誉会长等职。

自古雄才多磨难

1932年2月，穆永吉出生在曾经孕育了人文始祖伏羲的历史文化名城——天水。这个男孩的到来，给父母带来了早春的希望。他是家中姊妹4人中唯一的男孩，他们岂能不高兴！

勤劳的父母靠做小本生意为生，多子女的家中经济并不宽裕。穆永吉懂事早，他自幼亲眼目睹了家庭的贫寒和父母生活的艰辛，立志长大后要用知识改变自己的命运。

再艰难也要让孩子读书"睁开眼睛"，父母省吃俭用供穆永吉上了小学。老师的培养和知识的开化，点燃了穆永吉对美好未来的向往。正当他如饥似渴地在学海中遨游时，天塌了！1941年，含辛茹苦养育他的父母先后撒手人寰，那时他年仅10岁！

人生的一大不幸，使这个年幼的孩子哭天不应，唤地无声！于是他不得不离开校园出外谋生。他走进了一家杂货店，开始自食其力，挑起了生活的重担。八年童工泪，艰苦心自知。熬至1949年，平地一声春雷，天水解放了！这令少年穆永吉看到了新生活的曙光。他积极投身革命，参加地方的各种任务。

"千里马"从西北民院奋蹄

1951年，穆永吉被推荐到西北民族学院干训部学习。得知这一消息，他激动得热泪盈眶。金秋9月，他背上行囊，带着憧憬走进了校门。这一年他19岁！

建校初期的西北民族学院，百废待兴。全校师生正团结一心，干劲十足，辛勤地为当时在甘肃省会城市兰州创建的这所新中国民族高等教育的"长子"添砖加瓦。作为新中国成立后创建的第一所民族高校的第一批学生，穆永吉懂得珍惜这来之不易的学习机会。在知识的海洋里遨游，他兴奋不已，也如饥似渴。

入校时间不长，全国各地便展开了"土改"运动，上级要求大专院校学生参加"土改"工作队，还在学校学习的穆永吉来到工作队，被任命为康乐县苏城区二乡一行政村"土改"工作组组长，他向农民群众讲述"土改"政策，带领工作队员和群众搞"土改"。穆永吉是回族学子，又是到回族聚居区开展工作，这使他如鱼得水。半年下来，他出色地完成了工作，回到兰州母校读书。1952年，穆永吉毕业于西北民族学院，是年被分配到甘肃省人事厅三处负责干部培训工作。1954年，他光荣地加入了中国共产党。从此，无论他的命运或上或下，或东或西，他都一步一个脚印，坚强不屈地穿过风雨，渡过激流和坎坷，一路高歌猛进。他凭着心中坚定执着的信念和努力拼搏的精神，在艰难而又坎坷的人生征途中不断攀登跋涉，从一个寒门子弟成长为一名省部级领导干部，创造了不平凡的业绩。这位从西北民族学院让理想开花的骄子，用一生的耕耘和实践书就了大写的"人"字。西北民族学院成了这匹"千里马"一跃千里的起跑线。

甘当"伯乐"相中"千里马"

穆永吉从小受过苦，他懂得生活的不易，更懂得一位组织干部肩负的责任。"组织人事工作是我的根，是我腾飞的起点，我感谢这段经历，它使我从中锻炼成长。"谈起这段经历，他感慨万千。在数十年的工作生涯中，穆永吉与组织人事工作结下了不解之缘，是甘肃省组织人事工作名副其实的搭桥人和铺路人。

据了解，在20余年的组织人事工作经历中，他无论是在基层，还是在省委、省人大、省政府、省政协，都是主管人事工作的好领导。他说："我办事的原则是，提拔任用干部要体现公平竞争的机制，优胜劣汰，能上能下，能进能出。要有利于社会和经济的发展，有利于经济不发达地区的开发，有利于调动干部的积极性。"这是他经验的总结。

他说到做到。作为甘肃省组织人事制度奠基的见证人之一，他亲自参加过 1962 年的机构精简工作，这次机构改革也是最具成效的一次。

"文化大革命"后，正值百业待兴之时，那时的他，已担任甘肃省委组织部副部长。他首先做的三件事是：平反冤假错案，解放老干部；清理"三种人"，纯洁党的队伍；培养新干部，选好接班人。他参与平反了一大批冤假错案，使蒙冤的老干部平反昭雪。当时，中央组织部要求各地对清理"三种人"搞试点，他便亲自下到武威搞试点，并认真向中央组织部作了汇报，得到中央组织部的肯定，中组部将甘肃的一些做法作为典范向全国进行推广。十年动荡，干部队伍严重青黄不接。为选拔一批觉悟高、能力强、能胜任工作的干部，穆永吉接到甘肃省委的指示后，亲自带工作组深入基层厂区和寒冷的戈壁厂矿选拔干部。在那些艰苦的地方，经常能看到他忙碌的身影。这位慧眼识英才的甘肃省委组织部副部长犹如"伯乐相马"，相中了一大批德才兼备的优秀人才。这些脱颖而出的干部走上新的工作岗位后，从年龄到知识结构，都使甘肃的干部队伍从根本上得以改变，给各行各业带来了新气象。这些干部在工作中得到了锤炼，他们中的许多人后来成了国家的领导干部和栋梁之材。穆永吉在工作中也不断成长。从副省长到省人大常委会副主任，他一身正气，两袖清风，坦荡做人，为官清廉，赢得了甘肃人民的口碑。

鞠躬尽瘁为民生

作为西北民族大学培养的首批民族干部，穆永吉吃透了党的民族政策，有着较高的理论水平。他长期扎根民族地区，与各民族同胞同呼吸、共命运。他了解民众的疾苦，知道老百姓需要干部帮助解决什么问题。

1986 年起，穆永吉先后担任甘肃省政协秘书长、副省长和省人大常委会副主任。他广交党内外朋友，深入群众，深入生活，俯首甘为孺子牛，脚踏实地办实事。他主要分管政法、人事、民政、监察、民族和宗教等与党和群众切身利益息息相关的工作。他从社会治安综合治理抓起，全面治理日益蔓延的毒害，在全省建立了数十所戒毒所。与此同时，针对甘肃省民族多等特点，他果断解决了"文化大革命"遗留的民族与宗教工作中众多急需解决的问题，为巩固安定团结的大好局面奠定了基础，得到各界的好评。他说："我是老百姓选举的，我就要为老百姓办实事、办好事。"他权为民所用，利为民所谋。在数十年的革命生涯中，真情服务民生，服务社会，刚正不阿，胸怀坦荡，用奉献和忠诚书写了辉煌的人生。这一天之骄子，以颇多的建树回报了母校的培养，告慰了父母的在天之灵，成为母校的骄傲。

翰墨伴晚晴　生命更精彩

1998年，年逾古稀的穆永吉离开他工作了40多年的党政工作岗位退休，过起了安静的晚年生活。忙碌了半个多世纪、走过数十年坎坷岁月的他，百忙中没有忘记学习，没有放弃他酷爱的书法艺术。他从小酷爱书法，经常驻足于书案旁，欣赏和体会书法的神韵。退休在家颐养天年的穆老，终于可以有时间在翰墨情趣中安度晚年了。他担任着甘肃省书画研究院名誉院长，甘肃省书法家协会会员、名誉主席，甘肃省诗书画联谊会名誉会长等职务，并多次参加高规格的书法比赛。他一再强调自己绝不是什么"家"，只算是书法界的一个"票友"。他认为退休后，应该休闲怡神，养性修身；应该兴之所至，提笔展纸，抄诗摘句，物化情思；应该练字保健，相得益彰。基于此，他在同一些老同志、老兄长和书画界朋友交往中，以文会友，交流切磋，情深意长，使退休后的生活多姿多彩。

穆老的体会是：读书、吟诗、练字、作画，可以增长知识，调整心态，有益身心，保健增寿，确是老年同志的养生之道。所有这些书趣、诗韵、墨香、亲情、乡情和思想切磋、感情交流，都是养生的良师益友。

功夫不负有心人，在十余载潜心研究中国传统书法的基础上，穆老继承书法精粹，博采众长，从浩瀚优秀的传统书法遗产中汲取了不少有益的营养从事艺术创作。他的作品经常发表于《人民日报》《书法报》《甘肃日报》等报刊，并被书法爱好者收藏。2004年，他又出版了《穆永吉书法作品选集》，受到书法界名流的一致好评。穆老字如其人，他的榜书雄浑豪放，小字用笔沉稳，将书写者的胸中意态展现得淋漓尽致，字里行间无不渗透着人格的品位和人生的修炼。谈起母校，穆老始终认为"树高千丈忘不了根啊！我的人生从这里起航，母校是我永远的情结"。

2017年12月，穆永吉同志因病在兰州逝世，享年86岁。他一生对党忠诚，深爱国家，体恤人民；对工作尽职，对家庭负责，对儿女慈爱，对朋友诚信，深受大家爱戴。他是一位好党员、好干部、好公仆、好父亲和好朋友，一生恪守清廉、安于清贫，把清廉作为一种美德、一种品质、一种追求，坚守了一生。他把安贫乐道、清白做人、诗书传家的家风践行了一世。他身居高位，但从未利用自己手中的权力为子女和亲友谋取私利。他用一生诠释了"与其浊富，宁死清贫"的崇高气节！他一生博学多识、多才多艺、爱好广泛，文学、考古、诗词、绘画皆能，尤擅书法，有《穆永吉书法选集》《百箎斋吟稿》传世。

良操美德千秋在，高风亮节万古存。

肩担大义　胸怀草原

——记1953届校友乌伦赛

乌伦赛，男，蒙古族，内蒙古阿拉善左旗人，1949年9月参加工作，1953年毕业于西北民族学院，1960年10月加入中国共产党。乌伦赛曾担任阿拉善盟盟长10年，曾任政协内蒙古自治区第七届委员会副主席。

努力成才

1933年1月，乌伦赛出生于阿拉善和硕特旗（今内蒙古自治区阿拉善左旗）磴口巴格一个牧民家里。6岁时跟随当地文化人识字，早早地踏进文化的门槛；10岁时，去定远营学习；13岁时他成为旗王府里的见习生，学着抄抄写写；1949年9月，年仅15岁的乌伦赛随旗王府的工作人员加入到和平起义的行列当中，并成为革命队伍的一员。1951年，中共阿拉善旗工委派他到兰州西北民族学院学习。在那里，开始了他人生的重要转折。

乌伦赛从小学蒙古文，进入西北民族学院后他集中力量攻读汉语文和其他课程。在大学里他特别兴奋，如饥似渴地学习，畅游在知识的海洋里。几次寒暑假，他都没有回家，整天泡在学校图书馆里。在进入西北民族学院学习以前，乌伦赛对党和国家的政策并不是很了解，只是跟随着领导做事。到学校后他才开始系统地学习党的各项政策和历史知识，对党和政府有了比较深入的了解，对民族问题也有了更深入的分析。每当回忆大学时光，乌伦赛总会说："革命前是我做人的开始，真正到了学校后，我才懂得了很多知识，在那里我认识到在民族地区要如何更好地为人民服务，我的政治生涯的启蒙是在民院开始的。"

扎根基层

乌伦赛大学毕业后回到阿拉善旗，开始了自己的政治生涯。在工作中他吃苦耐劳，任凭风雨浑不怕，只系人民在心间。1953年4月至1956年6月，他在中共阿拉善旗工委，中共阿拉善旗第四、五苏木工委任宣传干事。刚从学校回来的乌伦赛积极地投入到旗里正全面展开的全国第一次人口普查和基层建政的工作浪潮中。他和十多名同志赴宁夏学习人口普查、基层选举，回来后，培训其他工作人员。后又被分到工作队下乡搞试点工作，工作结束后被分到12个乡进行为期3个月的人口普查和基层政权改造工作。接着开展援藏活动，动员人民群众援助西藏3000峰骆驼。之后，他又被派到牧区，宣传党的政策，关心人民群众的生活和生产。

1955年开始，乌伦赛在牧区宣传畜牧业社会主义改造，试办牧业生产合作社。1956年6月至1961年8月，任中共阿拉善旗工委农牧部干事，从事农牧业社会主义改造和农牧业生产。1961年8月至1970年2月，先后在阿拉善左旗农牧局、旗人民政府办公室、中共阿拉善左旗委宣传部任副局长、副主任、副部长等职。1970年2月至1973年5月，在阿拉善左旗新华书店领导小组工作，任旗革命委员会政治处宣传组组长和《阿拉善左旗报》社长，1980年3月至1983年6月任阿拉善左旗党委副书记、旗长、代书记。

造福一方

乌伦赛担任盟党政主要领导职务的10年正处在改革开放初期。他坚持从实际出发，坚持自力更生、艰苦创业，坚持两个文明建设一起抓，坚持维护和发展安定团结的政治局面，为阿拉善盟的改革开放、经济发展和人民生活的改善做出了重要的贡献。

担任阿拉善盟盟长期间，乌伦赛坚决贯彻执行党的方针政策，努力提高自己的思想认识，把工作重点转移到以经济建设为中心上来。在开放方面，他更是利用阿拉善盟独特的地理位置优势，不遗余力地为阿拉善盟人民谋福利。乌伦赛不仅注重区域内经济发展，还注重发展边境贸易。由于阿拉善与蒙古国接壤，他积极发展边境贸易，促进边境交流。1992年3月8日，乌伦赛邀请蒙古国3位省长来阿拉善盟进行交流访问。随后，乌伦赛赴蒙古国5个边境省回访，初步达成双边边境贸易协定，开创了阿拉善边境贸易的先河。在担任盟长期间，他建设性地提出了"求实务实、团结奋进、自力更生、艰苦奋斗"的口号。这种共识始终指引着阿拉善人奋斗的方向，是阿拉善人坚持不懈的动力，也是阿拉善人民三十多年来的作风的写照，是阿拉善的每一届领导都继承的精神财富。乌伦赛强调必须求实务实，一切从实际出发，尤其是在拥有特殊文化和地理环境的阿拉善地区。他说："这里的土地，这里的气候，更加要求我们这样做，只有这样阿拉善人民才能走上富裕的道路。"

"乌伦赛同志在阿拉善盟的事业中付出了辛勤的劳动，做出了重大贡献，在阿拉善盟的土地上留下辛勤的汗水和闪光的足迹。"这是当乌伦赛调离阿拉善盟时内蒙古自治区领导同志在全盟副处级以上干部大会上的评语。在内蒙古自治区政协工作期间，他认真贯彻党的统战工作方针政策，团结民主党派人士积极开展参政议政活动，经常深入盟市旗县进行调查研究，自治区81个旗县市他去过71个。他撰写了不少调研报告，在向内蒙古自治区领导反映情况的同时也提出了一些有创意的建议和意见。他撰写的《试论阿拉善盟畜牧业的发展》一文被评为内蒙古自治区哲学社会科学优秀成果三等奖。多年来，乌伦赛多次获得各级各类荣誉和表彰，还曾获得"中华慈善奖"和红十字会"人道、博爱、奉献"铜奖。

高风亮节

乌伦赛于1949年参加革命工作，2001年退休。从宣传干事到内蒙古自治区政协副主席，从阿拉善农村到繁华都市呼和浩特，他经历了太多，感受了太多。他始终生活在人民中间，了解人民需要。在他心里没有等级地位差别，有差别的只是为人民服务的多少。他心里始终装着人民，有着"安得广厦千万间，大庇天下寒士俱欢颜"的胸怀，有着"明时思解愠，愿斫五弦琴"的气节。六十多年来他从不计较个人职务升迁和工资待遇，常说："我们不能满足自己工作中所取得的成绩，但绝不能不满足自己所享受的工作生活待遇。"他工作多次调动，曾几次由旗级机关调到基层或企业，甚至调派去巴丹吉林沙漠中任牧业合作社驻社干部。领导问其意见时，他始终回答："听从党的安排"。回首往事，乌老深情地说："要真正地做一名人民的公仆，是要我们时刻关心人民群众的衣食住行。人民群众说我们是人民的父母官，实际上，人民群众才是我们的父母。毛主席曾教导我们，任何时候都不要忘记'人民'二字。这方土地和这里的人民养育了我，我在这里工作了五十多年，我觉得自己对社会、对人民做得还远远不够。我已非常满足党和人民所给我的待遇，但我作为一名共产党员为人民服务永不感到满足。"

老骥伏枥

退休后的乌伦赛依然关心人民生活，为阿拉善、为人民操劳着。乌伦赛利用7年时间创作了以阿拉善和平解放为背景的长篇小说《沙海枪声》，每天坚持晚上写两三个小时，有时写到关键部分居然都忘记了休息。他还出版发行了《扎格之子》《洪古日卓拉》两部诗集，写了二十多万字的回忆录《亲历随笔》等，想把自己的经验和想法留给故乡。

乌伦赛心里想的不仅是阿拉善这个故乡，而且时刻关心着全国的事。他对我国发生自然灾害的地区奉献自己的爱心，多次通过当地红十字会慈善机构捐款捐物，多至万元，少则几百元等。乌老深情地说："这是我们老两口的一点心意，作为一名老党员，我们别的事做不了，捐一点钱为灾区人民表达我们的爱心。"

如今乌伦赛深居简出，继续搞自己的创作。对于天下大事他备感关心，民生问题始终萦绕心间。在他心里阿拉善是自己的故土,人民是自己最深爱着的母亲。这正是"一片丹心昭日月,无涯荒漠俱是家"。他把自己的心血灌注在阿拉善的大漠中,用自己的热情建筑阿拉善的一幢幢楼房,用自己的晚年搜寻阿拉善历史的回响。

争做大写的人，成为大写的人

——记原法律系 1954 届校友马有功

马有功，男，撒拉族，1933 年 10 月出生于青海省循化县孟达村，1954 年 8 月毕业于西北民族学院法律系，1956 年加入中国共产党。先后担任循化撒拉族自治县人民法院审判员、副院长、院长，检察院检察长，循化撒拉族自治县县长，县委副书记、书记，青海省人大常委会法制委员会副主任、主任，青海省高级人民法院院长等职务，1998 年光荣退休。

立志读书，刻苦学法

马有功出生在循化撒拉族自治县孟达村一个贫寒的农民家庭，自幼酷爱学习，刻苦努力，成绩优秀。读到小学四年级时，就被选送到昆仑中学。初中辍学回家，帮父母打柴种田，但只要有空他就会拿起书本汲取知识营养。1951 年 1 月，马有功到县政府的民政科上班。1951 年 5 月 10 日被西北民族学院法律专业录取。怀揣理想，他徒步前往兰州开始了西北民族学院求学之路。半年预科之后进入大学学习，他珍惜机会，刻苦认真，成绩始终名列前茅。1954 年 8 月，马有功以优异成绩毕业，返回家乡循化参加工作，成了撒拉族历史上第一批大学毕业生。他生性活泼，擅长体育运动，组织协调能力强。在大学期间，经常组织篮球比赛等体育活动；喜欢广交朋友，善于团结其他兄弟民族同学。乐于交际、善于组织的性格和能力，陪伴了马有功的一生，对他做好本职工作，起到了积极的作用。

因地制宜，科学指导

他继承父辈的优良传统，始终坚持艰苦奋斗、勤俭办一切事业的原则，下乡不坐专车，尽量步行。在任县委书记期间，县委只有一辆北京吉普车，他明确交代，谁有工作需要谁用，谁有急事谁先用。他徒步走遍了全县所有的村庄，与群众同吃、同住、同劳动。在当时的8名县委班子成员中，有5名撒拉族、2名汉族和1名藏族，马有功作为"班长"，以身作则，率先垂范，不同民族的成员之间互相尊重、团结共事、取长补短、共同进步，营造了一种为民务实、勤政廉洁的工作氛围。

他结合自然环境条件、民族传统种植经验，对县城内农业经济的发展提出了分三类指导方案。第一类是黄河沿岸地区，提倡多种植苹果、西瓜、蔬菜等能够带来更多经济收入的作物。第二类是过渡地区，提倡在种好小麦等粮食作物的前提下，多种植核桃、花椒、梨、杏、桃等。同时，可根据具体环境条件，适当养殖牛、羊牲畜，增加农民收入。第三类是草原山区，提倡继续种植耐寒作物，进一步总结经验，发挥畜牧养殖的优势。因地制宜、分类指导策略，强化了农牧民种植经济作物和发展畜牧业的意识，受到了农牧民的普遍欢迎，正确引导更多农牧民向种植经济作物和畜牧业的方向发展，收到了很好的经济效果。

马有功坚持长远发展循化农业经济的指导思想，抽调人员、聘请专家，对循化县域内11万亩耕地做了土壤生长发育、肥力演变分析，土壤主要有效养分氮、磷、钾含量的测定，资源评价等，为土壤改良和合理施肥提供了科学依据，建立了各检测点详细的档案资料，为后人留下了珍贵的基础资料。

结合实际，立地方法规

1978年，马有功到青海省人大法制委员会工作，他迎难而上，认真研究领会中央的精神，尽快熟悉立法程序，深入调查研究，推动青海地方立法工作。在他的努力和指导下，青海的地方立法工作没有因地处偏远、人才缺乏而落后于其他省区。仅在1980年，青海省人大就通过了《青海省县、自治县、市辖区人民代表大会选举试行细则》等6部地方法规。1980—1986年，国家制定法律79部，年均立法11.3部，22个省级人大及其常委会共同制定地方性法规7部，各省年均立法数量为0.85部。青海省人大法制委员会在1980年仅一年的立法数量就有6部，是全国平均数的10倍还多。青海省的地方立法工作走在了全国的前面，引起了青海省委、省政府、省人大以及全国人大的高度关注。

公开审判，率先起步

1988年1月，马有功当选为青海省高级人民法院院长。他始推公开审判，坚持"事实清楚、证据确凿、定性准确、量刑适当、程序合法"基本要求，以"现场示范、积累经验、积极宣传、求得认同"的方式搞试点，把公开审判横向推广到青海省高级人民法院各类案件的审判，纵向延伸到全省州县法院各级各类案件的审判。他亲自带领院审判委员会、审判合议庭人员深入实际，"就地开庭""就地旁听""就地判决""就地宣判"；健全审委会、合议庭议事规则；通过检查指导、组织观摩评比等方式，促进全省法院公开审判全面深入开展。他坚持深入调查研究，到全省50多个基层法院指导工作，使省法院应该依法公开审理的二审死刑案件全部实现了公开审理。到1990年底，全省各级法院依法公开审理刑事案件率达到90%，民事和经济案件公开审判率达80%，行政案件为100%。

他力推的青海各级法院案件公开审判，起步早、推行快，走在全国前列。1988年起，仅用3年时间就推行到了全省各地州县一级。各级法院全面推行公开审判，组织巡回法庭、"马背法庭"，栉风沐雨，风餐露宿，走村串户，大大方便了各族群众诉讼。1993年初，他再次当选为青海省高级人民法院院长。

他先后撰写了《论公开审判》等三十多篇涉及公开审判的论文在《人民司法》等杂志发表，获得了青海省哲学社会科学优秀成果奖和全国法院学术论文特别奖。他在法院工作期间的事迹被《中华英才》杂志两次刊载，《当代世界名人传》《中国当代名人录》《中国少数民族名人录》《中国改革者风采录》等书籍收录了他的传略，中央电视台《东方时空》栏目报道了他的事迹。

培训队伍，高校讲座

"工欲善其事，必先利其器。"他重视法院干警的教育培训。他担任法律业余大学青海分校校长，创办青海法官培训中心，被最高人民法院誉为"青海模式"。经过10年努力，全省法院系统大专以上学历从10年前的60人增至1369人，占比从4.5%上升到58.1%；少数民族干部，从不足10人增加到402人，占全省法院少数民族干警总数的49.8%，为完成各项审判任务创造了条件，也为《法官法》的实施打下了良好的基础。

他连续担任了10年的青海省高级人民法院院长职务，在推行公开审判、建设法院干部队伍、审判制度改革和培养法制队伍等方面均走在了全国前列。中央电视台《东方时空》栏目组主持人董倩采访他的视频播出后，他在全国司法系统的知名度大增。他还兼任中共青海省委党校、西北政法学院特邀教授，作为特邀顾问经常到高校探讨法制工作方面出现的新问题。1998年5月，北京大学邀请他参加成立100周年校庆活动，为北京大学攻读法律专业的硕士、博士研究生连续做专题报告，反响热烈。

堂堂正正，无私奉献

他自 1954 年大学毕业参加工作，到 1979 年调到西宁，在生他养他的循化工作了整整 25 年。25 年中，他当过法院院长、检察院检察长，也当过县长、县委书记，权力很大但从不"走后门"，因为他知道法律是保护老百姓正当合法利益的，是保障社会公平的国家机器的组成部分，而"走后门"从根上讲都是破坏公平的行为。两个女儿一个当农民，一个是普通居民。权力是人民给的，不应该用人民给的权力为自己谋取任何利益。

在省高级人民法院院长岗位上，他克服重重困难，推行公开审判制度的内在动力，就是他始终坚持作为党和国家的工作人员，作为神圣的法律工作者，做事、办案要无愧于人民，要以维护人民和国家的利益为天职。在担任省高级人民法院院长期间，他秉公办案，维护群众利益、维护法律尊严，敢与省政府对簿公堂，维护基层群众的切身利益，真正让人民法院代表人民利益。《西宁晚报》曾专题报道了青海省政府赔偿大通水泥厂周边群众的案件，赞誉他是坚持公道、秉公执法的"马青天"。他也经常这样教育审判人员："我们是人民的法官，不能有任何应付、图省事的想法，人民的利益高于一切，党和人民把这么重要的工作交给了我们，我们就应当尽最大的努力，勤恳、踏实、认真、负责地完成任务，报答人民，做一个合格的人民法官。坚决不能在个人利益上患得患失，要始终忠实地履行宪法和法律赋予的职责。"

中央电视台《东方时空》栏目组把他作为"东方之子"进行采访。主持人董倩问他："您身居高级法院院长的职位，而且在青海相对落后的省份，在推行公开审理案件、培养法官队伍方面做出了突出的贡献，可是，您的两个女儿还过着普通老百姓的生活，您认为对得起她们吗？"他说："对得起！毛主席教导我们说，不能以权谋私，不能搞特殊。"

现在，他虽然离开工作岗位多年，但他的心依然与老百姓息息相连，没有忘记党和国家对他的培养和教育之恩，仍在关注着国家的法制建设和审判制度的改革。

人到晚年，感慨万千。论职称，他是一名大法官，而且是撒拉族第一位大法官；论职位，他曾经是青海省高级人民法院的院长，曾经是撒拉族中有史以来仅有的四位省级干部之一；论阅历，他在这世上生活了八十余载，亲历了青海近一个世纪以来在政治、经济、社会等方面的发展变化。

他说，我算不上什么大人物，只是做了一些应该做的工作而已。我早就萌生做一个大写的人的想法，因为"人"是最简单的汉字，一撇一捺，就是一个人，可它有着丰富的内涵。"人"站得最稳，它的两只脚结结实实踏在土地上，顶天立地，堂堂正正，这不正是做人最应该具备的品格吗？

争做大写的人，成为大写的人！大写的人生，是献身事业的人生！

致敬马有功校友精彩的大写人生！

拓荒者的犁镜

——记原医学系 1963 届校友次仁卓嘎

次仁卓嘎，女，藏族，1943 年生于西藏山南泽当镇，1963 年毕业于西北民族学院医学系。毕业后先后担任西藏自治区卫生厅副厅长、厅长，自治区政府副主席、自治区政协副主席等职务。

西藏和平解放后，次仁卓嘎结束了苦难的童年与农奴的命运。1955 年，13 岁的她参加了工作，直到 2008 年退休，其间穿越了半个多世纪的悠悠岁月。回忆童年时光，她不由想起政教合一的封建农奴制长期统治着的西藏社会。"我们的父辈们任凭终日劳作，还是食不果腹，衣不蔽体，祖祖辈辈都在死亡线上挣扎。我生下来母亲因产后大出血，当时根本就没有医疗条件，就失去了母亲，是父亲和姨姨把我抚养长大的。"7 岁那年，盼到了解放，她告别了凄苦的童年。在党的悉心培养和家乡父老乡亲的关爱下，她由一个不起眼的农奴女孩成长为国家的高级干部。

1951 年 5 月 23 日，中央人民政府代表与西藏地方政府代表在北京共同签署了和平解放西藏的协议。西藏的和平解放实现了社会制度的伟大历史性跨越，从此砸碎了束缚广大农奴的封建精神枷锁，农奴们获得了自由。1957 年 6 月，经中央同意，将原来陕西咸阳西北工学院改造成西藏团校，国家选派大批翻身农奴子女到该团校学习，为西藏实现民主改革培养具有共产主义觉悟的民族青年干部，次仁卓嘎就是其中之一。1960年，次仁卓嘎在咸阳完成文化学习后转专业课时，转学到西北民族学院医学系学习。她在学校刻苦努力、成绩优异、积极向上，还担任了团组织委员。1963年8月，她与众多的西北民院学子一样，秉承朴实无华、甘于清贫、初心不忘、淡泊名利、无私奉献的黄土地精神和志存高远的志向，走出母校怀抱，毕业后回到西藏，被分配到西藏自治区筹备委员会文教卫生处工作。她先后任自治区卫生处医政处副处长，自治区卫生局副局长，卫生厅副厅长，自治区卫生厅党组书记、厅长，从事卫生行政管理工作30年之久。可以说，次仁卓嘎为西藏的医疗卫生事业的发展倾注了大好年华。

回想起当年在母校学习的情景，她在回忆录中这样写道：想起教我的老师们，朝夕相处、团结互助，我深深感到党无私宽厚的胸怀，对民族干部的培养无微不至、呕心沥血，就像对儿女那样体贴、鼓励与理解。汉族老师手把手地教我学会了写汉字和医疗技术。一场场有趣的教学场景、一幕幕慷慨激昂的藏汉双语的演讲交流，老师们那循循善诱的教学态度和公正无私的宽阔胸怀，以及对藏族学子体现出来的特殊关爱，道不尽的藏汉民族友情、讲不完的故事，感激之情油然而生。我之所以有今天点点滴滴的进步和成绩，是因为恩师们在我身上为我的成长和进步倾注了太多太多的心血。我将秉承着这些宝贵的人生财富踏上新的人生旅程。

1964年初，西藏自治区筹备委员会从机关选拔政治立场坚定，思想品质好，具有一定工作能力的藏族干部参加以"阶级教育、爱国主义教育、社会主义前途教育"为主要内容的教育工作团，日喀则分团请筹备委员会文教卫生处领导找次仁卓嘎谈话，希望派她下基层参加工作组。她二话不说就参加了自治区社教一团工作组，在日喀则一干就是两年。那段时间，除了做好并完成工作团部交办的任务以外，她用在母校学的医疗知识为当地群众看病、接生等。由于表现突出，于1966年8月在"三教"工作期间加入了中国共产党。后来她通过抓好农牧区的卫生机构建设，努力改善区、乡、村的卫生设施，提高乡村医生诊疗水平，挖掘与发展农牧区的藏医药等，解决农牧区缺医少药及传染病防治难的实际问题。在农牧区加强卫生宣传与提倡计划生育，提倡少生优生，为保护农牧区妇女儿童的健康推广新法接生。卫生局领导知道这些情况后，对她表示赞许并让她多抓业务工作。从此，她把主要精力放在农牧区卫生技术人员的培养提高和机构设施卫生防疫、妇幼保健的建设上，狠抓卫生宣传、改变农牧区各种陈规陋习。1975年，在山南乃东县颇章区格拉公社召开了全区卫生宣教及"两管五改"爱国卫生运动现场会，向全区推广经验。在江孜县召开了全区的妇幼卫生交流现场会，向全区推广江孜县实行的新法接生经验，以提高广大妇女儿童的健康水平，从而以点带面，推动农牧区基层卫生工作。次仁卓嘎乘去北京参加全国卫生会议的机会，找国家民委、卫生部领导反映情况并且请求帮助，最终将西藏农牧区的乡医和有前途的青年近千人送到中央民院、西南民院举办的医学（预科）班学习文化课程，然后选送到山东泰安、河南开封、湖南衡阳等地的卫校继续深造医学专业，学成后从哪里来回到哪里去。经西藏自治区同意，又从自治区汉族干部子女中招收100名初中毕业生，送到沈阳卫校专修放射专业和药剂专业，毕业后统一分配到地区医院及部分县医院，如今这部分人已经成为当地医疗战线的骨干力量。在敬爱的周总理的关怀下，首次组织了八省市援藏医疗队到西藏传、帮、带当地医护人员。

1978年，次仁卓嘎到广西桂林的南溪山医院参加医学科学管理进修班学习；1984年到中央党校第一批西学班学习，后来又进入北京医科大学开始了为期三年多的脱产学习；1987年赴中央党校第22期省部班学习；2007年，迈入我国最高军事学府中国人民解放军国防大学参加第31期学习班。与此同时，在日常工作的实践锻炼中，得到了不少汉族老同志的言传身教，让她受益匪浅。

次仁卓嘎也活跃在世界讲坛上。她于1975年5月随卫生部出席了在日内瓦召开的第二十八届世界卫生大会。1988年8月应联合国儿童基金会的邀请出席了在华盛顿召开的世界卫生大会。她担任中国红十字会理事和西藏红十字会会长期间，随团出访了泰国、土耳其、越南等国。她担任中国对外友好协会会员期间，随王炳南先生访问了哥伦比亚、厄瓜多尔、美国等；兼任西藏自治区计划生育委员会主任期间，出席了在埃及召开的世界人权大会。经西藏自治区党委、政府批准，她参加了第四次世界妇女大会，是中国代表团中唯一一名来自西藏的成员。同时，自治区政府决定组织五十多位西藏各族各界妇女代表参加 NGO 妇女论坛，由次仁卓嘎担任西藏妇女代表团的团长。由于西藏妇女代表团表现突出，她得到了 NGO 中国组委会的多次表扬。

2011 年，她先后两次参加了由中央外宣部组织的在澳大利亚、新西兰、法国、瑞典等国家举办的"中国西藏文化周"活动。不论是参加卫生大会还是其他外事活动，她都认真准备，严格执行外事纪律，向国外介绍西藏新旧社会对比，宣传党和国家的民族政策以及对西藏人民的健康事业、教育事业，以及党和政府对交通、能源等方面工作的高度重视和巨大投入等情况。

除此之外，自治区党委和政府决定由次仁卓嘎担任"向西藏人民的好公仆、进藏干部的楷模——孔繁森同志学习"的事迹报告团团长，从青藏高原来到黄河之滨的齐鲁平原，走遍了大半个山东。后来，中央组织部又决定让她继续担任孔繁森事迹报告团团长，先后在北京等 15 个省市进行巡回宣讲。她带着浓厚的汉藏民族一家亲的情感，塑造和宣传这位优秀共产党员不忘初心、牢记使命和全心全意为人民的公仆的光辉形象。

"我也经常回想起那激动人心的历史一幕，重温那段激情燃烧的岁月，我依然热血沸腾。我见证了西藏新旧社会的两重天，我也见证了西藏社会的政治、经济、文化、卫生、教育、交通、能源、通信等各个方面发生了翻天覆地的变化。回顾我半个多世纪的工作生涯，我得到了党和国家、各级领导的重视和厚爱，特别与母校老师们的帮助、教育是分不开的。我喜欢这样比喻：中国共产党人是群体拓荒者，各族群众是党指挥下的挽行者，像我一样的卫生战线的业务管理者，则扮演着这架耕具上的一个部件的角色，想到了将犁掘起的泥土打碎、推向一边的作用，我深知这个角色备受重用和厚爱。"

次仁卓嘎从 1992 年起，在政府部门工作了整整 10 年，分管的工作涉及邮电、交通、文化、文物、科技、旅游、教育、体育、民族宗教、残疾人事业、社科、精神文明；还曾兼任自治区计划生育委员会主任和自治区红十字会会长、妇儿工委主任等职务，接手了众多不曾接触的专业领域，迎接着一个又一个新的挑战。为了尽快适应、胜任工作，她始终抱着虚心求教、不耻下问的学习态度，尽职尽责，同时收获了成功和喜悦。2003年，她担任自治区政协副主席，虽然工作不及之前那么忙碌，但是她忙碌的习惯一直保持着。到了政协所碰到的又是新领域、新课题，她应对的法宝依然是学习学习再学习，努力努力再努力，全面熟悉人民政协工作的准则和程序，尽力涉猎相关的专业知识，同时按照"尽职不越位，帮忙而不添乱"的工作要求，主动下基层广泛开展市场调研，认真书写提案报告。功夫不负有心人。在她提交的众多提案中，有的获得自治区优秀提案，有的得到自治区党委、政府主要领导的批示，为自治区党委、政府的正确决策提供了真实而有价值的相关资料。

2008年，次仁卓嘎副主席离开了心爱的工作岗位。她退而不休，以自己的亲身经历为主，撰写了回忆录《拓荒者的犁镜》一书，深情回忆了她在党和人民群众的教育呵护下，由一个农奴女孩成长为国家高级干部的人生经历，侧面反映了西藏人民卫生事业在特定的历史时期艰难发展的过程，展现了西藏跨入21世纪前后政府工作和政协工作的片段，热情讴歌了祖国的温暖与西藏人民事业的进步，史料丰富，感情真挚，读起来令人备受鼓舞和启迪。

2020年是西藏民主改革61周年，她虽年逾七旬，但始终坚持退休不褪色、退休不退学，坚持不忘初心，牢固树立政治意识、大局意识、核心意识、看齐意识，不断增强"四个自信"，做到"两个维护"，始终坚持积极阳光的心态，在过好当下退休幸福生活的同时，力所能及地做一些扶正祛邪、传递正能量的事。她表示要感谢西北民族大学为西藏自治区培养了大批各级各类人才，为西藏自治区的政治稳定、经济和各项社会事业的发展做出了贡献。她还祝愿母校在新的时期取得更大的成绩，各项事业蒸蒸日上。她用亲切的笑容、殷切的祝福，表达了一位老校友对母校的一片深情。

保住青山绿水也是政绩

——记原政治系 1968 届校友石宗源

石宗源（1946—2013），男，回族，中共党员，河北保定人，1968 年毕业于西北民族学院政治系。

1968 年 10 月参加工作，先后任甘肃省和政县副县长、县长，临夏回族自治州副州长、州委书记；1993 年 3 月任甘肃省委常委、宣传部长；1998 年 8 月任吉林省委常委、宣传部长；2000 年 5 月任吉林省委副书记兼宣传部长；2000 年 9 月任新闻出版总署署长、党组书记，国家版权局局长；2001 年 3 月任新闻出版总署署长、党组书记，国家版权局局长；第十四、十五届中央候补委员，第十六届中央委员。

在新闻出版总署工作期间，石宗源一手抓繁荣、一手抓管理，坚持唱响主旋律，打好主动仗，在指导和推动新闻出版改革和发展、加强出版物市场监管、促进版权事业发展等方面做了大量工作。针对加入世贸组织后我国新闻出版业改革和发展中亟待解决的一些深层次问题，制定相关法律法规，及时采取应对措施。推进新闻出版系统政府职能转变，切实做到政企分开、政事分开、政资分开、管办分离，加强地方新闻出版管理机构和基层执法队伍建设，取得明显成效。同时，注意加强机关作风建设和反腐倡廉工作，加大干部交流力度，使机关面貌有了较大的转变。

自 2005 年 12 月任贵州省委书记后，坚持以科学发展观统领经济社会发展全局，认真贯彻落实党的理论路线方针政策和重大部署，省委一班人团结和带领全省各族干部群众，聚精会神搞建设、一心一意谋发展，进一步开创了贵州改革开放和社会主义现代化建设的新局面。通过深入调查研究，对贵州基本省情和经济社会发展阶段性特征作出了"欠发达、欠开发"的判断，得到了中央领导同志的肯定和全省上下的广泛认同。在 2007 年 4 月召开的贵州省第十次党代会上，提出了由温饱到总体小康再到全面小康历史性跨越的奋斗目标和环境立省、科教兴省、人才强省、开放带动和创新发展战略，积极推进工业化、城镇化、市场化、法治化和学习化，明确了今后一段时间贵州省发展的主要目标和工作的总体要求、指导原则、主要任务。突出抓住事关贵州当前和长远发展的重点工作，在"三农"工作、基础设施建设、优势产业发展、改革开放、社会事业发展、民主政治建设、宣传思想和文化建设、"和谐贵州"建设、解决事关人民群众切身利益问题等方面进一步加大工作力度，采取了一系列重要举措。特别指出保持良好生态环境对贵州的极端重要性，强调"保住青山绿水也是政绩"，决不能以浪费资源、污染环境、破坏生态和危及人民生命健康为代价来谋求一地经济发展之"快"。在大力加强以交通、水利和信息为重点的基础设施建设的同时，强调必须切实营造良好的政务环境、商务环境、信用环境等发展的软环境。高度重视党的建设和干部队伍建设，坚持正确的用人导向，提出让想干事的有机会、能干事的有平台、干成事的有地位，强调要治贪、治懒、治庸，坚决反对拿钱不干活、当官不作为。

2013 年 3 月 28 日凌晨 4 时，石宗源在北京医院不幸逝世，享年 66 岁。

鹰击长空万里阔　不负时代砥砺行

——记原政治系1982届校友吴海鹰

吴海鹰，女，回族，甘肃临潭人，生于1963年5月，1982年毕业于西北民族学院政治系，现任全国妇联副主席、书记处书记。

离开母校38年间，政治系1982届校友吴海鹰在高校、科研院所、政府机关等领域一路戮力奋进；在学者、管理者、领导者等多重身份中成功转型跨越。她以发奋图强的精神，卓尔不群的成就，成为母校的骄傲。回望来路，吴海鹰深情地说，是西北民族学院助我展翅起飞！

理想在这里升腾

1963年5月，吴海鹰出生在甘肃临潭县一个教师家庭。在丰厚文化底蕴滋养下，聪慧好学的她成绩出众。1978年9月，年仅15岁还在上高一的她考取了西北民族学院政治系。

伴随科学的春天，沐浴改革开放的春风，吴海鹰全身心投入知识的海洋。78级政治系只有一个班，老师们倾尽满腔心血。吴海鹰年龄最小却不甘落后，如饥似渴地系统学习马克思主义哲学、政治经济学……啃原著、悟原理，渐渐厚植了理论根基，建构了独到的思维方式，养成了敏于思考的习惯。与大多来自社会有工作经历和人生阅历的同学为伍，也使她提速成长，收获了超出年龄的成熟。做人、做事、做学问的精神与风范在此奠基。

老师同学眼中，那个美丽开朗、执着勤勉、勤思好学的吴海鹰，不仅成绩优异，更怀有一颗追求卓越的心。她不仅学习成绩名列前茅，而且在体育、劳动及社会实践活动中也表现出突出的能力，在校期间曾荣获甘肃省"新长征突击手"这一备受尊崇的荣誉。

大学四年时光匆匆，时代机遇、母校培育、师长教诲，让青春年少的吴海鹰矢志报国的理想在这里升腾，展翅翱翔的征程从这里发轫。

以学识成就人生芳华

1982年9月，吴海鹰被分配到宁夏银川市委宣传部工作。工作之余她勤学不辍，一年后考入西北师范大学经济系攻读硕士学位。1986年9月研究生毕业，她选择了教师职业，任教宁夏大学经济系，并以出色业绩迅速崭露头角，担任经济系副主任、主任。1997年被破格晋升为教授。同年12月，34岁的吴海鹰擢升为四校合并重组后的宁夏大学副校长，成为当时全国最年轻的大学副校长。2002年10月，吴海鹰又成为全国地方社科院最年轻的院长：宁夏社会科学院党组副书记、院长。2004年12月，获得同济大学经济与管理学院管理学博士学位。

从学士到博士，从普通教师到大学校长、社科院院长，吴海鹰遨游书海、精进治学、教书育人，以出众的学识绽放人生芳华。集教师、学者、管理者多重身份于一身且游刃有余。吴海鹰既激情澎湃、敢于开拓又脚踏实地、精益求精，既孜孜不倦钻研学问，又吃苦耐劳、勇于实践，既立足西北又瞭望世界，这些看似矛盾的品质集于一身，造就了吴海鹰的既有厚度、广度又有温度的"特质"。

在宁夏大学经济系任教、担任经济系主任期间，吴海鹰不仅承担繁重的教学科研任务，讲课精彩独到，广受好评，创新学科建设和师资队伍也卓有成效，实现经济系硕士点零的突破，并为经济系博士点的申报奠定了基础。

担任副校长后，分管外事、学生等工作，为宁夏大学扩大对外交流，推动从省域内招生到全国范围招生做出了积极贡献。

身为教授的她还长期致力于西部民族地区经济发展研究，进入宁夏社科院后，吴海鹰又借西部大开发之势，专注于扶贫开发、西部经济增长等研究。主持政府委托"宁夏扶贫20年回顾与展望"和国家社科基金研究"小康社会建设时期西部扶贫政策的重新定位"等项目。先后发表多篇论文，著书立说为政府决策提供参考依据。作为院长，吴海鹰大刀阔斧推出了一系列改革举措，整合"西夏学""回族学与伊斯兰教""宁夏经济社会发展"等方面的科研资源，推动《西夏学大辞典》《回族百科全书》《宁夏经济发展50年》《宁夏历史文化丛书》和宁夏经济、社会发展系列蓝皮书等重大文化项目，使宁夏社科院的学科建设布局进一步优化，优势和特色日益提升和凸显。

作为年轻学者，吴海鹰受邀先后在美国密西根大学、哈佛大学等著名高校做学术交流，在芝加哥大学经济系做访问学者，在日本名古屋大学经济学部担任客座研究员，其论文《中国西部外商直接投资环境综合评价和政策建议》以英文发表在名古屋大学《经济科学》杂志……吴海鹰的研究成果卓然，学术水平受到国外同行认可，成为当之无愧具有国际视野和国际交往能力的学者型管理者。

"力求在每一个台阶上都做得最好。"吴海鹰人生拾级而上的足迹背后，是她不懈奋斗的艰辛付出，持之以恒的坚韧努力，历练心智，淬炼意志，为在更大舞台发挥作用、贡献力量，储备了学识，积蓄了能量。

初心如磐，从政为民，使命在肩

2008年1月，吴海鹰担任宁夏回族自治区人口计生委党组书记、主任，开启从政之路。2010年12月，吴海鹰作为首批中央国家机关和地方交流任职干部，出任中国科协办公厅主任，2014年1月任中国科协党组成员，2015年5月当选中国科协书记处书记。2018年10月任全国妇联党组成员，2018年11月当选全国妇联副主席、书记处书记。

从高校、科研院所到政府部门，特别是从地方到中央国家机关任职，工作环境、工作对象、工作要求都发生很大变化，吴海鹰以"归零"心态尽快适应工作，实现人生跨越。改变的是平台，是职责，不变的是她心无旁骛的工作激情，无私奉献、为民服务的情怀，锐意进取、勇于创新的敬业精神。

吴海鹰的成长历程，正是党培养下，一个女干部成长、成才的范例，是对妇联组织倡导的自尊、自信、自立、自强精神的生动诠释。所以，任职全国妇联副主席、书记处书记，她如同回到娘家。引领、服务、联系广大妇女，担当她们"靠得住、信得过、离不开"娘家的领导者，吴海鹰以高度责任感和使命感，探索做好新时代妇女思想引领工作的新路径，创新网上妇联建设，打造全媒体传播矩阵，奋力推动妇女宣传思想工作取得新成效。

吴海鹰荣誉卓著，她是党的十九大代表，第十届、十一届全国人大代表，享受国务院政府特殊津贴专家，"百千万人才工程"国家级人选，宁夏"313人才工程"人选、十大杰出青年……

回顾从一个大学生成长为党的高级领导干部的历程，吴海鹰无限感慨：

要感恩时代机遇。改革开放、西部大开发、阔步新时代，吴海鹰的人生一个个节点踏准了时代节拍。把个人理想与祖国命运紧密相连，把人生坐标定位在党和国家发展的宏伟蓝图中，每一步奋斗才能与时代同频共振，报效祖国人生方能出彩。

要感恩党组织多年的栽培。重视培养选用知识分子、少数民族女干部，转战不同领域和岗位的锻炼，使吴海鹰得到党性锤炼，始终初心如磐，使命在肩，真信笃行的理想信念、政治定力、格局观念、大局意识，承载和升华了她作为党的领导干部的品格和境界。

得益于家风的熏陶。吴海鹰父亲饱读经史子集，有着深厚的国学功底，这使她从小就深受优秀传统文化熏陶。童年吟诵的《木兰辞》，熏染了她不输男儿的勇毅担当，"天行健，君子以自强不息"化作她内在的驱动力。往后的工作历程中，父母时时提醒她职位越高，责任越大，越要如履薄冰、虚怀若谷。良好的家风家教，铺就了吴海鹰做人做事的底色。

为理想矢志奋斗,不负时代,无悔此生

"落其实者思其树,饮其流者怀其源。"无论身处何地,西北民族大学始终令吴海鹰魂牵梦绕,因为这里是她人生之树繁茂之根基,是她展翅飞越蓄能之起点。母校人文氛围的滋养,立德树人的担当,百折不挠黄河精神的灌溉,陶冶了一代代学子的灵魂,成为他们的精神家园。

在母校 70 华诞之际,吴海鹰深情寄语师弟师妹:始终与祖国同行、与时代同行;为理想奋斗,无悔此生!希望学子们铭记习近平总书记的教诲,"幸福都是奋斗出来的"。新时代是奋斗者的时代。矢志,让奋斗成为信念;笃行,让奋斗成就梦想;担当,让奋斗践行使命。只争朝夕,不负韶华,让青春绽放在党和人民最需要的地方,让人生在奉献"中国梦"中壮丽出彩。

责任·情怀·忠诚

——记原汉语系 1982 届校友梁明远

梁明远,生于 1955 年 12 月,藏族,中共党员,1982 年毕业于原西北民族学院汉语系。现任最高人民法院咨询委员会委员、中华司法研究会民族法制文化研究专业委员会主任,国家二级大法官。

从军人、基层干部、大学生到省民委干部、甘南州党政领导,再到省委组织部常务副部长、省法院院长,他成长进步的每一个足迹,都离不开党组织对少数民族干部的关怀厚爱,离不开母校的教育培养。

在勤学实干中锤炼自己

梁明远出生在甘南舟曲县白龙江畔一个藏族家庭。1971 年应征入伍,历任解放军 84624 部队战士、副班长、班长、上士,受嘉奖 4 次,1974 年 4 月光荣加入中国共产党,1976 年 4 月退伍,先后在舟曲县委办公室和丰迭人民公社工作。1977 年,国家恢复高考制度,考入西北民族学院汉语系汉语言文学专业学习。在校期间,担任班长、团支部书记、系团支部副书记、院团委委员等职,多次被评为"三好学生""优秀学生干部"。

大学毕业，被分配到甘肃省民族事务委员会办公室工作，1983年任文教处副处长，1988年任处长。他始终坚持把发展教育、卫生、文化等社会事业作为推进民族地区社会与经济协调发展的突破口，在省民委工作期间，深入调研了解民族地区发展面临的诸多困难问题后，积极向有关部门提出对策建议。其中，省民委关于加大民族考生高考政策倾斜力度的建议被省招生委员会采纳；参加省政府调研组，总结推广的临夏州民族教育发展的"10条措施"和甘南民族教育发展的"5条路子"，被国家教委在甘南召开的五省藏区教育研讨会上推广；协调卫生部门开展巡回医疗并参与制定发展规划，从长远解决牧区群众看病难题；组织成立甘肃省少数民族作协和音乐家协会，创办民族文学刊物《什样锦》，组织拍摄电视专题片《团结奋进的甘肃少数民族》，深入挖掘特色民族文化。由于在发展民族体育事业中积极作为、成效显著，被国家体委评为"全国优秀体育工作者"。

倾情服务民族地区发展进步

1995年，梁明远再次回到甘南工作，先后担任副州长，州委副书记、宣传部长，州委副书记，州委常委、州人大常委会主任、党组书记等职，一直分管宣传统战、民族宗教、科教文卫、旅游等社会事业口的工作。

面对落后的教育，他以提高民族教育质量和办学效益为目标，推动实施"义教工程"、教师"康居"工程改善办学条件，探索"寄宿制教育"和"双语教育"，全州学龄儿童入学率达97.78%。坚持可持续发展理念，深入挖掘甘南得天独厚的自然资源和藏民族特色文化，加强生态环境保护，大力发展旅游经济，首次提出打造"香巴拉旅游艺术节"并成功举办了五届，整理编排《香巴拉在呼唤》大型互动电视歌舞晚会，举办藏族文化与旅游产业研讨会，打响了集生态、人文、民族风情为一体的甘南"香巴拉"旅游品牌，探索出一条符合甘南实际的绿色发展之路。

分管统战工作期间，他坚持把加强民族团结进步创建作为战略性、基础性、长远性工作来抓，认真贯彻落实党的民族宗教政策。按照中央统战部和省委部署要求，在藏传佛教寺院和广大僧人中开展爱国主义和社会主义政策法制教育，举办党的民族宗教政策辅导讲座，建立新闻宣传联席会议制度，通过广播、电视、报纸多途径大力宣传党的民族宗教理论政策，坚决抵御民族分裂主义和宗教极端思想渗透，形成了传播民族团结正能量的社会共识和浓厚舆论氛围。组织完成《甘南州志》采集编纂工作，积极协助中央和省上有关部门做好贡唐仓活佛圆寂善后工作和转世灵童寻访工作。先后被省委、省政府授予"全省精神文明建设先进个人""全省藏传佛教爱国主义教育工作先进个人"等荣誉称号。

甘南十年，梁明远始终不忘学习和思考。结合工作实践，他撰写的《学习·实践·探索——对西部民族地区工作的思考》一书，对做好民族工作提出了许多有价值的建议。

立足本职敬业务实

2004年，梁明远调任甘肃省委组织部副部长、常务副部长。作为省委组织部分管党建工作的负责人，他深知组织路线对坚持党的领导、加强党的建设、做好党的组织工作的重要意义。面对沉甸甸的担子和责任，他忠实执行党的组织路线，全力协助省委组织部主要领导加强党建工作。

在担任省委保持共产党员先进性教育活动办公室常务副主任期间，坚持区别情况、分类指导，认真贯彻实施中央和省委关于教育活动的重大决策和重要任务，多举措推动每个阶段、每一环节的任务落实。在深入调研的基础上，开展"双找双建"活动，使整个教育活动的覆盖面达到了99.7%。先后组织百题知识竞赛活动、先进事迹报告会、先进典型大型图片展览，联合有关单位创排了集思想性、艺术性、观赏性于一体的综艺性专题文艺节目《我们共产党人》《先锋颂歌》，在14个市州进行了巡回演出，在全省党员群众中产生了良好反响。

聚焦巩固党的执政基础狠抓农村基层组织建设。以推进"三级联创"活动和深化"双培双带"工程为重点，有力推动农村基层组织建设。实施村级组织活动场所建设，为全省1.6万多个村全部建立了党员之"家"。中组部领导评价："甘肃工作做得实在，为全国带了一个好头。"

聚焦党组织的凝聚力战斗力狠抓党建工作高质量全覆盖。提出进一步加强和改进全省农村、国有企业、街道社区、民族地区、中央在甘企业等5个行业领域党建工作的建议，得到省委党建领导小组重视，并分领域出台指导意见、召开工作座谈会或推进会，促使这些领域党建工作的薄弱环节得到不断加强。甘肃对民族地区和中央在甘单位党建工作进行专门安排部署，在全国都属于首次。

践行司法为民公正司法

2008年1月，梁明远当选甘肃省高级人民法院院长，坚持司法为民公正司法工作主线，推动法院工作不断发展进步。以他为班长的省法院领导班子连续10年被省委考核评为"优秀"。自2012年甘肃省人民代表大会实行电子计票以来，省法院工作报告在全省"两会"上的通过率始终保持在96%以上，2018年通过率达98.8%，创历史新高。

他始终坚持党对法院工作的绝对领导，遵循司法规律，不断加强和改进法院工作，努力使人民群众切实感受到法治的力量和司法的温度。坚持抓党建带队建促审判的思路，大力整治"六难三案"问题，坚决纠正"冷硬横推"等顽症痼疾，狠抓职业道德塑造与职业能力提升。突出司法审判第一要务，加强审级监督和审判管理，推行案件流程节点动态管控和预警提示，建成审判流程、执行信息、裁判文书、庭审直播四大司法公开平台，让公平正义看得见、能感受。推行立案登记制度改革，建立执行工作联席会议制度，建成"点对点""总对总"司法查控网络，部署开展"向执行难宣战"等系列活动，努力做到让有理无钱的人打得起官司、让有理有据的人打得赢官司、让打赢官司的当事人最大限度地实现胜诉权益。

坚持依靠顶层设计和整体推进相结合，完成铁路、林区、矿区法院管理体制改革，建立全省法院环境资源审判集中管辖和行政案件跨区划集中管辖等制度,形成了"甘肃经验",创建了"甘肃模式"。推行省以下法院人财物统管改革,聘用制书记员制度改革入选《人民法院司法改革案例选编》,"3+8+5"改革模式被最高人民法院推广到全国法院。坚持科技强院,大力推进信息化建设,远程立案、远程开庭、远程执行、远程信访成为法院工作新方式,智慧法院建设水平进入全国法院第一方阵,最高人民法院在兰州召开全国法院第二次信息化工作会议,总结推广甘肃法院做法。

弘扬马锡武审判方式,为101个中、基层法院配备了具有诉讼服务、现场开庭、远程接访等功能的信息化巡回审判车、执行指挥车,实现了车载流动法庭在全省广大农村、牧区全覆盖。注重基层基础建设,积极争取和实施"两庭"建设,极大地改善了基层办案办公条件。组织编纂出版《甘肃法院志(1949—2015)》及系列丛书。积极响应"一带一路"倡议,组织承办最高人民法院举办的"丝绸之路"(敦煌)司法合作国际论坛,有16个国家和地区的300余位高级法官代表,6个国家的最高法院院长、首席大法官出席论坛,有力促进了"丝绸之路"沿线国家司法合作交流。

多年来,在民族地区党政机关和人大的工作经历,使梁明远深刻认识到推进法治建设的重要性。他加大对行政执法的司法监督力度,建立行政审判联席会议制度和行政审判白皮书发布制度,助推法治政府建设。在省法院建成融合中西方法制史、甘肃特色法制文化元素的法院文化长廊,被省依法治省领导小组命名为全省社会主义法制宣传教育基地。

2018年2月,经最高人民法院和国家民族事务委员会批准,中华司法研究会决定,在甘肃设立中华司法研究会民族法制文化研究专业委员会,梁明远任专业委员会主任。经过大量的调研,《民族法制文化研究》(六辑)《依法治国与民族法制文化建设》《丝绸之路(敦煌)司法合作国际论坛文集》《丝绸之路出土法律文献研究(卷一、卷二)》《新时代民族法制文化与法治中国建设》等五套共500多万字的论文集编辑出版,是他与200多名专家学者的心血,为民族法制文化研究与司法实践提供了基础数据和第一手资料。

历经栉风沐雨,堪获春华秋实。梁明远历任第十届、十一届、十二届、十三届甘肃省党代表,第十一届、十二届、十三届甘肃省委委员,第十届、十一届、十二届、十三届甘肃省人大代表,第十一届、十二届全国人大代表。他的工作阅历展现了一名藏族领导干部投身党的事业、不断成长进步轨迹。对此,梁明远总是诚恳地说:"作为一名党的民族干部,是党教育培养了我。我成长的每一步、取得的每一点成绩,都离不开党的关怀。我也深知我所做的工作与党的要求、人民群众的期盼相比还有差距。"

"黄土地精神"和"黄河精神"培育了一代又一代的西北民大人。在母校 70 华诞之际,梁明远期望各位学子笃志明理、躬行求真,到祖国和人民最需要的地方去,成长为维护民族团结、担当民族复兴大任的新时代奋进者。

矢志不渝、潜心研究藏学的汉族专家

——记原少语系 1982 届研究生校友蒲文成

蒲文成（1942—2017），别名：白玛曲扎，男，汉族，青海乐都人，1942 年 11 月生，无党派人士。1982 年毕业于西北民族学院少语系第一届古藏文研究生班。曾任青海省政协副主席、全国政协委员。

勤奋好学

1960 年 5 月，年仅 17 岁的蒲文成高中毕业后留校任教。1963 年夏，刚刚 20 岁出头的他参加了高考。在选择将决定他未来人生事业的专业方向上，他放弃了本有很好基础的理科考试，选择了当时录取面特别狭窄的文科，最终凭借其扎实的知识功底和较好的外语水平被录取到青海民族学院藏语言文学系学习。1965 年春，随系转入到青海师范学院继续学习的蒲文成和他的同学们被统一安排到海南藏族自治州的倒淌河地区进行牧区社教试点，他本人被抽调参加试点并被安排到茨汗达瓦公社担任文字秘书工作。这段深入到藏族聚居地的生活经历使蒲文成这个一直生活在青海东部的汉族年轻人真正地接触到了浩瀚博大的藏文化，真切地感受到了藏族人民的朴实、善良、勇敢和乐观，同时也深切地了解到藏文化是如此丰富多彩、博大精深。这些都深深地激发了当年这个年轻人"探究藏学奥秘"的旺盛求知欲。可能正是因为怀有这份深情，蒲文成即使在"文化大革命"那个动荡不安的年代，也从没有停止过对藏学知识的汲取。

1968年秋，蒲文成大学毕业，被分配到青海省果洛藏族自治州的班玛县中学教书，这一教就是11年。期间，他曾培训过农牧区基层会计班，并带领学生深入牧区实习，也曾参加过三批重新划分阶级成分的工作，搞过社会主义教育运动和牧区基层教育调查等，连同以往的社教工作，将近3年的时间一直吃住生活在牧民的帐篷里，同时还经常性地承担县委、县政府有关会议的藏文文件和县公安局一些藏文司法材料的翻译工作。蒲文成后来回忆说："可以说，这些宝贵的生活经历成就了我的藏学研究生涯。"那个异常艰苦的年代，让他在苦难中学会了生存，也学到了很多对未来事业及生活都极其有意义的实践知识。

再入校园

1979年秋，经过近一年的自学准备，蒲文成考入西北民族学院少语系第一届古藏文研究生班。"后来的生活轨迹证明了那是我人生命运的转折点。"蒲文成后来在一篇《回忆导师才旦夏茸教授》的纪念性文章中写道："1979年8月，接到西北民族学院正式录取我为古藏文研究生的通知，我庆幸在几近不惑之年实现了夙愿，将成为著名藏族学者才旦夏茸先生的学生……"毕业前夕，才旦夏茸教授带领他们3位古藏文专业首届研究生去西藏等地做田野调查，巡视卫藏山川古迹和数十座寺院，并调查了解了当地的风土人情和经济社会现状。"可以说，这是我首次运用学到的知识进行实地考察的研究活动，这是我一生中最值得回忆的学习机会。"据悉，才旦夏茸教授不仅在学业上给予了蒲文成极大的帮助，在做人与做学问的态度上更是使其受益终身。在一篇题为《红烛春蚕　情系后学——回忆导师才旦夏茸教授》的文章里，蒲教授写道："先生学识渊博、行持亦谨，虽享誉学界，却毫无傲气，生活简朴、待人敦厚，课堂之余常教诲恩被后学。常忠告欲成就事业，既要苦学专业知识，更要培养高尚的道德情操，做学问先做人，慎勿违背做人原则，说违心话，做违心事。"在学业结束前，蒲文成在其导师的鼓励和帮助下完成了一篇长达7万字的毕业论文。

献策于民

1982年，蒲文成获得硕士学位后，放弃了留校工作的机会，毅然选择到青海省社会科学院工作，后历任青海社科院民族宗教研究室副主任和民族宗教研究所所长、副院长等；1986年被评为藏学副研究员，1992年晋升为藏学研究员，2000年获"资深研究员"荣誉称号。此外，他还曾任青海省人大第八、九届常委。2003年3月在青海省政协工作任副主席，还是全国政协委员，为青海省的社会经济发展乃至国家及民族地区的社会经济发展问题积极建言献策，做了大量工作，提交提案14件，大会书面发言5次。他曾为国家哲学社会科学基金项目评委、青海省人民政府参事、青海省知识分子联谊会副会长，玉树地震灾后恢复重建顾问、灾后重建规划委员会委员，青海省政协咨政，是中国民族学学会、中国宗教学会、中国统一战线理论研究会等会理事等，青海大学、青海师范大学、青海民族大学、青海省委党校、西北民族大学等高校特邀教授，先后任数十个文化学术单位顾问。2009年6月退休，任青海省文史研究馆名誉馆长。2017年6月20日于青海西宁去世，享年75岁。

著述宏富

蒲文成长期从事藏族史、藏传佛教、民族宗教理论与问题研究，撰写过大量有一定学术价值和实际应用价值的专著、理论文章，并译注藏文古籍多部，为继承、弘扬藏族传统文化和促进民族文化交流做出了贡献，也取得了很多令人瞩目的成果。从1979年起，他主要从事藏族史、藏传佛教、民族宗教理论与问题的学习和研究，并多次承担了国家和青海省社科规划课题。坚持常年深入实际，调查研究，撰写了大量的有较高学术价值和实际应用价值的专著和研究文章，并搜集、整理、译注藏文古籍多部，为继承和发扬藏族传统文化做出了卓越的贡献。出版书籍21部（含合作），发表学术论文160余篇，另参与10余部书的撰写工作，总成果量约600万字，有15项成果获省部级以上奖励，其中主持完成的《十世班禅大师的爱国思想》获全国"五个一工程奖"，独立完成的《青海佛教史》获中国藏学研究珠峰奖三等奖，合作完成的《汉藏民族关系史》获青海省哲学社会科学优秀成果一等奖，专著《觉囊派通论》和论文《吐蕃王朝历代赞普生卒年考》《藏传佛教进步人士在我国民族关系史上的积极作用》《藏传佛教与青海藏区社会稳定问题研究》《对社会主义初级阶段宗教问题的一些再认识》《再论党的宗教信仰自由政策》等获青海省哲学社会科学优秀成果二等奖，另有省级优秀成果三等奖6项。《宁玛派大圆满法概说》2004年被美国柯尔比科学文化信息中心评为优秀学术论文，获选进入国际互联网络的全球信息网，以作世界性介绍。另，《塔尔寺概况》《爱国爱教，万古师表》《经幡源流刍议》（合作）、《汉藏民间文化交流述要》《关于筹建卡约文化馆的提案》《对我省设施农业的调查与思考》《我的退休生活》《佛教与养生》等获得其他各类奖项。主编《甘青藏传佛教寺院》《青藏高原经济可持续发展研究》《宁玛派概论》等；合著《藏文古体诗格举例合编》《塔尔寺概况》《藏密溯源》《汉藏民族关系史略》等；译注《七世达赖喇嘛传》《佑宁寺志》《白史》《布顿佛教史》；合译《如意宝树史》。

另外，蒲文成还曾参加《中国各民族宗教与神话大词典》《宗教大辞典》《青海百科大辞典》《藏族大辞典》《青海掠影》《邓小平民族课论与实践》《青海百科全书》等10余部大型著作的撰写工作。1990年被评为青海省"优秀专家"，1992年11月人事部授予全国有突出贡献的中青年专家称号，1993年元月起享受国务院特殊津贴。2018年5月19日，蒲文成荣获第四届中国藏学研究珠峰奖荣誉奖。

蒲文成在做学问、著书立说的同时，还担任了多个社会学术团体的兼职，分别任中国宗教学会、中国民族学学会、中国统战理论研究会等学术团体的理事，并且还任青海大学、西北民族大学等高校的兼职教授，担任中国社会基金项目评审委员会评委等。多年扶掖后贤、培养人才，撰写序言、评论等数十篇，多体现有他的学术思想和研究成果。在科研之余，他对人大、政协、政府参事等工作尽职尽责，积极为推动青海省的经济社会发展建言献策。多年来，参与有关科技、教育、文化、卫生、体育、就业、民生、新农村建设、特色农业等多领域的调研和视察，乃至不顾年迈，数往玉树灾区调查，均提出过不少有分量、有见解、可操作的意见建议。因其对社会做出的卓越贡献，蒲文成的个人事迹还被收录《世界优秀人才大典》《中国社会科学大辞典》《世界名人录》等数十种辞书。

"拳拳学子心，深深恩师情。"让我们在深深感动之余，更加对这样一位心怀感恩的校友充满了无限敬意。也许只有历练过风雨沧桑的人，才能恪守这份深沉的情感；也许正是这位长者在不经意间所流露出的这种尊重的态度与那份温和的执着，让我们在敬重之余始终牢记：我们都是骄傲的民大人，我们都有一颗为母校而紧紧牵系在一起的真挚而执着的赤子之心。

三江源头绽放精彩人生　驰骋高原书写真情大爱

——记原汉语系 1982 届校友马海瑛

马海瑛，男，土族，中共党员，青海省民和县人，1982 年毕业于西北民族学院汉语言文学系汉语言文学专业，同年 7 月参加工作。现任青海省政协党组成员、副主席，中国人民政协研究会第三届理事会常务理事，第二届青海省人民政协理论研究会会长。

离开母校 38 年时间里，汉语言文学系 82 届校友马海瑛始终牢记校训，不忘初心，砥砺前行。大学毕业后一腔热血投身青海农村牧区，从青海省黄南藏族自治州同仁县一名普通干部逐渐成长为党的高级领导干部。他领导有方，开拓进取、抢抓机遇，每到一处都能迅速打开局面，推动当地各项事业向前发展。近四十载的辛勤付出和一贯坚持，使他成为基层工作经验丰富、广受群众和干部爱戴的领导干部。他以敢于担当、勇于创新、勤于耕耘的精神，对家乡经济社会建设做出了积极的贡献，为母校赢得了荣誉，增添了光彩。马海瑛说，在母校学习的那段时间已成为他人生中最重要的历程和难忘的记忆，他取得的每一个进步都离不开母校的辛勤培养，母校的关爱如春风化雨始终滋润着他，激励着他一路前行，无论走到哪里，都会心念母校，感激母校。

感恩母校，人生在这里起航

1959年8月，马海瑛出生在青海省民和县中川乡峡口村一户普通土族农民家庭。1978年8月，聪明好学、品学兼优的他以优异成绩考入西北民族学院，也是家里众多兄弟姐妹中唯一走出大山到外省读书的孩子，成了十里八乡父母教育孩子学习的榜样。作为"文化大革命"后恢复高考的大学生，他深知读书的珍贵，始终保持着对知识极度的渴求，回想起当时在西北民族学院惜时如金的学习生涯，马海瑛至今仍然记忆深刻，历历在目。他说，是读书让他改变了命运，是知识让他更加明白追求的人生价值和奋斗的方向。难忘清晨五六点钟在母校路灯下补习英语的场景，难忘图书馆飘逸着书卷油墨的清香，让他在知识的海洋里自由遨游。母校严谨治学的校风和老师们的谆谆教导，如一盏盏明亮的灯，照亮了他通往未来的路，让他如饥似渴地吸收着知识的琼浆。更加难忘在母校见证中国女排走上世界之巅，大家疯狂庆祝所激发的爱国热潮。

母校诸多校友之所以能在后来各自的岗位上做出成绩，与当年这种浓厚的学习氛围和养成的勤奋学习的习惯密不可分。四年的大学生涯，留给他最宝贵的精神财富就是养成了刻苦学习的态度。在母校的时光，坚定了他报效祖国的理想信念，造就了他严谨务实的坚强品质，为他今后走上领导岗位、造福一方百姓提供了强大的精神力量。

扎根基层，青春在奉献中闪光

1982年7月马海瑛毕业后毅然前往青海省黄南藏族自治州（下简称黄南州）同仁县人民政府办公室工作，先后任县政府办公室秘书、副主任、主任。在那个人才稀缺的年代，作为一名大学生能够坚决地扎根基层牧区，脚踏实地从基层干起并非易事，因为那意味着艰苦付出。但他毫无怨言，勇挑重担，对工作力求精益求精，迅速脱颖而出，受到组织重用。先后任青海省黄南州政府办公室副主任、主任，黄南州政府副秘书长，黄南州工商局副局长、局长。1997年11月，37岁的马海瑛作为一名少数民族干部被委以重任，到青海省河南蒙古族自治县担任县委书记、县武装部政委，开始主政一方，此后又先后任同仁县委书记、县武装部政委，黄南州委常委。他坚持系统地学习和钻研党建理论、市场经济、现代科技等方面的知识，深入群众倾听呼声，汲取营养，学习农耕草原文化，了解群众疾苦，解决了不少长期以来一直未解决的棘手问题。历经跨部门多岗位实践锻炼为马海瑛积累了丰富的基层工作经验，逐步养成了他脚踏实地、敢抓敢管、敢于负责、追求完美、精益求精的宝贵品格，为以后走上更高领导岗位奠定了坚实的基础。

在河南县工作期间，他带领县委班子审时度势，抢抓机遇，紧紧抓住国家实施西部大开发的历史机遇，掀起了解放思想、改革开放、加快发展、勤劳致富的滚滚热潮。为尽快熟悉工作，他深入调研，三个月来走遍了全县的角角落落，多次路过家门口却没有踏进家门一步。为增加农牧民收入，他从转变群众思想观念入手，教育引导牧民群众克服惜售思想，坚持以市场为导向，加快牲畜出栏和畜产品流通，既增加了群众收入，又降低了市场风险，保护了草原生态平衡，当时河南县也成为全省出栏率最高的地区。在他的带领下，河南县建立了全县第一个小城镇，成为全县政治、经济、文化中心。累计修建了6条300公里等级公路，43条500公里乡村公路，形成了四通八达的公路网，打开了通向外界的通道。改造新建了总装机容量达4万千瓦的3座水电站，330千伏线路率先进入了草原，摘掉了"无电网县"的帽子。他在任的5年时间里，全县城乡面貌发生了较大变化，基础设施建设得到了显著改善，群众收入也明显增加，实现了他为官一任、造福一方的庄严承诺，当地干部和老百姓总是亲切地称他为焦裕禄式的好干部。

在黄南州、同仁县工作期间，马海瑛坚持原则，敢抓敢管，为维护民族团结稳定、经济社会发展做出了积极贡献。他说，正是因为在母校亲耳聆听了十世班禅大师的精彩演讲，被班禅大师为促进民族团结友爱、祖国安定统一所焕发的精神力量所感动，让他明白了国家统一、民族团结和社会稳定的重要性。为改善自然条件非常艰苦、生存极度困难地区群众生产生活环境，他带领班子成员上山下乡调研，专门对省上相关领导、部门登门拜访，争取政策支持，克服种种困难，实现了南卡加、北卡加两个自然村异地整体搬迁，让一个57年无电、路、学校、医院的贫困村变成了新农村建设的样板。他情系国防军队事业，把双拥共建工作作为密切军民鱼水情谊的有效途径，为维护社会和谐稳定，确保地区长治久安发挥了重要作用。所在地区连续三年荣获全国"双拥模范县"称号，他本人三次被兰州军区、省军区评为党管武装的好书记。

脚下沾满泥土，心中充满真情。无论在哪个岗位，他始终把群众当亲人，心里永远装着老百姓，永葆为民本色，把为民办实事作为不懈的追求。在基层工作期间，他走遍了那里的山山水水，沟沟坎坎，访民情、知民意、解民忧，一个个群众关心的问题得以解决，群众的生活得到了很大的改善，为地区经济社会发展、民族团结进步奠定了基础。一项项成绩正如一座座丰碑，映射了马海瑛追赶超越的人生轨迹，也见证了他一心为民的价值追求。马海瑛说，他是从大山里走出来的孩子，自己血液里始终流淌着老百姓的基因，虽然已经走出了大山，但对那片土地和乡亲有着发自内心的热爱和特殊的情怀。虽然岗位在变，职务在变，但他心系群众、为民造福的初心始终不变，对自己严格要求、勇攀高峰的品质始终不变。西北民族学院朴实无华、无私奉献的黄土地精神和百折不挠、勇往直前的黄河精神已经深深融入灵魂深处，为他今后在更广阔的舞台上展翅翱翔积蓄了力量。

开拓创新，实干书写华丽篇章

2008年，根据组织安排，马海瑛离开奋斗了26年的黄南州，到省会西宁工作，历任青海省纪律检查委员会派驻青海日报社、省社科院纪检组组长，青海日报社党组成员，西宁市委常委、纪委书记，西宁市政协党组书记、主席，西宁市人大常委会党组书记、主任，青海省政协党组成员、副主席。

从基层一线到省、市，变化的是岗位，不变的是对工作的激情和勇于担当的精神。在纪检部门工作期间，他全面落实从严管党治党新要求，注重加强党风廉政制度建设，实行严格的目标责任考核，首次把党风廉政建设工作纳入全社会评价范围，走在全国前列。在人大工作期间，他注重改革创新，积极探索履行法定职责的新途径新举措，人大工作科学化水平得到有效提升。在政协工作期间，他立足政协组织新方位新使命，认真贯彻中央政协工作会议、青海省委政协工作会议精神，注重发挥专门协商机构作用，积极探索协商民主有效形式，率先在全省政协组织开展提质增效三年行动，全面提升工作质量，走在全国前列，为人民政协制度更加成熟更加定型贡献了智慧。

马海瑛的成长，主要源自组织的培养，亦来自于他时刻保持对学习孜孜不倦的执着追求。虽然工作千头万绪，但他始终能够持之以恒地坚持学习深造。1992年3月，他参加了黄南州第一期中青班学习。1998年9月，参加了青海省委党校中青班学习。1999年7月，考取了中国社会科学院研究生院经济系政治经济学专业研究生。2003年起多次参加中央党校、中国浦东干部学院、中国井冈山干部学院、中国延安干部学院地厅级、省部级等各类学习培训，使他具备了较好的政治理论修养，在政治上、思想上更加成熟。

马海瑛的成长历程，是在党的关怀和培养下，一名少数民族干部成长成才的典型范例，是激励当代青年树立正确人生观、励志成才的生动教材。回顾自己的成长历程，马海瑛感悟颇多。

要感谢这个伟大的时代。改革开放的阳光让这名普通农民的孩子茁壮成长，是时代改革大潮为每个有志者提供了施展才能、实现抱负的良好机遇和舞台。只有把个人的人生理想同祖国的前途和命运联系在一起，对祖国做一些有益的事，才能报效祖国，回报母校，书写出彩的人生华章。

要感恩党组织的关怀和培养。作为一名从农村出来的孩子，自己的每一次岗位变动都是党组织爱护、关心和培养的结果。多岗位锻炼、全方位培养造就了马海瑛敢于负责、勇于担当、善于作为的坚韧品格，充分体现了一名党的高级领导干部应有的政治品格和思想境界。

要在最艰苦的地方锻炼成长。长期在艰苦地区、复杂环境、重要岗位的历练，让马海瑛在火热的实践中扎实稳健迅速成长，成为他宝贵的人生财富。他说，基层一线是联系服务群众的最前沿，是最能磨炼意志和工作能力的地方，离群众越近、条件越艰苦、环境越复杂，越能快速成长，砥砺自我，实现人生价值。

不负韶华，奋斗之笔镌刻无悔青春

"水有源，故其流不穷；树有根，故其生不穷。"马海瑛心系母校的情怀始终与学校的发展紧密相连。1987—1990年多次联系母校为贫困地区开展智力扶贫，协助母校为黄南州200多名在职干部开展委培、学历教育，促成母校与任职地区的交流与合作，为母校的校友实习、支持地方经济社会发展积极搭桥牵线。马海瑛深情地说，作为校友，无论飞得多高、走得多远，都会牢记自己的根，铭记民院魂，做好民院人。

70年春华秋实，造就了母校的灿烂与辉煌，70年沐风栉雨，让母校容光焕发满庭芬芳。马海瑛深情寄语学弟学妹，要珍惜时光，勇敢逐梦，与祖国共奋进，与母校同成长，怀赤子之心，立鸿鹄之志，鹏程万里展才华，甘洒青春写春秋。愿菁菁校园在新的征程中积历史之厚蕴，砥砺前行，再谱华章！望莘莘学子沐时代之春风，志存高远，扬帆远航！

教学科研篇

西北民间非物质文化保护的先行者

——记原语文系 1954 届校友郝苏民

郝苏民，男，回族，中共党员，1935 年出生于宁夏银川，西北民族大学二级教授、博士生导师、学校建设与发展咨询专家，《西北民族研究》学术指导。

1950 年 12 月，郝苏民（时为宁中初二级，是宁夏新民主主义青年团团员）被宁夏民委（统战部）保送至西北民族学院。1952 年，经高考录取被编入语文系蒙古语文专业，同年赴清水县小河乡参加土地改革。1954 年 12 月，郝苏民以优异成绩留校，成为西北民族学院第一批大学助教中的一员（兼共青团教师支部书记）。1972 年，郝苏民被调进今西北师范大学外语系从事中俄战备所蒙古国语文与俄语文教学工作。改革开放后，郝苏民被调回西北民族大学至今，其 70 年与西北民族大学共度春秋。

郝苏民在西北民族大学的后 40 年期间，一直坚持教学科研与学科建设工作同时开展，先后担任语文系副主任、牵头主任，创办西北民族研究所后任所长，社会人类学·民俗学研究所成立后历任所长、系主任、院长，《西北民族研究》创刊后一直担任主编，2019 年被聘为学术指导。在此期间，郝苏民先后任西北民族大学学术委员，省高校职称评委会民族学学科组组长及高评委员，教育部蒙古文教材评委，八省区市蒙文协办甘肃省委员，文化部中国文联民协理事，中国少数民族文学学会、中国蒙古语文学会、中国民间故事学会等副理事长，甘肃省文联委员、民协副主席、民俗学会主席等社会职务。

任教期间，郝苏民先后开设翻译理论与实践、蒙古民间文学、蒙古文学史等课程以及专为硕士研究生讲授的口承语言民俗、专为博士研究生讲授的跨学科人类学视野、非遗田野等专题课程。

郝苏民代表性著作有《鲍培八思巴字蒙古文献语研究入门》（内蒙古文化出版社 1986 年出版，民族出版社 2008 年修订二版），《陇上学人文丛·郝苏民卷》（甘肃人民出版社 2014 年出版），《骆蹄梦痕》（中国社会科学出版社 2014 年出版），《中亚东干人的历史与文化》（合译作品，宁夏人民出版社 1996 年出版），《丝路走廊的报告：甘青特有民族文化形态研究》（民族出版社 1999 年出版），《中国西北文献丛书·西北少数民族文字文献》（共 15 卷，兰州古籍书店出版社 1990 年出版），《〈西北民族研究〉创刊 30 年百期精选文萃系列》（上海文化出版社 2019/2020 年出版）等。其中《西北民族大学博士论文丛书·民族民间文化研究系列》《西部民间文化与口头传统精选系列》《中华民族文化大系》（任总主编）、《中国节日志》等工程项目仍在有序进行中。郝苏民著述成果曾分别获得省部级一、二、三等奖项。

郝苏民先后被评选为国务院为高等教育做出突出贡献者特贴专家（1992 年）、甘肃省民族团结先进个人（1992 年）、全国优秀教师（1993 年）、中国非物质文化遗产保护先进工作者（2007 年）、中国文联/中国民协"中国民间文艺山花奖·民间文艺成就奖"（2007 年）、国家民委突出贡献专家（2009 年）、国家新闻出版广电总局第三届"中国出版政府奖·优秀人物奖"（2013 年）。

郝苏民是西北民族大学西北民族"非遗"保护研究中心负责人，兼任国家非物质文化遗产保护工作专家委员会委员，中国民间文艺家协会、中国民间文化遗产抢救工程专家委员会委员，中国申报"人类口头和非物质文化遗产代表作"评审委员会委员。一直以来，郝苏民都满怀着对西北民族民间文化的深厚感情，以坚定的信念、踏实的作风和顽强的拼搏精神站在全国非物质文化遗产保护和抢救工作的最前沿，他用辛勤的汗水、非凡的智慧和超人的胆识行进在非物质文化研究的艰难道路上，并取得了一系列重要研究成果。

2000年以来，郝苏民立足于西北各民族地区，曾先后多次深入陕西、甘肃、宁夏、青海、新疆、内蒙古等地，对当地非物质文化遗产保护工作进行广泛的田野调查研究，搜集到了大量关于西北各少数民族民间文化的第一手资料。自2003年国家号召和启动全国非物质文化遗产保护工作以来，郝苏民就参与了文化部、科技部、国家民委、中国民间文艺家协会关于非物质文化遗产的抢救、保护工程，并担任文化部、国家民委和中国民协的专委会委员，积极参加历届评审会议、学术研讨，先后在《光明日报》《中国文化报》《中国民族报》以及《甘肃社会科学》《西北民族研究》等各级报刊发表论文。郝苏民以扎实的研究、深刻的思考，对西北地区各少数民族的语言、民俗、文化诸多方面的保护、抢救提出了许多积极建议。

甘肃庆阳环县民间道情皮影保护意义重大，郝苏民积极整合西北民族大学的资源优势，在当地开展学术考察，对环县道情皮影进行专题研究，已完成相关学术专著和论文多部（篇）。郝苏民还积极争取文化部、甘肃省文化厅和西北民族大学的支持，在2005年筹划召开了"实施西北民族民间非物质文化遗产保护学术研讨会"。为重点扶持甘肃环县道情皮影和保护临夏花儿等非物质文化遗产，郝苏民不仅在当地多次举行现场会议，还分别建立了"教学研究基地"，并于2006年担任主编出版了学术专著《抢救、保护非物质文化遗产：西北各民族在行动》一书。

2005年7月，郝苏民在西北民族大学成功举办了"实施西北民族民间非物质文化遗产保护学术研讨会暨西北民族非物质文化遗产保护研究中心挂牌仪式"，中央相关部门、西北各省区文化部门负责人莅临出席，相关领域知名教授、学者云集，这不仅是一种保护西北文化遗产的宣传、研讨会，更是展示了西北民族大学在西北非物质文化遗产保护研究方面已走到全国前列。在郝苏民带领下的西北民族民间非物质文化遗产保护中心的研究工作得到了费孝通先生和钟敬文先生的肯定，尤其是费老曾亲临西北民族大学进行指导，这对于郝苏民和研究中心全体人员是个极大的鞭策和鼓舞。

2007年6月，在我国第二个"文化遗产日"来临之际，人事部、文化部、国家文物局联合在全国范围内评选和表彰了一批全国非物质文化遗产保护先进工作者，他们都是长期以来为非物质文化遗产研究与保护做出突出贡献的著名专家、学者，郝苏民作为西北高校唯一当选的"先进工作者"榜上有名，并参加了在北京人民大会堂举行的表彰大会。

由郝苏民创办的学术刊物——《西北民族研究》在国内学术期刊中知名度较高，曾被费孝通先生称赞为"专家为刊，很有水平"。《西北民族研究》是国家社科基金资助期刊、中文社会科学引文索引（CSSCI）来源期刊、《中文核心期刊要目总览》民族学类核心期刊、RCCSE中国核心学术期刊。自1986年创办以来，《西北民族研究》本着"固守一方学术净土，兢兢业业辛勤耕耘"的原则，在郝苏民的带领下，精心选稿，精心编辑，保证质量，打造精品。《西北民族研究》从起步伊始就具备了较高的学术素养和学术水平，因而在国内外专家学者心目中确立了重要的地位，相应也拥有了高质量的稿源，国内著名教授学者，如费孝通、钟敬文、季羡林、谷苞等都为该刊撰写过文稿，《西北民族研究》已成为我国民族学、人类学、社会学、民俗学等研究的主要学术平台之一。

于无声处听惊雷

——记原语文系 1955 届校友马俊民

马俊民,男,回族,甘肃省临夏人,1955 年毕业于西北民族学院语文系。曾任中国语言学会理事、中国少数民族作家协会理事、新疆维吾尔自治区作家协会会员、新疆维吾尔自治区翻译协会理事、新疆维吾尔自治区社会科学高级专业技术职务任职资格评审委员会委员、新疆维吾尔自治区高校高级专业技术职务任职资格评审委员会委员、新疆维吾尔自治区优秀专家、专业技术工作者评委会委员、新疆维吾尔自治区哲学社会科学基金委员会委员。

马俊民 1950 年考入西北民族学院,经过一年的预科班学习,后升入语文系维文班专攻维吾尔语文。由于当时西部地区这个专业的人才十分稀缺,1953 年 10 月,他来新疆参加语言实习,后来就再也没有离开过这片土地。1955 年 1 月毕业后,他被正式分配到新疆干部学校语文部任教员,这样一当老师就是几十年。1957 年院校合并,他担任新疆语文学院翻译教研室主任;1959 年任新疆师范学院维语系讲师;1962 年任新疆大学中文系讲师、副教授,讲授现代维语、现代汉语、翻译理论等课程;1982 年任新疆大学首批少数民族语言文字硕士研究生导师;1987 年到新疆师范大学任教,1988 年任师大中文系副主任,同年晋升为教授。退休后的他也很忙碌,除了每天坚持语言文字研究外,还担任了学校的督学,每周到学校听年轻老师讲课,给他们提意见,促进学校教学改革。作为一名教师,他始终忠于他的教育事业和翻译事业,辛勤耕耘,默默收获,从贫瘠到繁荣,他见证了这片土地的发展,为它的兴旺和发展做出了自己的贡献。

马俊民记得刚到新疆的时候,当时的新疆处于起步阶段,不管是基础设施建设,还是科教文卫的发展,条件都是比较差的。学校的破旧小平房住着八九个年轻人,简易的木床,一张大桌子,几条长板凳。但是恶劣的生活条件并没有遏制住一帮年轻人蓬勃的心,马俊民很快便投入到紧张有序的学习和工作中。很快,1955年夏天,他的首篇译文《红山脚下》发表在《新疆日报》上,并受到专家和读者等相关人士的一致好评,这大大地激励了他。其后,他陆续翻译了大量的维吾尔族现代文学作品、古典文学以及民间文学作品,其中包括短篇小说、中篇小说、长篇小说、散文、诗歌、寓言、传说、评论、论文等,先后发表在《人民文学》《民间文学》《延河》《天山》《新疆文艺》《民族作家》《民族文学》《塔里木》《文学译丛》《新疆大学学报》等刊物上,共约100多万字。

《克孜尔山下》是维吾尔文学史上第一部长篇小说,译成汉语后,分别由新疆人民出版社和人民文学出版社出版,受到广大读者的喜爱;20世纪80年代中期翻译的《维吾尔寓言选》共收录有代表性的当代寓言180则,受到汉族读者的欢迎;同期还翻译了鲁迅的杂文《伪自由书》(汉译维,合译),都是由新疆人民出版社出版。这些作品的翻译、出版、发行为加强民族交流、沟通民族文化起到了很大的促进作用。

马俊民淡泊、宽容,对学问兢兢业业,一丝不苟,为新疆维吾尔自治区的翻译事业,特别是翻译人才的培养做出了巨大贡献。从事双语教学四十多年,为新疆维吾尔自治区培养了首批少数民族语言文字硕士研究生,编纂和编译了多册词典、教材,填补了汉维双语词典的空白,供高等院校相关专业教师和学生使用。

1972年他参加《汉维词典》的编译工作,任副主编,历时4年完成编译任务,由新疆人民出版社出版;1976年主编的《维汉词典》,1982年由新疆人民出版社出版。上述两本词典填补了汉维双语词典的空白，为民族语文翻译事业以及双语教学做出了贡献。其中《汉维词典》被评为1985年自治区哲学社会科学优秀成果，荣获二等奖。专著《翻译理论与实践》《翻译与翻译艺术》《维吾尔语精读》（合著），分别由新疆大学出版社、民族出版社、新疆教育出版社出版，供高等院校相关专业教师和学生使用。

1998年到2002年参加编纂、审定《维汉大词典》，该词典2006年由民族出版社出版；2000年由新疆人民出版社出版的《维汉词典》，2003年被评为自治区哲学社会科学优秀成果一等奖，该词典于2006又出了修订本；2004年编译《三大集成·新疆谚语卷》；2007年编译《维吾尔民间谚语》（合编），即将出版。

从事双语教学数十年，马俊民培养本科、专科学生千余人，硕士10多人，他的学生中已经出了博士生导师两人，教授、编审、译审等二十多人。1988年入选《中国文化名人词典》，1989年入选《回族当代文艺人物辞典》，1993年入选《中国回族大词典》，1988年被评为自治区优秀专家，1993年荣获中华人民共和国国务院政府特殊津贴及证书。

好的开始是成功的一半。一个人的青年时代，良好的教育和培养对其日后取得成就起着至关重要的作用。除了家庭教育，学校教育显得尤为重要。在马俊民开始维吾尔语学习的地方，他的母校——西北民族学院，培养了他学习的热情和执着以及优秀的品质，留下了他日后对母校永远的留恋。说起母校，马俊民有着诉不尽的衷情。20世纪50年代的西北民族学院为他的翻译事业奠定了坚实的基础。他怀念母校，也十分感激自己的老师，他还记得老师亲切地指着学生的领子说"小同学，衣服脏了，回去要洗啊！他甚至清晰地记得，一群年轻人联合起来捉弄老师的趣事。他在不断地回忆着那些对学生循循善诱的老教师的名字，感激他们的谆谆教诲，为他们的溘然长逝而扼腕叹息。在青年时代的个人培养和语言学习中，老师的引导作用显得举足轻重，告知方法，指导学习，监督练习……他们以身作则、严谨治学的态度在潜移默化中感染了他，在数十年的语言教学和翻译中，更是让他受益匪浅。马俊民深受古河州文化的感染，多年的语言学习积累，更是让他谈吐优雅，措辞风趣、幽默，举手投足间，处处透露着浓郁的学者气息。

  母校的20世纪50年代简陋的平房承载了他的青春和梦想，艰苦的环境并没有遏止他如饥似渴地学习势头，曾经那片荒芜的大操场是他早上学习语言的最佳场所。天刚蒙蒙亮，年轻的他已经提前两个小时起了床，借着朝霞的微光，冒着被老师批评的危险，开始了他一天的学习。拥挤的宿舍，夜晚暗黄的灯光下，他们一群年轻人仍然在兴致勃勃地学习、练习，熄灯后，他还要躲在被窝里打着手电筒看书，大学生活的每一天都充满了被学习充满了快乐。当时由于生活条件艰苦，学校的管理十分严格，为安全起见，低矮的平房实行了每人每周值一天班的制度。昏暗的巡夜马灯下，马俊民硬是坚持背完了当时罕见的维语词典——维吾尔族著名学者、前全国政协副主席包尔汉先生在监狱里编纂的维吾尔语、汉语、俄语3种语言《维汉俄词典》中的1.5万多个维语词条，这本价值1.5元的工具书，在漫漫长夜里，在维吾尔语学习艰难的长路上，为他点起了一盏明灯。

  青年时代的旺盛求知欲，总是驱使年轻的马俊民想出各种奇妙的方法，挤出时间去学习。他把维吾尔语词条写在小卡片上，用皮筋串起来系在手臂上，用袖子盖上，每每到班会时，趁老师全神贯注地训话，便偷偷看小卡片上的词条，突然与老师的目光对上后，他就迅速拉一下手臂上的皮筋，卡片立刻就收了回来，仿佛在认真听老师讲话了。

  从西北民族学院到西北民族大学，时光荏苒，岁月如梭，母校历经沧桑，从曾经的一片荒凉到现在的郁郁葱葱，风风雨雨走过了几十年。从马俊民那一代开始到现在的民大学子，有太多的不同，对周围的事物、生活、人生等可能都有不同的想法和观点，但是，对母校——西北民族大学都有一颗赤子之心。

笔耕不辍译春秋

——记原语文系 1955 届校友赵国栋

赵国栋，男，回族，1934 年生，河南郑州人。1955 年毕业于西北民族学院语文系。先后在新疆干校、新疆大学、新疆财经大学工作，历任讲师、副教授、教授、新疆财经大学名誉教授，曾任新疆作家协会会员、新疆翻译协会会员、中国作家协会会员，是新疆维吾尔自治区著名教育家和翻译家。

呕心沥血育桃李

1955 年春，赵国栋从西北民族学院语文系维文班毕业后，被分派到新疆干校任教，以后又在新疆语文学院（现新疆大学）、新疆财经学院（现新疆财经大学）任教。他是一名普通的高校教师，由于在工作岗位上做出的突出成绩，1989 年获得新疆财经学院教学成果特等奖，同年又获得了自治区普通高等学校教学成果区级优秀奖。他是维吾尔语、汉语双语教师，被中国少数民族双语教学研究会授予"突出贡献者"荣誉称号。

赵国栋虽然是一名教师，但是在课堂上他把学生当作沟通心灵的朋友。他上课的方法非常别致，每堂课的绝大部分时间都是让同学们自己先讲述课文内容，然后互相纠正，最后他再根据课堂上出现的实际情况进行点评和总结。这种方法深受同学们欢迎和赞赏。他有一个长期坚持的观点，即学语言必须进行大量的实践训练，要主动自觉地开口讲话，老师只要把难点重点巧妙地导入到相关的辅导环节就足够了。所以他教出来的学生无论在口语还是在书面文字方面实践能力都很强，现今新疆翻译界的不少挑大梁人物都是他早期的学生。

他和学生相处更是亲密无间。他经常深入到学生中间了解情况，掌握学习动向。有时他带上一块馕、一壶水、一包榨菜到同学们中间去和他们一起进餐。更多的时候是把同学们请到家中做客，一方面为同学们改善生活，更重要的是通过面对面的交流，深入有效地摸清学生的学习情况，以便有的放矢改进教学。特别是每逢节假日的时候，他的家里就成了最欢乐热闹的场合。每年一到肉孜节或库尔班节的时候，他总要买一只整羊，煮成手抓肉或做成抓饭招待他的学生们。有的少数民族学生家庭经济情况非常拮据，到了放寒暑假时，无钱买车票回家，赵国栋知道后，便悄悄把钱塞给他们。

他是一名有丰富经验的老教师，对年轻教师一贯倍加呵护。在1989年，新疆财经学院汉语教学部发生了这样一件事：在当时大家的工资普遍只有百元左右、家庭经济情况都相当紧张的情况下，他拿出200元钱，捐作"青年科研基金"，用以奖励科研上有成绩或发表了科研论文的青年教师。这笔钱的数目并不多，然而在当时的意义和作用远远超出了"基金"本身，大大激励了青年教师从事科研的积极性。不少青年教师写好科研论文后，都愿意聆听他的指教，他也总是非常热情地和青年教师们一起讨论，一起钻研，并诚恳地提出自己的观点和修改意见。定稿以后他又会竭尽全力向相关刊物推荐，促成其发表。只要有人请他帮忙，他从来都不推辞，哪怕是从不相识或初次见面的人，他都一视同仁。

赵国栋是一位视事业为生命的老教师，他除了上课、搞科研、帮助青年教师提高业务、参加各种社会活动之外，最大量的工作还是编写各种教材。多年来独立编著以及同别人合作编著的教材达数十部之多。1993年，他作为原国家教委高等学校预科教材编写组的成员，参编了统编教材《基础汉语》；编写了本土教材一套（10册），于2002年7月获隶属国家民委、民政部的中国少数民族双语教学研究会颁发的二等奖。20世纪90年代初，新疆财经学院率先在校内加大汉语教学改革力度，引进国家汉语水平考试（HSK），这一改革把新疆地区双语教学带入一条快车道。为了更好地在全疆普及这一做法，他做了大量艰苦细致的工作。2000年，他应新疆教育科学研究所之约，赴喀什、和田、阿克苏、伊犁、昌吉、塔城、克拉玛依等地，进行了为期数月的调研考察工作，每到一处他都要就汉语水平测试问题给少数民族汉语教师讲课。他为了迅速提升新疆少数民族汉语和民族地区汉语教师的教学水平，自愿把多年教学经验的结晶——《汉语教学理论与实践》无偿捐赠给察布查尔县、库车县等少数民族地区。1994年他退休了，被学校返聘为名誉教授，固定每周为学生上6节课，此外他还参加学校的教改活动和教材编写工作。

译林的智慧之花

赵国栋的文学翻译之路，并不是笔直而平坦的。还在学生时期，他便萌生了把维吾尔文学作品翻译成汉文，介绍给广大汉族读者的想法。毕业后便开始大量尝试起来了。最初只能把大学时期的"积蓄"稍加"润色"，投出去探路，果然有些篇幅被发表了，但是也有相当一部分做了"无用功"。他一方面享受初见成效的喜悦，另一方面则努力寻找失误的原因，总结经验教训。他自己把这个过程小结为：摸索、实践、再摸索、再实践——一个业余文学翻译者成长的道路。从1956年开始，他陆续在新疆的文学刊物《天山》上发表了一批维吾尔谚语和寓言故事。接着就开始尝试翻译作家的作品。从维吾尔族作家玉素甫·伊利亚斯的小说《黄信封》到赛福鼎·艾则孜等作家创作的小说、散文、报告文学，他都大胆涉猎，而且都取得了明显的成绩。发表在《民间文学》的民间长诗《沙迪尔·帕勒万之歌》是他这段时期的代表性译作，预示着他的文学译事已经从初始的稚嫩阶段向更趋圆满的成就期迈开了坚实的步伐。他的名字更加频繁地出现在新疆的各种文学刊物上了。新疆电影译制厂译制的《白毛女》《金沙江畔》《霓虹灯下的哨兵》《李双双》《瘦马》等电影文学剧本都是由他翻译成维吾尔语文的。"文化大革命"的十年，赵国栋也像其他知识分子一样，经历了"欲干不能，欲弃不舍"的痛苦磨砺。阴霾初散的1977年，是他重新走上译坛的转折点。那一年，他为西安电影制片厂翻译了电影文学剧本《古丝路上的过客》。为了补回白白丢失掉的十年时间，他用自己十年积累的知识和厚重的生活以及像火山迸发般的激情，全身心地投入到更为广泛的翻译范围内，涉及小说、散文、评论、戏剧、诗歌。一句话，只要是文学范畴的东西他都进行翻译。这个时期他尽管翻译了大量作品，但其重点已在逐步向诗歌转移。诗歌是所有文体中最难翻译的一种，甚至有译者认为"诗不可译"。对于他的译诗质量，著名作家赵光鸣的评价是："译速优美流畅，读来令人赏心悦目，回味无穷。"需要特别说明的是，赵国栋所译诗歌，大部分是柔巴依。这种诗相当于汉诗的四言绝句，日语中的俳句，它要求有哲理性深邃的内容，富于音乐性的诗韵和抒情、优美、清新隽永的诗歌语言。把柔巴依搬到汉语中，创造一种语境，是难中之难的一项艰苦工作，而他敢于碰硬。二十余年来，他翻译的柔巴依已达百余首，首首都那么精准到位。已故维吾尔族著名老诗人阿不都热依木·乌铁库尔是柔巴依的高手，一生创作的150首柔巴依，汉语翻译全出自赵国栋之手。他翻译的柔巴依，在新疆译界被公认为是柔巴依译作的精品。

每位翻译家都有各自不同的特色和风格。著名作家、文艺评论家、翻译家刘宾先生在谈到他的翻译风格时，写过这样一段话："赵国栋先生就多次强调，好的翻译应当是内容和形式的有机统一。他的翻译实践也正是这样的。在他的译作中，'雅'并不作为单独的，最后的'艺术加工'环节来处理，也绝无'随心所欲'地'锦上添花'的现象，而是严守了艺术性翻译的'本分'……而赵国栋先生的译品，我认为尤以在古典诗歌的意境和韵味的传达上见长，给人以极美的艺术感染。……只有具有足够的语言修养和高超的语言艺术水平的译者能译出好诗。无疑，赵国栋先生是一位值得师从的大家。"

赵国栋教授长期从事维汉翻译教学与研究工作，在推行汉语水平考试（HSK）的过程中做了大量艰苦细致的工作。编写了教材和词典等工具书34部（册），其中本土教材一套（10册）。参编了统编教材《基础汉语》。其论著有：《翻译理论与实践》《新疆民族语文翻译研究》《柔巴依简介》《福乐智慧简介》等。主要译作有：《芦笛在歌唱》《维吾尔古典文学大系》（4部）、《十二木卡姆》及电影文学剧本《白毛女》《霓虹灯下的哨兵》等。其中《芦笛在歌唱》获新疆维吾尔自治区翻译作品一等奖。他翻译的维吾尔古体诗柔巴依，在新疆译界被公认为是柔巴依译作的精品。粗略统计，他在40多年的文学翻译生涯中，译作的字数在600万以上。其作品先后获新疆维吾尔自治区"新时期优秀文学翻译奖"、自治区教委普通高校优秀教学成果奖。赵国栋教授荣获新疆维吾尔自治区人民政府颁发的"优秀专业技术工作者"荣誉称号、中国少数民族双语教学研究会颁发的"突出贡献者"荣誉称号等，被新疆作家协会、新疆翻译协会分别授予"文学翻译特殊贡献奖"和"优秀翻译工作者"荣誉称号等。

传神手笔架金桥

——记原语文系 1956 届校友郝关中

郝关中（1935—1994），男，汉族，甘肃省武威县人，无党派人士。1956 年毕业于西北民族学院语文系维吾尔语言文学专业。历任助教、讲师、译审、客座教授，《新疆民族文学》副主编，新疆维吾尔自治区文联委员，1984—1994 年连任四届新疆维吾尔自治区政协委员，中国作家协会会员，中国民间文艺家协会会员，新疆维吾尔自治区古典文学学会副主席。国家级优秀专家，享受政府特殊津贴。曾被评为自治区首届民族团结进步事业"先进个人"。

1935 年底，郝关中诞生在甘肃省武威县一个书香之家。由于父辈是读书人，家里经、史、子、集之类的古书不少。从他记事开始，就在父亲督导之下诵读古书，到了上小学的年龄，他已经认识了几千个汉字，也背诵了相当数量的古文篇章，奠定了相当扎实的古文基础。这些都成了他后来事业有成的条件。

1953 年，他从武威师范毕业，正准备踏上教师之路的当口，一个令他命运转折的机遇出现了——西北民族学院维吾尔语言文学专业招收汉族学生。这个消息既使他振奋，又使他迷离，他以猎奇的心态报了名并被录取。他勤奋学习，刻苦钻研，很快就对学习产生了浓厚的兴趣。那时候正是中苏关系极好的年代，我国可以通过新疆进口不少由苏联出版的维吾尔文书报杂志，而且价格非常便宜。他除了学好学校安排的课程外，总是埋头阅读。在这个阅读过程中，他像哥伦布发现新大陆一样，发现了维吾尔文学的魅力，尤其是对维吾尔古典文学更是情有独钟。那个年代民院的学习氛围是极好的，只要勤奋学习，总会得到支持。由于这种良好条件的保证，他从进入二年级后一直到毕业的这段时间里，浏览和阅读过的维吾尔文学著作总有十几部之多。这为他后来潜心钻研维吾尔古典文学埋下了良好的种子，奠定了坚实的基础。

1956年郝关中以优异的成绩毕业并留校任教。这个结果虽然比不上直接去新疆，但一想到在学校工作的若干"优越性"，他也就不再坚持什么了。在留校后的不久，他在导师的指导和帮助下，很快就独立走上了讲台，并且成了骨干教师。人生的道路总是崎岖的，事物的发展总是波浪式的。就在郝关中在教学和科研的事业上有了一些进展，就在他决心为自己热爱的事业大干一场的时候，"文化大革命"开始了。此后，由于西北民族学院停办，为了事业，他只好丢下妻儿老小踏上了西去的列车，奔赴数千公里之外的新疆，去开辟新的领地。

俗语说得好：一方水土养一方人，一种文化造就一种精英。他一到新疆，就一头扎进了自己酷爱的事业之中，很快就萌生了把中国的古典文学名著译成现代维吾尔文，介绍给广大维吾尔族人民的念头。他立即找了新疆的一些文化名人，如王蒙、克里木·霍加、铁依甫江、阿不都秀库尔等，谈了自己的想法，得到了积极反响，并毫不犹豫地开始了这项难度极大但又是功德无量的工作。在1970年上半年赴疆，1978年秋季再度返回西北民族学院任教的这段时间里，他单独或者同别人合作，将《离骚》《聊斋志异》《红楼梦》等古典名著译成了现代维吾尔文版本出版。他的译文既不拘泥于一词一字的对等，又保持了原作的风格和特点，使诗歌朗朗上口、铿锵悦耳，故事生动引人，人物性格鲜明活泼可爱。他的译作总是热门抢手货，普遍得到读者的高度评价和赞誉。那个时段，是郝关中多产的季节。他那优美的译文词句，就像汩汩的泉水一样浇灌着他辛勤耕耘的民族文化交流的园地。他除了翻译出前述大部头名著以外，还译了当代最负盛名的维吾尔作家克里木·霍加、著名诗人铁依甫江、新疆文艺界顶尖的小说作家柯尤慕·吐尔迪等人的许多诗篇和小说、论文。他自己也写出了多篇学术研究文章。他在新疆维吾尔自治区翻译界声名鹊起，以致不少维吾尔作家在进行维文作品创作的初始，都找郝关中预约汉译的事宜。

1978年，复办后的西北民族学院走上正轨，百废待兴，教师奇缺。为了招贤纳士，老院长蒙定军亲自率队赴新疆求才。在同志们的百般劝说下，一方面难却母校盛情之邀，另一方面难忍丢下已经顺利进展着的事业和对新疆这片热土的眷恋，郝关中在一种极为复杂矛盾的心情支配下，重返母校任教。到兰州后家还没有安排妥当，加之当时他的妻子正好面临分娩，他顾不上为妻子做产前准备，也来不及思考享受中年得子的欢愉滋味，便毅然走进课堂，去滋润学生们渴盼教师的干涸心田。他以他丰厚的学业功底和广泛的文化知识去充实由于长期动乱而耽搁了的学子们的空旷心灵，满足学子们的求知欲望。短期内他先后开了基础课、专业基础课、专业课、讲座。他所讲授的门门功课都深受同学欢迎，博得学生们的好评。同学们就像发现了一座挖不尽的富矿，除了上课以外，总有一拨拨学生到他家中登门求教，奋力挖掘。在他返校任教的一段时间里，各班学生都成了真正的受益者。他和学生们也建立起了良师益友的深厚情感。他这个人非常重感情，他是由这所学校培养出来的，对母校的感情完全融入到了自己的实际工作之中。虽然有时还是为丢掉新疆的那一摊子事业表示过遗憾，但已经返回来了，那就干到底吧！他默默地下定了在母亲校干一辈子的决心。

20世纪80年代初期，党的十一届三中全会召开后，各条战线、各个方面都向好的方向发展。可就在这个档口，郝关中接连遇到了好几件不愉快的事情，击垮了他脆弱的承受能力。他告别母校和同志们，再一次奔赴新疆，去延续已经搁置数年的架设汉、维民族间文化桥梁的工作。他返回新疆后，随即开始了心爱的文学著作翻译工作。也许是为了弥补失去的时间，他的工作效率出奇的高，很快就译完了长诗《麦苏德和迪拉娜》，被称为中世纪维吾尔百科全书的《突厥语大词典》中的歌谣部分，和别人合作译出了规模达一万三千余行的韵文体名著《福乐智慧》。特别需要说明的是，《福乐智慧》

这部书的诗体是就今天而言亦属难度极大的古典诗律中的阿鲁孜韵律的木塔卡里甫格式和玛斯纳维体。而郝关中和他的合作者将其译成汉文后，犹如一气呵成，毫无斧凿之痕，流畅优美，朗朗上口。这部著作的翻译，郝关中担负了一半诗行和通校修订工作。之所以能达到如此高的水平，一方面得益于他对原作者创作意图和语言特点的深刻理解，另一方面证明了他对维吾尔语言和汉语言的高超驾驭能力。此外还与别人合作完成了长篇小说《圣殿里的毒蝎》以及铁依甫江、柯尤慕·吐尔迪等作家的诗作和小说的翻译。领导派人送来了申请晋升职称的表格，他在多次催要的情况下，谦虚地填了一份申请晋升副高的表格。到了高评会上，全体委员一致为他投上了晋升正高——译审职称的票，并顺利获得批准。接着又被评为国家级优秀专家，享受国务院和自治区两级特殊津贴。由于在民族文化交流方面的突出贡献和显著成绩，他被评选为新疆维吾尔自治区首届民族团结进步事业"先进个人"；由于他广泛接触各民族各阶层人士，他被选为自治区第四、五、六、七届政协委员。他得到了人民的尊敬和厚爱，他也清醒地认识到必须更加勤奋工作，用更优异的成绩回报人民。接着他又参与了全国民间文学大系列丛书的编审，翻译了维吾尔古典文学作品《创世纪》《纳瓦依抒情诗选》《鲁提菲诗选》《长毛子玉素甫汗》和极具地域特色的《哈密木卡姆》等。他还要参与《文学译丛》《新疆民间文学研究》《新疆民族文学》等刊物的编辑和审稿工作。

  1994年10月28日，他被病魔夺去了生命，那一年他还不满60岁。自治区政协、文联和自治区党委宣传部、组织部联合为他主办了遗体告别仪式。在灵堂里，主办单位在他的遗像两侧挂了一幅挽联：才华溢天山南北倾毕生精力默默奉献英名千古；业绩跨长城内外为民族文化勤恳一生功勋昭著。《郝关中同志生平》中有这样几句话："他是一位在新疆各族人民心中享誉很高的难得的翻译家，为新疆各民族文化交流做出了重大贡献，受到新疆文学艺术界各民族学者的爱戴和信任。……郝关中同志不幸逝世，是我们新疆文学艺术界和翻译界的一大损失，使我们失去了一位不可多得的优秀专家。"

路漫漫其修远兮　吾将上下而求索

——记原语文系1960届校友唐景福

唐景福（1938—2012），男，汉族，陕西省洛南县人，1960年毕业于西北民族学院语文系藏文班，1963年毕业于中央民族学院古藏文研究生班。生前为西北民族大学宗教学硕士点研究生导师、民俗学硕士研究生导师。1994年晋升为教授。曾任西北民族大学历史文化学院宗教研究中心主任，西北民族大学学位委员会、学术委员会委员，甘肃民族宗教学会秘书长，中国宗教学会理事，中国民族史学会会员。多年从事藏语语法、藏族文学史、藏族史、藏传佛教思想概论的教学和研究工作，著有《中国藏传佛教名僧录》《藏族文学史略》；译著有《论西藏政教合一制度》《格萨尔王传·赛马七宝之部》《红史》节译；与人合著有《藏汉佛学词典》《中华民族风俗辞典》《藏传佛教源流及其社会影响》等，发表《从达赖喇嘛的名号、册封、坐床及亲政看西藏地方与祖国的关系》等论文多篇。

"干什么就得像什么，只要踏踏实实地干，就一定会取得优异成绩。"唐景福教授如是说。

书山有路勤为径

唐景福先生出生于陕西省洛南县景村镇一个农民家庭，由于他勤奋好学，尤其酷爱文史类，1956年考入西北民族学院语文系藏文第八班，学习藏语文专业。未来到西北民族学院之前，由于他出生在经济欠发达、交通不便的陕西商洛山区，只知道我国的民族有汉族、满族、蒙古族、回族、藏族，不知道还有其他更多的少数民族，对于什么是民族问题和党的民族政策更是一无所知。来到西北民族学院后，经过学院与系上的专业思想教育，特别是第一学年学习了"民族问题与民族政策"课程以后，才认识到了民族问题的复杂性和长期性，认识到了民族工作的重要性，同时也巩固了学习藏语文专业的思想。但他是一名汉族学生，从头开始学习藏语难度是可想而知的。在老师的指导下，他和同学们一道学习藏语和藏文，和藏族同学广交朋友，这对他的藏语水平的提高有了很大的帮助。1959年到了大学三年级，全班同学到甘南州夏河县完尕滩一带藏区进行藏语实地学习，和藏族群众一起同吃、同住、同劳动，学习藏语。在这短短的4个月时间里，他们与藏族群众朝夕相处，不仅建立了深厚的情谊，而且还能用藏语和藏族群众进行一般日常用语的对话与沟通，这大大增强了唐景福先生学习藏语言的信心，树立了为藏族人民服务的决心。1960年毕业时经过政审，他获准了继续深造的机会，进入中央民族学院（现中央民族大学）语文系藏文研究生班学习。这个研究生班是在周恩来总理倡导下开设的，由著名藏族教育家喜饶嘉措讲学，研究藏语文。当时正值三年自然灾害时期，作为中央民族学院研究生的唐景福，在老师和同学的多方帮助下，克服困难，学习了藏文文法、藏文历史名著《西藏王臣记》《印度佛教史》《因明学》等，为以后从事教学和研究打下了坚实基础。1963年唐景福毕业分配到了母校——西北民族学院，在民族问题教研室藏族史教研组执教。

实践出真知

知识作为人类思想认识的来源，只能来自于实践。1963年10月，教育部发出组织高校文科学生参加农村社会主义教育运动的通知，西北民族学院组织部分师生分批参加。唐景福第一批参加了甘肃省组织的甘南州夏河县甘加乡牧区社会主义教育试点工作团。在这次"社教"工作中，他用理论和实践相结合来武装自己的头脑，在实践中不断完善自己、发展自我。1964年底，"社教"工作结束，唐景福被借调到甘肃省政治学校从事藏文翻译工作，充分发挥了他的特长。在此期间，他接触到了甘南藏族的佛教上层人士，从他们那里学到了不少关于藏传佛教方面的知识。1966年决定抽调1200名师生参加牧区"社教"，唐景福二下甘南，来到十分艰苦偏远的玛曲县采日玛乡，从事"四清"工作，不仅在实践中锻炼和提高了认识能力，而且积累了丰富的藏学知识。1967年3月，唐景福在甘肃省民族出版社组织下到扬州参加《毛泽东著作选读》甲、乙种版本藏文版的检校工作。1970年，西北民族学院停办，唐景福被分配到兰州军区、甘肃省革命委员会"毛泽东思想"学习班训练部担任干事。在那时，他与学员一起学习《共产党宣言》等6本马列著作，这对于提高他的理论水平，起了很大的帮助作用。

开拓创新

1972年8月，由赵寿轩等6人组成了"西北民族学院接收小组"，唐景福就是其中的一员，负责对校产特别是图书资料的接收工作。虽然接收小组碰到了不少困难和障碍，使得工作进展得非常缓慢，但这并没有影响接收小组成员们恢复西北民族学院的信心。在他们的努力下，学院流失的大部分校产及部分图书被收缴回来。1973年10月，西北民院复办后开始招生，唐景福先生重新走上了教学岗位。此时，正是"四人帮"横行之际，刚刚复办的西北民族学院仍处于深重的灾难之中，复办后的各项工作极端艰难，但是"接收小组"成员实事求是，忠于职守，顶着各方面的压力，克服种种困难，坚持搞好教学和科学研究工作。1976年10月，西北民族学院获得了新生。1977年，为了取得科研的第一手资产，唐景福先生与他的老师丁汉儒教授和同事温华教授向院党委申请，经批准后赴藏区进行实地调查，他们先后赴青海玉树、四川德格和西藏拉萨、江孜与日喀则地区，深入到寺院与乡村，进行调查研究，由他们合写的专著《藏传佛教源流及其社会影响》出版后受到同行们的好评并获奖。1979年，西北民族学院民族研究室正式成立，结束了文科类专门研究多年中断的历史，对促进西北民族学院的科研工作提供了有利条件。唐景福先生在王沂暖教授领导的"格萨尔"研究室工作了三年时间，在王沂暖教授指导下翻译出版了卷帙浩繁、博大精深的藏族长篇英雄史诗《格萨尔王传·赛马七宝》。在此期间，唐景福先生感到自己不懂史诗这一欠缺，向王沂暖教授提出不宜从事"格萨尔"的翻译，得到应允后，开始转入到藏传佛教的教学与研究工作之中。著名的教育家、藏学家王沂暖教授是唐景福先生的恩师，在他的鼓励和大力支持下，唐景福先生的教学和科研取得了可喜的成绩，他们二人合著的《藏族文学史略》，是我国出版较早的一部关于藏族文学史方面的专著，该书曾荣获国家民委社会科学类书籍一等奖。每当唐景福先生想起王沂暖恩师时，恩师的话总是萦绕在他的耳边："你的教学和科研要扬己之所长，避己之所短，发挥自己的优势，应把更多的精力投入到藏译汉上去。"虽然王沂暖教授已离开人世，但王沂暖教授那种言传身教的敬业精神永远活在他的心中。1984年7月，经国家民委批准，西北民族学院研究所改名为西北民族研究所，除"格萨尔"研究室外，又增设了民族教育研究室和藏学（安多）研究室。唐景福先生担任藏学（安多）研究室负责人。在此期间，唐景福先生克服了种种困难，勤勤恳恳，坚守在教学、科研第一线，争分夺秒，著书立说，并且积极培养青年教师和研究生，努力为民族教育事业多做贡献。

春华秋实

1991年，由唐景福先生编写的《中国藏传佛教名僧录》由甘肃民族出版社出版，该书以时间为经、事迹为纬，全面系统地介绍了藏传佛教的著名僧人，反映了藏传佛教的特点，为中国僧佛史开辟了新的领域，成为我国众多著作中全面介绍藏传佛学界的第一本汉文僧传。该书既运用了古代僧人撰写的经史，又吸收了当今学者的著述观点，且在采用之处一一标明。叶方毓在《中国西部发展报》上撰文称，《中国藏传佛教名僧录》是唐景福先生虔诚地献给"西藏和平解放四十周年"的一条"洁白的哈达"。该书共22万字，总传体裁，收录了藏古、蒙古、汉等藏传佛教僧人123名，分别述说，时限自8世纪西藏佛教前弘期名僧巴桑囊始，到十世班禅确吉坚赞圆寂止，前后长达一千多年，可谓是"一部名僧录，半部藏族史"。

1995年，唐景福先生根据自己多年治学的丰富经验以及取得的成果，响应学校领导的号召，申请到西北民族学院成立以来的第三个硕士点——宗教学硕士点。同时还考虑到该硕士点的学术梯队建设问题，向院领导提出拟将该硕士点设在历史系的建议，得到批准后，将宗教研究中心挂靠在历史系，实行"系所合一"管理体制，由唐景福先生担任该研究中心主任。宗教学硕士点于1997年开始正式招生，1998年被甘肃省教育委员会评为"省级重点扶持学科"，唐景福先生作为该学科学术带头人，为西北民族学院的学科建设做出了很大的贡献。

在教学中，唐景福先生针对学生实际竭尽所能，因材施教，严格要求且循循善诱，不断提高他们的思维能力，帮助他们解决遇到的困难，培养他们的上进心、自信心及勇气。在唐景福先生的辛勤培养下，研究生班学生的毕业论文答辩成绩一直都很优秀，均能顺利获得硕士学位。一位优秀的教师最大的心愿就是自己的学生能够超越他，"青出于蓝而胜于蓝"。唐景福先生在加强培养研究生的综合能力的同时，也对自己教学和科研的助手提出严格要求，使他们不断地加强研究能力，在科研和教学中也崭露头角，弥补了科研和教学队伍的断层现象。

唐景福先生在2006年6月和11月，他的两部新书《藏传佛教格鲁派史略》和《西北宗教论丛》由甘肃人民出版社出版。他的《中国藏传佛教名僧录》于2006年11月再版。他还参加编写了《兰州市民族宗教志》，这本书在

2007年的3月份由兰州大学出版社出版。

唐景福先生在他的领域内坚守岗位已经44年了,当记者再一次敲开他的门去采访他的时候,感觉这位学者身体依然是那么健壮,精神矍铄地给采访者讲述他的人生经历。"最美不过夕阳红!"也许这就是对唐老先生最好的人生评价。

春花秋月,雁去雁来,几十个春秋中,唐景福先生经历了多少风雨,洒下了多少汗水,付出了多少心血,是难以计算的。如今,岁月已染白了他的双鬓,但他依然是那么忙,因为,在他的面前,既有他为之苦苦奋斗了大半生的事业,更有新的领域等待着他去开拓。

甘做人梯

唐先生一生牢记周恩来总理的嘱托:"你们是新中国自己培养的第一届研究生,建设国家的重担落在你们身上,你们要把国家建设好。"一生无悔入书海,厚积薄发做人梯,从不炫耀自己,为国家和民族默默地无私奉献。在"文化大革命"中,他仍然坚持学习,勤学不辍,从书摊上搜集书籍,并能躲进小楼认真攻读,积累知识。"文化大革命"后,他把自己的书籍和读书笔记,一点一点地拿出来,提供给教研室,以供教学之用。唐先生一生读书甚多,不断思考体悟,才能厚积薄发,著作等身。

桃李遍天下

唐景福先生治学严谨,教学认真。每年上课,他都要认真备课。他曾说:"知识是不断更新的,干巴巴地教,学生能爱听吗?"他及时更新知识,把时政和专业知识结合进来,更新课堂内容,极大调动了学生的兴趣。他十分注重教学质量,高标准组织课堂,其课堂深受学生喜爱。相近专业的学生经常来旁听,本班学生经常都需要提前占座,才能享受一堂知识的盛宴。

唐景福先生十分热爱学生,"像父亲一样关心照顾学生",高标准严格要求学生，他会像批改小学生的作业一样，极其认真地批阅、指导学生的作业和论文。他指导的毕业论文，可达到参加学术会议的程度。唐先生深受学生尊敬和喜爱，在他逝世后，不少学生乘飞机专程奔丧，如丧考妣，痛哭在灵堂。

唐先生的学生，桃李遍天下，他培养了许多优秀的民族教育人才。不少人已在北大等著名学府从教，并任研究生导师。

他殚精竭虑，辛苦操劳一生，为民族教育事业贡献了自己的一生。

执着追求　自强不息

——记原语文系 1960 届校友樊保良

樊保良，男，汉族，1936年生于西安，1960年毕业于西北民族学院语文系，著名历史学家，兰州大学教授。

樊保良从小受浓郁的历史文化熏陶，对历史有着特别的喜好，并与之结下了不解之缘。但要说到他与少数民族特别是蒙古、藏、维等民族的历史的缘分，还得从后来说起。1956年，他从陕西省长安一中高考来到当时的西北民族学院语文系蒙古文班，在语文系四年的时间里对蒙古文作了系统的学习，其后又不断深入蒙古族牧区和藏族牧区，进行社会历史调查。这都为他后来的蒙古史和藏族史以及西北民族问题的研究打下了深厚的基础。1960年毕业以后，他曾在甘肃省民族研究所从事蒙古族史、藏族史研究工作。后调入兰州大学历史系任教，长期从事民族史教学和科研工作，曾为本科生、研究生讲授蒙古史、维吾尔史、蒙藏关系史、西北民族与宗教等课程。先后任兰州大学历史系教授、甘肃省文史研究馆馆员、香港中国国际交流出版社特约顾问编委、甘肃省藏学研究所特约研究员、兰州大学敦煌学研究所兼职教授等职。

自古以来，我国北方及西北少数民族尤其是蒙古、藏、维等民族和中原汉族及中央王朝都有着密切的联系和交往，而且有时甚至影响着中国的历史进程和中华文明的兴衰。研究西北及北方民族的历史，对研究我国的历史与民族问题以及西北史地文化都有很大的意义。

樊教授自大学毕业以来，将时间和精力主要用在学习和研究民族史、丝绸之路、西北史地等专业和领域上，并取得了一系列丰硕的成果。曾发表《蒙古族源诸说述评》《回鹘与西夏吐蕃在丝路上的关系》《十三世纪蒙古与维吾尔关系初探》等民族史论文五十多篇，其中部分被《成吉思汗研究文集》（1949—1990）、中国人民大学书报资料中心《中国少数民族》、中国史学会《中国历史学年鉴》《史学情报》、中州古籍出版社《中国史研究》《文摘》、四川《中国教育文库》、山东《史学研究新视野》、山东《中国社科文献丛书》、北京《中国当代思想宝库》、内蒙古《世界名人眼中的成吉思汗——千年风云第一人》等书刊全文收录或摘要编入。出版的著作《蒙藏关系史研究》（青海人民出版社 1992 年出版），被评为当时海内外所出三本同类书中的最高水平，1993 年获"第八届北方十五省市自治区社会科学图书奖"，1994 年获"甘肃省高校哲学社会科学优秀成果"二等奖，1995 年获"甘肃省第四次社会科学最高奖"二等奖，1996 年在北京"全国文史馆成果展览"大会上选展。出版《中国古代少数民族与丝绸之路》（青海人民出版社 1994 年出版），专家评曰："历来讲少数民族的书，也有一些；讲丝绸之路的书也有一些。但认真把少数民族和丝绸之路两项主题结合起来，显示少数民族在丝绸之路形成方面有重大贡献的，则从此书开始。"《阔端与萨班凉州会谈》（主编并主要撰稿，甘肃人民出版社 1997 年出版），1998 年荣获国家第 11 届"中国图书奖"、甘肃省首届"五个一工程"奖，1999 年荣获中宣部第 7 届"五个一工程"奖、国家第 4 届"国家图书奖提名奖"，2002 年 3 月，该书藏文译本由甘肃民族出版社出版。《阔瑞与萨班凉州会谈》一书在社会上受到了广泛的关注和好评，产生了重大的影响。1998 年 5 月 25 日《光明日报》载文评论此书："有力论证西藏属于中国"；原甘肃省委书记孙英同志在为本书所做序言中指出：此书"填补了我国史学研究的一个空白"；著名民族学家、社会学家谷苞先生称此书"是系统、全面地论述凉州会谈这个重大历史事件的第一本史学专著"；《中国藏学》杂志 1998 年第 2 期的一篇"书评"中称此书是"弘扬中华民族多民族大家庭团结统一精神的一部生动的教科书";《甘肃民族研究》1999年第4期载文指出"该书获得三项国家级大奖和一项全省最高奖,这在甘肃省还是第一次,在全国也是不多见的"。他还出版了《西北民族论集》(甘肃文化出版社2006年出版),合作出版的有《古代开拓家西行足迹》(陕西人民出版社1987年出版)、《拉卜楞寺与黄氏家族》(副主编,甘肃民族出版社1995年出版)等书。此外,还参加了甘肃省民族研究所主编的《甘肃民族志》中《蒙古族篇》的撰稿;甘肃省文史研究馆主编的大型《甘肃历史名人画传》的撰稿和审稿,并任编委。其简历和业绩被收录《中国蒙古学学者》《中国高等教育专家名典》《世界名人录》《中国专家大词典》《中外名师录》《东方之子》等。

樊保良教授一生伏案钻研、兢兢业业,他的研究和所做的贡献对我国民族史和西北史地文化都产生了很大影响。这些成就的取得与他严谨的治学精神是分不开的。回顾四十余年的学术生涯,樊保良教授认为有两点是非常值得回忆的:一是勤学,二是逢时。他所走过的道路并不完全顺利平坦,有逆境,有障碍。但是,在读书学习上从不懈怠,总是尽量力排干扰,静下心来读书。一天不看点书便觉不自在,就像陕西人一天不吃碗面条一样,总好像缺了点什么。面条天天吃,书也天天读,学而不厌,乐此不疲。写起东西来也同样,忙起来常常是夜以继日,在没有课的学期,埋头书案一两周不下楼是常有的事。在谈读书时,樊教授说:"读书不仅要博览,重要的专业书还要精读、熟读。例如研究蒙古史,恩师谢再善先生的汉文译本《蒙古秘史》(中华书局1956年出版)我读的遍数最多,重要的内容几乎能够背诵。"他读书往往能达到"眼前直下三千字,胸次全无一点尘"的境界。所谓"逢时",就是指党的十一届三中全会召开,1978年中国科学的春天到来。

学术要发展,务须创新,这是学人所共识的道理。樊教授在学术研究上竭力求新,包括新观点、新方法、新材料等。如在研究民族关系史时,他尝试着抛开以往学者常采用以中央王朝为中心、辐射周边少数民族的视角,而是换个角度,在注意中央王朝辐射关系的同时,把重点放在各少数民族方面,着力写周边各少数民族与少数民族的密切交往,清晰地勾勒出国内少数民族与少数民族、各少数民族地方与中央政府相互之间在政治、经济、文化等方面的关系所形成的网状图。在写《蒙藏关系史研究》一书时，也未采用前人以中央王朝的朝代划线排列章节次第的方法，而是改换角度，采取以蒙古、藏两族重要历史人物为主要线索，横向联系各时期重大历史事件，重墨勾画高潮时期，尽量突出发展阶段的写法。他在长期的研究过程中发现，蒙藏民族关系史的构成，始终是以宗教和政治为经纬交织而成的。蒙藏关系发展的每一个高潮阶段，或者说蒙藏关系史上的每一高潮场面，都是由蒙古族的政治领袖和藏族的宗教领袖合台演出的，他们既是导演，又是剧中人。他们合演一幕幕史剧，共建一座座丰碑，把蒙藏关系的发展推向一个个高潮。这样，全书总体脉络比较清楚，使少数民族的作用与贡献得以充分展现。

在西北民大半个多世纪的发展历程中，樊保良可谓莘莘学子中的佼佼者。尽管他不在民大工作，但对母校的感情是很深的，在谈到西北民大的今天时，樊教授高兴地说："学校近几年在学科建设上颇有远见和魄力，不断增设新专业，文、理、工全面发展，变化日新月异。西北民大立足西北，面向民族地区经济社会文化发展，定能办出特色来。因为改革开放以来，西北少数民族地区同内地汉族地区一样，都在政治、经济、文化、教育、卫生各个方面腾飞起来了，需要知识，需要人才，需要科技！建校70周年之际，西北民大必然会百尺竿头，更进一步。"

樊教授为人本分谦和，待人宽厚守信，做事认真。凡与他接触过的人，总是对他留下文雅、和蔼的印象。樊教授始终认为，我国是一个统一的多民族国家，它的悠久历史是由各民族共同缔造的。少数民族的历史是中国历史的重要组成部分。作为一个历史学家，他用毕生精力致力于我国少数民族史的研究工作，在古稀之年仍勤奋读书，笔耕不辍，对我国民族史和西北史地文化研究做出了巨大的贡献，硕果累累，著作等身。

在樊先生书房里，墙上除挂有书画条幅外，还有两个精致的诗词镜框，这是他七秩华诞时省文史馆的两位老朋友为他书写的贺词。一首是："蒙藏史乘何处寻，巨源独步使人钦。从心岁月非虚度，奏出凉州天籁音。"（巨源为樊教授曾用名）另一首是《五福降中天》贺词一阕，词首为"道骨仙风品最奇，如龙马，如松柏。鹤算刚逢古稀，登仁寿域……"由此可见，樊教授的学术成就、品德修养，确实令人肃然起敬，叹服不已。

樊教授年至古稀依然思维敏捷，勤奋读书，笔耕不辍，他于 2006 年又出版新著《西北民族论集》一部。至先生八十诞辰时，省政府文史研究馆挚友及其学生也多有发来赠贺的寿联集句："八十老翁头似铁，九重春色醉仙桃。这般意思难名状，似倩麻姑痒处搔""华池霁色满今朝，常见台星在碧霄。展匀芳草茸茸绿，笙歌还引紫琼箫"……2015 年先生又出版《西北文史丛稿》一部。

先生一生致力于西北民族史研究，兢兢业业，苦心钻研，他用自己丰富的知识书写了一部部史书，并多次获奖；他用自己的双手，描绘了一卷卷史学的"精美图画"。他的言谈举止、举手投足都彰显着特有的气质和学者的风范；他渊博的知识，处处透露着他的智慧与严谨。

大夏河孕育的藏学专家

——记原少语系 1977 届校友洲塔

洲塔，男，藏族，1949 年 10 月生于甘肃省夏河县，先后攻读于西北民族学院、中央民族学院。1983—2003 年，先后担任甘肃省碌曲县县委副书记、夏河县常务副县长、甘肃省藏学研究所所长，创办学术期刊《安多研究》并担任主编。后任兰州大学西北少数民族研究中心教授、博士生导师，兼任国家社科基金评审委员会专家，甘肃省藏学研究会副会长。

畅游学海　探胜至宝

洲塔 6 岁时，走进了向往已久的夏河县藏民小学，在启蒙老师的指导下学习藏、汉双语，聪明的他好学上进，得到了老师的赏识。1968 年，20 岁的洲塔以优异的成绩从甘南师范学校毕业，被分配到甘南电台从事藏语播音工作。工作之余，他仍然坚持学习和钻研藏文名著，在工作中他逐渐提高，并发现原来藏族文化竟是如此丰富多彩，但他并不满足于现状，心中依然做着大学梦。五年后，他背上行囊，走进了梦中的西北民族学院的校门，师从王沂暖教授。他记忆中的恩师在学术上潜心笃志，刻苦钻研，在生活上平易近人，脸上常常挂着亲切和蔼的微笑，胸中总是洋溢着学者诗人的激情，这一切深深地感染了他。至今提起恩师王先生，他依旧心存感激，想再次聆听恩师的亲切教诲。

因为爱家乡爱得深沉

1984年，在外多年的他看见父母蹒跚的背影后，毅然回到了家乡甘南工作。甘南地方党政领导很器重他，任命他为碌曲县委副书记，1986年他调任夏河县政府常务副县长。上任后，他难以割舍自己深爱的科学研究事业。1987年，他担任甘肃省藏学研究所所长，开始潜心钻研藏学。来到研究所后，他更是注重社会调查，在设备简单、资金不足的情况之下，考察了除阿里地区以外西藏、青海、甘肃、四川、云南的全部藏区，开始了藏学研究的"万里长征"，到达四省一区十州的108个县市，累计行程3万多公里，他认为考察是获取书本上没有的第一手资料的唯一途径。

他清楚地记得，一次在川藏交界的一座4000多米山顶上下坡时，所乘车辆因转动轴前端脱落险遇而人仰车翻；一次因下雨路面湿滑，只距一尺就险些掉入雅鲁藏布江峡谷；一次在巴颜喀拉山遇到弥天大雪，天地一色，能见度仅有10多米，无法辨别路迹，被迫冒险进发……一次次惊出冷汗，又一次次化险为夷。如果把这些经历加以记录整理，即可写出一部回味无穷的藏区考察历险记。通过艰辛的实地考察，他直观地了解了藏区各地的风土人情、思想观念和文化教育等的综合情形，收集了社会历史、宗教文化等方面1000多万字的文字资料，这些有意义的经历为他以后的研究和论著的出版奠定了扎实的基础。

有播种就有收获，有付出就有回报。斗转星移，一晃20年过去了，凭借广博的学识，他已取得令同行瞩目的丰硕成果。他的研究内容涉及地方民族史、地方宗教史、民族关系史、佛教哲学以及藏族社会历史的政治、经济、文化、艺术、民俗等多个方面。承担完成"七五"以来的8项国家重点科研项目；连续独立和合作出版完成《藏文写作概论》《华瑞藏族史略》《甘肃藏族部落的社会与历史研究》《甘肃藏族部落制社会研究》《藏传佛教在多康地区的传播历史及其各宗派教义研究》《甘肃藏族通史》等藏汉两种文字专著20多部，累计500余万字，发表学术论文40多篇。研究成果先后荣获珠峰奖、第四届中华优秀出版物图书提名奖、甘肃省哲学社会科学一等奖等多个奖项。2014年6月，主编的《甘肃青海四川民间古藏文苯教文献》60册被选为国礼赠送给牛津大学波德林图书馆，在国内外藏学界引起了强烈反响。

2000年，经两次成果评审，英国皇家联盟科学院授予他"荣誉博士"学位，中、美、英、德、法五国在香港世界文化研究中心为他颁发了金质"世界名人证书"。他的传略已被收录《中国藏学研究专家名录集》《中国艺术家大辞典》《中国专家学者辞典》《世界名人录（中国卷）》《中国社会科学专家大辞典》《世界优秀专家名典》《中国当代藏族名人辞典》等10多部大型辞书当中。正因为成就卓越，他连续破格晋升为副研究员和研究员，成为藏学研究同龄人中的学术带头人。

悠悠母校情

回忆起当年在母校的学习和生活，他仍然记忆犹新。想起与名师在一起讨论学术问题的情景，想起老师绘声绘色讲课的情景，想起与同窗一道跳着锅庄舞的情景，他不禁感叹岁月的流逝。他曾说他的根在西北民院，那里有他的恩师，有他的学术根基。毕业这么多年，他从没有辜负过母校。

学成后的洲塔，胸怀壮志，不畏艰险，走藏区三万余里，铸学界勤勉笃实楷模。时至今日，载实载誉的洲塔仍经常念师追昔，切思故园。他想念各位师长德言不绝，教化三千；想念兰山寒窗，挑灯夜读；想念与同窗糌粑酥油，俊赏长谈……"我的求学路，有了恩师们的爱心浇灌，辛劳耕耘，才有了我今天的成功。愿我深深的谢意能给恩师的生活带来芬芳。"这是一位老学者对如雨师恩的礼赞，也是他发自内心的深深感激。

脚踏实地，勤勤恳恳，大处着眼，小处着手。这是洲塔三十多年苦心钻研藏学经历的真实写照，也是他对他的小校友们的殷切希望。

桑榆暮景，回母校

——记原语文系1955届校友贾晞儒

贾晞儒，男，汉族，出生于陕西省蓝田县，1952年考入西北民族学院语文系，毕业后留校工作5年，后调至原青海民族学院工作至今。曾担任中国蒙古语文学会理事、常务理事、副会长、学术顾问以及甘肃方言研究所学术顾问、《民族语文》编辑委员会编委、青海省老教授协会副会长等社会职务，被授予"青海民族大学终身教授"和"青海省蒙古历史文化研究功勋奖"等荣誉。

回忆往昔，感慨万千

一位腰杆笔直的老人站在母校门前，微笑着上下左右打量着校门内外的情景，低声细语地说："啊！变化真大啊！"随之而来的便是漫漫的回忆，深感光阴荏苒，人的一生只是一个瞬间，想到自己从一个幼稚无知，充满人生憧憬的青年，转瞬间变成了一位白发苍苍的耄耋老翁，然而，母校却变了模样，迁至榆中后变得越来越年轻、越美丽了！宽阔的道路，高耸林立的座座大楼，锦绣般的绿茵草地和郁郁葱葱的林木，只见学弟学妹们穿行在花草、丛林之中，或者静坐在绿荫之下，读书、看报、研讨学问……身处此境，感触万千。

  1952年9月初，当时的贾晞儒乘坐卡车由西安到兰州，跋山涉水整整用了三天的时间，当他们走进坐落在皋兰山腰的原西北民族学院校门时，看到的是过去遗留下来的几座二层小楼和用土坯垒起来的一排排小平房，无序地散落在一座不长草木的土山腰间。土路高低不平，蜿蜒曲曲。因为干旱，常年缺雨，人走在路上就发出伴随着尘土飞扬"噗嗤噗嗤"的响声，黄土盖满鞋面，甚至钻进裤筒，如果遇到刮风，更是咫尺不见人影，行人也会变成"灰老鼠"，这根本不是他们心中的大学。如果不是交通不便，大家甚至打算离开学校。人心浮动，这给管理他们的老师增加了许多麻烦。贾晞儒当然也是其中的一员，内心也很矛盾，十分后悔，但外表却装作平静的样子。因为当时他已经是"青年团员"（即现在的"共青团员"），不能背叛填表时向组织表示的"服从组织分配"的誓言，表面上还要协助老师做其他同学的思想工作。但是，经过两个星期的始业教育，对学校的性质、任务和办学宗旨有了基本的了解，对少数民族文化历史也有了初步的认识，特别是同少数民族同学接触后，在感情上有了一定的转变。

  到了10月份，由宝鸡到兰州的铁路已经修通运行，西北大学和兰州大学的民族学系和少数民族语言学系的师生合并到西北民族学院，把学习不同语言专业的同学分配到不同的年级，其中一部分一年级的同学按照不同专业也被分配到有藏语、蒙古语、维吾尔语三个专业的"语文系"一起学习。这些大学生的来到，也对他们安心学习起到了积极的作用，偷偷逃离学校的也仅仅是极个别的同学。

决心已定，刻苦学习

  通过始业教育和一个多月的学习，贾晞儒对少数民族的历史文化和他们曾经经受过的苦难有了更加深刻的了解，思想便慢慢地平静了下来，学习的目的也开始明确了。他认识到尽管少数民族地区社会落后，生活艰苦，但那不是他们的罪过，而且他们就在那样的艰苦环境中前仆后继，一代代艰苦奋斗，创造了辉煌的历史和丰富多彩的精神文化，这些都是中华民族精神文化的重要组成部分，值得学习、传承，并且应该弘扬光大，让它们成为建设新中国的精神财富和精神力量。有了这样的认识，他才有了热爱少数民族和少数民族的语言文化，立志为少数民族服务终生的决心和目标。贾晞儒被分配到语文系蒙古语文专业一年级，开始接受蒙古族老师的有关蒙古语文、历史、文化的教学和民族政策与民族情况等课程的学习，在学习过程中他逐步加深了对蒙古族文化、历史的认识，学习的兴趣和积极性日益增强。

贾晞儒是陕西人，从小生活在汉族地区，从来没有接触过任何少数民族，加之旧社会受大汉族主义的影响，在他的脑海里少数民族就是游牧在荒漠之地的逐水草而居的落后人群。在老师的教育下，在学习了蒙古语言文化之后，他认识到蒙古族是一个勤劳勇敢、聪明智慧的民族。他们创造的语言、文化跟汉族的语言文化一样，深邃而丰富，都是民族智慧的结晶，是民族的精神创造，是"取之不尽、用之不竭"的科学宝库。这一切都深深地吸引住他，他下定决心要学好蒙古语言文化。

由于在学习的过程中与蒙古族及其他少数民族同学也有了不同程度的交往，热爱少数民族的感情日益加深，班上的学习风气和精神面貌逐渐发生了变化，同学间的关系也更加亲密。当时不论是专业课还是政治理论课、专业辅助课，都没有出版的统一的正式教材，老师一边教学一边编写教材，特别是政治理论课，老师台上讲，学生低头记，教室里只听到老师讲课的声音和学生记笔记的"唑唑"声，只有老师提问时才能听到同学的回答声，教室里十分安静。特别是在萧肃老师的课上，他把每次批阅的作文都给同学进行分析讲解，对一些写得较好的文章，他还要作为例子为大家分析解读，指出优缺点和进一步提高写作能力的方向和办法。每次发放作文本时，萧老师总要单独给贾晞儒指点，并建议修改，投稿《民院生活》或《甘肃日报》等。当时全校师生关系十分亲密，尊师爱生，蔚然成风，毕业时同学们的学习成绩普遍较好，而且积极、主动要求到最艰苦的地方去。

学有所成,绝不懈怠

贾晞儒在母校工作了近5年之后,被调往青海民族学院(现改为青海民族大学)工作至今,因此,他的主要工作经历是在那里度过的,先后在该校的干训语文部、预科、翻译室、翻译班、中师班、少数民族语言文学系蒙古语专业、蒙古语言文学系、民族研究所、汉语言文学与新闻传播学院等部门工作,从事过汉语文、蒙古语文、现代蒙古语、蒙古文字史略、蒙古族古代文学、翻译教程、蒙汉对比语言学基础、普通语言学、语言学理论、语言文化学、社会语言学、汉语史等专业课和专业基础课的教学;在《民族语文》《西北民族研究》《青海民族研究》《西部蒙古论坛》以及蒙古文版的《蒙古语文》《蒙古语言文学》等学术刊物上发表论文175篇;出版的著作有:《青海湖畔的传说》《海西蒙古语的特点》《民族语文散论》《语言·心理·民俗》《贾晞儒民族语言文化研究文集》《青海蒙古语言文化纵论》《蒙汉对比语言学基础》《德都蒙古文化简论》《心路》《语言文化学视野下的德都蒙古民间歌谣》《语言文化学》《心镜——蒙古语青海方言》等,多次荣获青海省级科研成果奖项。

贾晞儒教授虽然现已年逾古稀,依然耕耘不辍,最近他的两部新著《语言民族学》《宽儿》已交出版部门待审出版。他经常以"人生苦短,时不我待"的警句来提醒自己,勉励自己分秒必争,刻苦学习,不断钻研,多为民族教育事业出力,多为蒙古族历史文化的发掘和研究努力工作,他默默地实践着深藏于心的"一息尚存,绝不懈怠"的座右铭,激励自己。

孜孜以求终不舍　笃志传承优秀文化

——记原少语系 1982 届研究生校友高瑞

高瑞，男，藏族，中共党员，教授，博士生导师，1946 年 6 月出生，甘肃省夏河县人，曾任西北民族大学党委副书记、校长，中南民族大学党委副书记、校长。曾任《西北民族大学学报》（藏文版）主编、西北民族大学高教研究室特邀研究员及《教学与研究》编委，国家民委民族院校教材编审委员会委员及民族语言学科组组长，甘肃省藏学研究学会常务理事、副会长，甘肃省高校教师职务评审委员会民族学科组成员，甘肃省高校管理系列职称评审委员会委员暨学科组成员，兰州市第十二届、十三届人大代表等重要职务，现任国家民委少数民族翻译出版系列高级专业技术职称评审委员会评委、中华民族团结进步协会常务理事、湖北省高等教育学会常务理事、世界民族学会副主席、国家社科基金项目学科评审组专家、教育部核心专家库专家及 2008 年度重大课题攻关项目特邀通讯评审专家与终评专家等职。

1982 年 7 月高瑞获得古藏文硕士学位，并留校工作。曾任教研室主任、系副主任、校办公室主任、校党委委员、党委副书记兼纪委书记等职，有较强的事业心和责任感。高瑞从事民族高等教育近 30 年来，认真贯彻执行党的教育方针，坚持社会主义办学方向，治学严谨，求真务实，为西北及西部少数民族和少数民族地区的社会进步、文化繁荣、经济发展培养合格的专门人才做出了一定的贡献。有较高的政策理论水平和较强的组织协调及科学研究能力，先后撰写并公开发表学术论文20余篇、专著6部、教材2部、工具书2部、古籍整理2部等，共计200多万字；以排名第一、二参与国家社科基金重点项目、一般项目和省部级项目各一项。曾荣获高校电化教育"黄河"协作组第11届年会一等奖、影视人类学国际学术研讨会影视片优秀奖、《中国藏学》首届优秀论文三等奖、甘肃省高教哲学社会科学优秀成果三等奖、甘肃省高校教学成果二等奖、甘肃省科技进步二等奖、西北民族学研究生导师"育英"奖。荣获国务院首届"全国民族团结进步先进个人"荣誉称号等，享受国务院政府特殊津贴。

高瑞教授自1978年参加工作、走上教师工作岗位以来，主要担任过藏族历史、古藏文、藏族文学、藏族语言等课程的教学工作。1987年，辞去学校行政职务，主动要求到教学第一线工作，在当时的少语系从事教学、科研工作。多年来，在公务极为繁忙的情况下，始终未脱离过自己深爱的教学、科研工作岗位。自从担任硕士生、博士生导师以来，指导培养出的研究生在国内有关民族高校、科研院所、出版、翻译等单位发挥着骨干作用。

在科学研究方面，高瑞教授陆续发表了《桑耶寺碑文考释》《敦煌古藏文吐蕃法制初探》《敦煌古藏文十词的文学价值初探》《莫高窟古藏文〈罗摩衍那〉藏译本简介》《甥舅和盟碑新探》《浅论吐蕃时阶级地位的分类》《玉树州吐蕃时期石刻初探》《浅析古代藏族历史研究中的几个问题》等数十篇有影响的学术论文，出版《公文与公文写作》《长庆会盟碑与蕃唐关系的演变》《吐蕃文献选读》等教材和专著。其中，用了近12年的时间所著的《吐蕃文献选读》一书，作为国家民委"八五"教材建设项目，出版后成为甘、川、青、藏等民族高校藏文专业的教材被广泛使用。该教材填补了古藏文作为国内民族高校藏文专业必修课，填补了讲义零散，没有规范正式教材的空白，也弥补了有些小册子对古藏文具体字、词的诠释不能反映出其本意的不足。该书多次再版，作为教材同时也作为学术研究著述，具有较强的社会影响。20世纪80年代初期，他与其他研究人员一同致力于"计算机藏文文字处理系统"的科研项目研究，使古老的藏文字与先进的计算机结合到了一起，研究成果获得国家级及省部级的各类奖项。

1991年，高瑞教授被国家民委党组任命为西北民院党委副书记；1996年，又兼任纪委书记。从1991年起，还担任了《西北民族学院学报》（藏文版）的主编，在办刊过程中严把质量关，经过一番不懈努力，使该学报成为藏学界较有影响的刊物之一，并于1999年获得"全国首届优秀社会哲学期刊"奖。高瑞教授一贯重视政治理论的学习，重视提高理论水平。1998年10月，他参加了国家高级教育行政学院第十三期高校领导干部进修班的学习，系统地学习了邓小平建设有中国特色社会主义理论。在实际工作中十分注重理论与实践的结合，努力将党的各项方针、政策落实到教育、教学的实践之中。多年来，工作成绩斐然。2000年，在西北民院建校50华诞的光辉日子，走上了西北民院院长的重要领导岗位，成为当时西北民院历史上学历最高也是最为年轻的院长。

高瑞教授担任西北民族学院院长期间，努力履行院长职责，与班子成员一道团结带领各族师生员工深化教学改革，转变教育观念，加强学科建设，加强科研工作，积极推进校内体制改革，努力实现学校的目标和任务，加速学校的发展。组织全校性教育思想大讨论，于2003年6月召开全校教学工作会议，围绕"加强教学管理，提高教学质量"的主题展开广泛讨论。与此同时，抓紧专业建设，2000—2004年，学校增设了19个本科专业；2002年，制定了西北民族学院"十五"学科建设规划；2001—2003年，共有17个专业被批准为硕士学位授予权学科；2001年6月召开了"十五"教材规划会议，根据"十五"教材建设以民族类本（专）科及研究生教材为主，以填补空白、解决急需、突出重点、确保质量为原则的精神，形成了学校"十五"规划编写教材；从2002年到2004年，累计投入3175万元用于实验室重建、改造和设备购置，经国家民委批准，生物工程与技术、口腔医学、电子材料、藏文信息与技术4个实验室被列为国家民委重点实验室；2001年，成立了中国民族信息技术研究院，同年，该院"藏文视窗平台、字处理软件和藏文网站"荣获国家科技进步二等奖；2000—2004年，学校资助出版发行了"格萨尔文库"等论著、丛书近 50 部。

在发展、建设西北民院的进程中，一系列的宏伟蓝图变为一个个的现实。高瑞教授担任西北民族学院院长期间，正值学校更名、申博、新校区建设等各项关系学校长远发展前景的重要时刻，在党委的统一领导下，率领全校师生员工，共同努力，使目标一步步顺利进展并达到成功：2003 年 3 月，从在厦门召开的全国高等学校设置评议委员会第四届第一次会议上传来同意西北民院更名为西北民族大学的喜讯，教育部于 2003 年 4 月 16 日正式批准学校更名为西北民族大学；随之，申博工作取得丰硕成果，经国务院学位委员会批准，学校被增列为博士学位授予权单位，增列中国少数民族语言文学博士学位授权。学校于 9 月 16 日举行了更名暨增列博士学位授予权单位庆祝大会，高瑞教授代表校党政讲话。学校更名和申博成功，在西北民族大学的发展史上具有里程碑意义。与此同时，榆中新校区的一期工程全面开工，建设也在紧锣密鼓大规模、快速地进行。在这一时期担任校长的高瑞教授为学校的发展进步做了大量工作。他和全校师生员工用智慧和汗水谱写了新民大的新篇章。2005 年，高瑞教授调至中南民族大学任校长。

在西部及民族地区的发展、建设开发中，在面临机遇和挑战并存的这样一个知识、人才竞争的年代，高瑞教授作为民族大学的一校之长，为民族大学实现民族院校的跨越式发展，增强学校综合实力，进一步推进教育创新，构建出适合民族教育特点的现代教育体系，使西北民族大学、中南民族大学成为新世纪具有较强竞争力的民族院校，为少数民族和民族地区全面建设小康社会做出了积极的贡献。

蒙古族文化研究领域里的一轮圆月

——记原少语系 1982 届校友萨仁格日勒

萨仁格日勒，女，蒙古族，1958 年 12 月出生于青海省海西蒙古族自治州德令哈市戈壁乡。1982 年毕业于西北民族学院少数民族语言文学系并留校任教，1982—1983 年在内蒙古大学蒙古史研究所进修，1991 年受国家教委公派赴蒙古国国立大学留学，1995 年考入中国社科院研究生院，2005 年被蒙古国科学院文学院命名为荣誉博士。1998 年调到中央民族大学少数民族语言文学学院蒙语系任教至今。目前兼职中国蒙古文学学会理事、学术委员，中国民俗学会会员，国际游牧文化研究会理事，国际亚细亚民俗学会理事，国际蒙古学学会会员，中国《江格尔》研究会副秘书长，新疆江格尔文化建设工程特聘专家，西北民族大学、青海民族大学客座教授，教育部学位与研究生教育发展中心通讯评议专家。

萨仁格日勒家里兄妹七人，她在其中排行老五。家里孩子多，父母又忙，没有时间照顾，萨仁小时候更多时间是和祖母在一起。少年的萨仁天资聪颖，学习成绩在班级里名列前茅。她用比别人短的时间读完了初中和高中，考入当地的民族师范学校就读，并留校任教。

她考入西北民族学院少语系，除了上课，就是看书，四年时间，她看完了图书馆所有蒙古文的书。丰富的阅读为她积累了大量的知识，她的中文水平也有了大幅度提高,为她此后进行中文学术研究提供了极大的便利。在西北民院,乔旦德尔、玛·乌尼乌兰、杨才铭、郝苏民等老师都对她进行过悉心指导,使她受益匪浅。

大学期间,萨仁格日勒就开始发表学术论文。说起第一次发表学术论文也是个巧合,那一年,内蒙古大学的一位老师来西北民院代课,走之前,给大家留了作业,萨仁就根据自己平时的阅读和理解写了关于"阿尔戈聪"的职业问题的论文,提出了自己的见解,那位老师看了很是欣赏,就建议萨仁把论文修改后去发表。于是,经过这位老师的推荐,这篇论文在她毕业那年在《内蒙古大学学报》上发表,引起了学术界的广泛关注,内蒙古大学满仓教授推荐她的论文并编入文学史编写提纲之中。

大学毕业后,萨仁格日勒留校被分配到学校的西北民族研究所,走上科研的道路,研究蒙古族民间文化。走上工作岗位后,萨仁格日勒依然满腔热情,由于基础扎实成绩卓著,34岁的她就晋升为副教授,成为当年学校最年轻的副教授。1991年,机遇降临在萨仁格日勒的头上,经学校和国家民委选拔,她申请到了国家教委公派留学资格,赴蒙古国国立大学访问进修。经过不懈努力,1993年她在蒙古国科学院研究生院获得硕士学位。1995年,萨仁格日勒再次获得深造机会,考进了中国社科院研究生院,师从蒙古学家仁钦道尔吉教授攻读博士学位。

1987—2013年,她从讲师、副教授、教授、硕士生导师、博士生导师一步步晋升到博士后合作导师,在这期间曾为本科生讲授蒙古族民俗、蒙古族文学史、美学概论等课程;为硕士研究生、博士研究生讲授蒙古族民俗文化研究、史诗学及蒙古史诗、国际蒙古学研究概况、学科前沿、民俗学理论与方法等课程,至今培养了硕士、博士、博士后研究人员50多名。其中有20名学生在高校和科研单位就职,进行教学和科研工作。

多年来,萨仁格日勒潜心于蒙古民俗民间文学研究工作,侧重探讨蒙古史诗文化研究,出版了《史诗〈江格尔〉与蒙古文化》《蒙古史诗生成论》《青海蒙古喇嘛服饰文化研究》《青海蒙古族民俗文化资料及其阐释》等几部很有分量的专著。同时在国内外报纸杂志上,用蒙古、汉、日三种文字发表了70

多篇学术论文，赢得了国内外同行们的肯定和赞誉。

科研工作方面，她第一方向是蒙古民间文学民俗文化研究，于1982年留校后在西北民族研究所从事民间文学民俗研究工作。曾编著出版《德都蒙古民俗志》《德都蒙古民间故事传说集》等书。2012年由民族出版社出版的《蒙古族民俗探源》一书是她的蒙古族民俗文化研究成果的集大成者，六十多万字的这部学术著作由十个部分构成，内容包括蒙古族民间文化民俗诸方面的问题。2019年出版的专著《哈士纶搜集的蒙古民歌研究》，正在以基里尔蒙古文转写，将在乌兰巴托出版。第二个方向是蒙古族史诗文化研究。1991年开始师从蒙古国科学院院士、著名民间文化研究专家X.叁丕拉登德布教授，中央民族大学著名民间文学专家满都呼教授，蒙古国立大学著名民间文化研究专家S.杜利玛教授，潜心于蒙古族民间文学的研究，主攻方向放在蒙古族史诗文化研究。之后于1995年考入中国社科院研究生院，师从著名史诗研究专家仁钦道尔吉教授，致力于蒙古史诗文化研究，探索蒙古史诗生成轨迹，撰写并出版了《蒙古史诗生成论》，荣获国家民委社会科学优秀成果二等奖。2018年出版了专著《德都蒙古史诗文化研究》，获2019年第四届全国民族问题研究成果三等奖。第三个方向是蒙古民族近代史相关的口述史采集与研究，编著出版了汉、蒙古、日三种文字合璧《额济纳母亲们的口述史》一书，深受国内外学术界好评。

在教学方面，萨仁格日勒教授为本科生和研究生开设蒙古民俗与文化、国际蒙古学研究概况、史诗学概论、美学概论、民俗学方法论等课程。她治学严谨，刻苦钻研，严格要求学生，结合科学研究，认真指导研究生，带他们进行田野作业或参加学术会议。

萨仁格日勒多次应邀去日本、蒙古国、丹麦、韩国等国进行讲学和学术交流。1995年作为甘肃省优秀妇女代表参加世界妇女大会，与各国女学者和女性政治明星进行交流。2001—2002年应邀赴日本国立民族学博物馆做客座教授，进行了为期一年的学术交流和合作研究工作。2006年6月—7月在蒙古国乌兰巴托大学从事学术交流和教学工作。2006年7月—10月应邀赴丹麦皇家博物馆进行学术交流和合作研究。2007年1月—3月应邀赴日本地球环境研究所进行学术活动。2008年1月—2月应邀赴日本国立民族学博物馆进行短期学术活动。2008年9月应邀赴韩国忠州大学东亚研究所参加国际学术会议。2009年2月应邀赴韩国尚志大学参加韩国蒙古学冬季国际学术会议。2009年3月应邀赴日本大阪国立民族学博物馆进行学术交流。2009年11月—2010年2月应邀赴日本千叶大学文学部进行学术交流和共同研究工作。2010年11月—2011年3月应邀赴日本千叶大学文学部进行学术交流和共同研究工作。2011年3月—4月应邀赴捷克查理大学进行学术交流和讲学。2011年8月在蒙古国乌兰巴托参加国际蒙古学第十次大会。2011年11月—12月在蒙古国立大学进行学术交流和讲学。2012年8月赴俄罗斯联邦图瓦共和国进行学术考察。2013—2014年应邀赴日本国立民族学博物馆做客座教授，进行了为期一年的学术交流和合作研究工作。2014年8月赴俄罗斯联邦布里亚特共和国参加学术会议并进行学术考察。2015年11月赴俄罗斯首都莫斯科参加学术会议并进行学术考察。2017年4月赴匈牙利首都布达佩斯参加会议并进行学术考察。

萨仁格日勒多年来潜心于蒙古民俗民间文学研究工作，侧重于蒙古史诗文化研究，出版了数十部很有分量的专著。同时在国内外报纸杂志上，用蒙古、汉、日三种文字发表了近百篇学术论文，赢得了国内外同行们的肯定和赞誉，为母校争得荣誉。她曾说："如果说我有一点成绩，那应该属于我母校的教诲。大学毕业参加工作后的一切都是在大学四年的知识基础上进行的。在大学里基础打不好，以后的工作就寸步难行。"年过天命，萨仁格日勒教授依然在奋斗着，正如她的名字在蒙古语中的含义一样，如一轮圆月闪耀着自己的光亮。

三尺讲台　桃李芬芳

——记原语文系 1982 届校友艾尔肯·哈的尔

艾尔肯·哈的尔，男，维吾尔族，1982 年毕业于西北民族学院语文系汉语言文学专业。现任新疆师范大学中国语言文学学院研究生导师。

艾尔肯·哈的尔于 1960 年 8 月出生在新疆孔雀河畔库尔勒县的一个翻译之家，有哥哥、姐姐、妹妹，是家里的老三。艾尔肯·哈的尔的父亲是原库尔勒县供销社翻译员，母亲则是供销社的普通工人。在父母的悉心教导下，他从小养成了爱读书的习惯。

1967 年，艾尔肯·哈的尔在原库尔勒县第一小学踏进了人生第一所学校。这所民汉学校也是他梦想开始的地方。在这里，他对学习语言产生极大的兴趣。他不仅努力学习，还与各民族同学建立了深厚的友情。上学期间，他表现优异，成绩一直名列前茅，多次评为"三好学生"。

1977 年，艾尔肯·哈的尔赶上恢复高考，从此打开了人生的新篇章。他以优异的成绩被西北民族学院语文系汉语言文学专业录取，成为"文化大革命"后第一批走进校园的青年大学生。

艾尔肯·哈的尔满怀向往的心情踏上了兰州求学之路。这是他第一次离开家乡独自出远门。那时条件艰苦，从库尔勒乘坐长途旅客车耗时两天来到乌鲁木齐，然后再从乌鲁木齐乘坐去兰州的列车，经过两天两夜终于到达了兰州。这也是他第一次乘坐火车，在此之前，都是在电影里见过火车。透过火车的窗户，他的内心难掩欣喜，充满对未来大学生活的向往。在校园里，他被浓郁民族色彩的建筑、生机勃勃的校园、宽敞明亮的教室和图书馆深深地吸引。他很快办好了入学手续，并被安排到语文系汉语言文学专业77级1班学习。

大学四年里，艾尔肯·哈的尔利用一切机会努力地学习专业知识，不断拓宽自己的视野，提高自己的文学素养，图书馆成了他常顾之地。他在大学四年阅读了很多名著与典籍，书让他更充实、更丰富，知识面更广。读书的习惯伴随他到现在，出差时也不忘带书出发，享受那种快乐。爱阅读的人都是重感情的人，他也不例外，大学生活虽已过去很久，但他认为在学校生活的那段日子，是他人生中最美好的一段回忆。他仍怀念来自全国各地的各族同学，怀念和同学一起欢声笑语、发奋图强、分享美食、聆听五湖四海故事的日子。

在西北民族学院，无论是学习还是生活，他都铭记"勤学、敬业、团结、创新"的校训，并落实在行动中。李国香、闫锐、刘文性、魏兰英、马鸿坤、李一凡、苗焕德、马兴汉等老师给他留下深刻的印象，他们都是亦师亦友，不仅在课堂上传授知识，还给予了他面对苦难的勇气和决心，这是一段值得珍藏的回忆。他从这些老前辈身上学到了非常宝贵的财富——爱国、勤奋、敬业、奉献……

艾尔肯·哈的尔说，他从小就生活在一个多民族地区，是唱着"我爱北京天安门"长大的，所以他还有一个最大的愿望，就是能有机会去首都北京看看。1981年他的这个愿望终于实现了。学校安排他们去北京进行语言实习。他怀揣着激动的心情踏上了去往北京的火车。在北京实习两个月时间里，闲暇时间他参观了天安门广场、人民大会堂、颐和园、长城，领略到了首都的华美昌盛、英姿勃发，更加激发了心中的爱国情怀。

1982年1月，艾尔肯·哈的尔以优异的成绩完成了本科学业并留校任教，走向人生新征程。不久后他就走向三尺讲台，真正由一个大学生变成了大学老师。在西北民族大学任教的八年当中，他深深感受到各级领导与同事的关心关怀。为了进一步提高教学科研能力，学校派他到北京师范大学进修一年。在西北民族大学他先后为语文系82级至87级学生讲授了现代维吾尔语、维吾尔语精读等课程，并为以后的教学、科研打下了坚实的基础。1990年1月，艾尔肯·哈的尔调到新疆师范大学工作，先后在汉教部、人文学院、语言学院和中国语言文学学院任教。

在38年的任教经历中，他一直工作在教学、科研第一线，为国家培养了无数个合格的本科生和硕士研究生。艾尔肯·哈的尔的学生遍布全国各地，有些已经成为了该领域的领头人。在教学过程中，他通过不断地思考、创新，改进自己的教学方法，受到了同学和老师们的一致好评。

艾尔肯·哈的尔热爱自己的本职工作。他说，教师是人类灵魂的工程师、辛勤的园丁、无私奉献的红烛，作为一名大学教师无比自豪。他认为，作为当今的人民教师要有高度的政治责任感，要遵守职业道德，加强师德修养，要具备扎实的专业知识和不断学习的精神，具有高超的职业技能，只有这样才能培养出社会主义事业的建设者和接班人。

在完成教学任务的同时，艾尔肯·哈的尔在科研方面也取得了一定的成绩。自任教以来在国内各类学术刊物上发表了《试论维吾尔语中的性别歧视》《试论维吾尔语词汇教学》等数十篇学术论文；主持完成国家社会科学项目一项；主持完成新疆维吾尔自治区教育厅项目；参加国家级、自治区级科研项目多项；主编、参编教材多部；参编商务印书馆《汉维英图解大词典》《汉维英图解小词典》等。

艾尔肯·哈的尔喜欢与同学、老师进行交流讨论。他喜欢交际，和每一个人都成为朋友，热情地去了解他们，热心地去帮助他们。

2000年10月至2001年10月，为进一步提高教学科研水平，由国家留学基金委选派，艾尔肯·哈的尔前往法国巴黎新索邦大学（巴黎三大）研修一年。这一年留法的经历，让他获益匪浅。

艾尔肯·哈的尔和其他的人民教师一样，传道授业解惑，对于教育有着深深的热爱，在他眼里，身为教师，传授的不只是知识，更多的是人生经验。教育者的意义也在于此，坚守岗位，成为学生前进道路上的指路明灯，和学生像是朋友一样相处,鼓励他们在自己的人生中做好主角,只有坚持才能获得胜利的喜悦。他向学生分享自己学习语言的经验,介绍自己的学习方法,倡导学生多张口,大胆学习,学习语言一定要多交流才能学到"地道话",同时他严格要求学生踏踏实实地去研究知识,切身去感受知识带来的满足感,勤思考,多提问,善于培养问题意识。

艾尔肯·哈的尔一直从事语言教学研究和语言对比研究,先后主持国家社会科学课题"新疆维汉语言接触的社会语言学研究"和新疆维吾尔自治区教育厅课题"新疆两年制预科教学改革模式研究"。主编、参编多部维吾尔语专业教材,在国内核心期刊和其他刊物发表了《试论维吾尔语中的性别歧视》等20余篇学术论文及教改论文。这些数据证明了他在知识的路上砥砺前行。

现在作为新疆师范大学的老师,他依旧保留了思考的习惯,常常和学生进行交流讨论,他相信"弟子不必不如师,师不必贤于弟子",亲近学生,了解现在的学生的想法,了解他们的难处,热心地去解决问题。他认为在语言的世界里充满着未知的挑战以及满满的哲思,因为这些文字都是经历了历史的积淀,一代一代人薪火相传。也正是语言的魅力让他接触到了京剧和豫剧,并且现在也是国粹京剧的"骨灰级玩家",在休闲时刻他总爱哼唱京剧中的经典曲目,用心地去感受京剧中的唱腔文调,也唱豫剧,感受语言带来的独特魅力。他相信,安静的环境有助思考,希望现在的学生可以"慢"一点,去感受、去享受身边的事物,听过看过思考过才算真正学过。

岁月蹉跎,如今,他已到花甲之年,即退居二线,时不时回忆起年轻时美好而珍贵的记忆,那些在西北民族大学度过的岁月深深地烙印在他的心中,在这里成长在这里工作。对于母校的情感,不言而喻。他也时刻关注着母校的发展,始终保持着同母校的联系,曾多次返回母校参观、学习、交流。艾尔肯·哈的尔曾说希望他的母校无论在教学质量方面还是在科研方面都要更上一层楼,培养更多的、合格的社会主义建设者。他更希望以后能为母校的发展在教学科研上能做出自己的一份贡献。

他还要衷心地感谢他的母校,他今天的一切,都是跟母校的培养分不开的。无论是在学术研究方面还是为人处世方面,当初老师的叮咛与同学的关心一直警醒着他、温暖着他。无论身处何处，都不忘惦念着那片抛洒青春与热血的地方——西北民族大学！无论在哪，都不会忘记曾经那段在西北民大的美丽相聚！

今年西北民族大学即将迎来建校 70 周年，在这 70 年中，西北民族大学为祖国培养了数以万计的优秀人才，遍布祖国的大江南北，取得了一批具有世界先进水平的科研成果。从总体上看，我国高等教育还不能完全适应经济社会发展和人民群众接受良好教育的要求。不断提高质量，是高等教育的生命线，必须始终贯穿于高等学校人才培养、科学研究、社会服务、文化传承创新各项工作之中。为了适应实现经济社会又好又快发展、促进人的全面发展、推动社会和谐进步的要求，坚持走内涵式发展道路，借鉴国际先进理念和经验，全面提高高等教育质量，不断为社会主义现代化建设提供强有力的人才保证和智力支撑。西北民族大学一直不辱使命，努力培养出更多更优秀的人才。作为西北民族大学的学子，他相信母校的未来定会更加辉煌！

耕耘学科　服务于民

——记原少语系 1982 届校友尕藏才旦

尕藏才旦，男，藏族，1982 年毕业于西北民族学院少数民族语言文学系藏语言文学专业，现任西藏大学经济与管理学院教授、博士生导师，西藏大学学位委员会成员。

少年壮志

尕藏才旦出生在特殊年代，特殊的家庭背景让他懂得人生寒苦，很小就承担起了家庭责任，学会了电工、木工、泥瓦工等技能。

1975 年 5 月，他高中毕业后积极响应国家"知识青年上山下乡"的号召，兴高采烈地离开第二故乡——兰州，来到甘南藏族自治州玛曲县采日玛人民公社乃尔玛大队插队锻炼。跟随乃尔玛牧民赶着牛羊逐水草而居，并兼任起了生产队"噶尔康"（藏语，即奶制品管理房）副管理员工作。他积极参与大队"酐酪素"生产加工以及现代公路修建等活动。由于他吃苦耐劳、手脚麻利、聪明伶俐，大家都诙谐地称赞他为"草上飞"，很快被人民公社抽调去兴建水电站。据说当时他一口气能点燃 12 个爆破点，多半个石山被炸塌了，大伙在欢快的笑声中搬运起石块。水电站落成后，他被派往县水电站观摩学习。而后他既担任人民公社水电站站长职务，又兼任马背电影队队长，带着他的五个徒弟将电引入周边的"艮萨"(藏语,即冬季定居点),春暖花开时又策马飞奔到"才日撒"(藏语,即游动牧场)循环放电影。光阴荏苒,白驹过隙,一晃三年,他始终铭记毛泽东主席"为人民服务"的教诲,不论严寒酷暑,不论距离远近,他带领自己的团队自始至终将牧民的基本需求放在了第一位,成为名副其实的"草上飞"服务队。

青春韶华

1978年8月中旬一个晚霞染红草原的寂静时刻,他接到公社李书记的电话通知,西北民族学院少数民族语言文学系正式录取你了。他很兴奋又很茫然,不知所措。他说:"激动人心的是全公社三届知识青年中,我是唯一考入高等学府的青年。担忧的是我走了,水电站、电影队和五个徒弟咋办?"忧心忡忡的他带着牵挂、带着思念和满怀激情来到了我国第一所民族高等院校。在四年的大学生活中他深刻体会到启蒙师马进武老师谆谆教诲、循循善诱的真谛,国家富强、民族振兴和自我完善离不开勤奋好学,更不可缺少"自省、自强、自尊、自爱、自勉"的正能量释放。

1982年盛夏,他大学毕业后依然选择了返回曾经插队锻炼过的玛曲县,并果断辞去行政职务,欣喜若狂地来到玛曲县藏族中学任教。他回忆,当时县藏族中学,既没有大门,也没有院墙,空旷无垠的草原上只有几排平房。他兼任学校团委书记,发动全校学生种树,修建篮球场、足球场等活动场地。每天都在学习、戏耍、运动的快乐声中度过,现在想起来仍然感慨万分,情不自禁。1985年9月,他主动要求去阿万仓小学任教。1986年9月,调回县文教局督导室工作。1988年9月,因父母年迈调回西北民族学院少数民族语言文学系任教。

而立之年的迷惑

20世纪90年代初,他在社会主义市场经济建设的浪潮中,又面临新的思考和许多挑战,觉得作为一名民族高校的藏族教师理应肩负起观念转变、积极参与、不断践行的责任。他曾表示过,在迷惑不定的职业生涯选择旅途中,他走了弯路,既没有当好一名合格的教师,也没有实现自己的创业之梦。在停薪留职的几年里,从开小饭馆创业开始,先后创建了金狮商贸有限公司和民族职业技能培训学校,却在市场监管不规范、鱼目混杂的现实面前屡遭失败,但也积累了一定的市场经济学、管理学等方面的实践经验。自此,他深刻认识到,作为一名民族高校的教师应该依托学科建设和专业研究方向,为民族地区经济社会持续稳定发展而献言献策,将自己的研究理论完全熔铸于民族地区有限资源的无限保护和充分利用开发,这才是一名合格的民族高校教师的神圣职责。

尤其是1999年9月至2002年7月,学校委派他去中国科学技术大学工商管理学院研究生班学习管理科学与工程技术专业后,他如梦初醒、茅塞顿开,摒弃杂念、精心备课,牢固树立"教书育人、管理育人、服务育人"的敬业精神,并结合西北民族地区取之不尽用之不竭的自然资源和人文资源,深深植根于藏汉双语工商管理专业本科教学活动中。期间顺利晋升为副教授,并参与兰州市劳动和就业局的专项培训活动。2003年10月,被兰州市教育局、兰州市劳动和就业局评为"优秀教育工作者"。

服务边疆的情怀

2005年盛夏,他在参加全国民族地区经济社会发展专项论坛时,结识了西藏大学组织人事部书记扎西教授。得知西藏大学正在筹备民族学下的二级学科"少数民族经济"硕士点,要引进一些具有发展潜力的副教授以上教师创办该学科。他动心了,决定举家搬迁到拉萨。他认为,身临民族地区一线工作,更能提高自己的教学水平和科研能力,更能够精准地将自己的科研理论溶解于具体社会实践当中。

2006年6月,他被引进到西藏大学经济与管理学院。从此,先后为本科讲授"管理学"等14门课程。来到西藏大学后,他发现有20余名西北民族大学藏学院的学生在全校各部门工作,而且他们的藏汉双语应用能力、研究水平都得到学校的高度赞扬。他不能为母校丢脸，更不能在他的学生面前失态。每周有26节课，而且是不同的五门课，只有认真备课才能为母校争光。

他严谨的教书育人、服务育人方式获得了学校的好评，尤其是诲人不倦的职业道德精神感化了许多师生。学院先后派他赴西藏自治区人力资源和社会保障厅等7个厅局和拉萨市、山南市，以及国有企业、集体企业和民营企业参加各类培训工作100余次，主要讲授创业管理、物业管理、工作计划、时间管理、项目管理、企业人力资源管理、西藏特色产业、西藏文化产业、公共部门人力资源管理和公共部门经济学等10余门课程。其间获得西藏大学"优秀科研工作者""西藏大学优秀工作者"等荣誉称号，并顺利晋升为教授。2011年，参与创建了少数民族经济硕士点，尤其是2012年5月，负责完成了商务部尼泊尔海关管理研修班的培训方案、教学设计、班级管理等工作，并讲授了中国国情、出口产品附加值提升路径选择、管理创新：中尼边贸的新起点等培训课程。2015年开始担任西藏大学少数民族经济方向的博士生导师，至今，培养了5名少数民族经济博士，30余名行政管理、少数民族经济、经济管理和教育管理硕士研究生。其中一名博士研究生荣获"西藏大学优秀博士毕业生"称号，两名硕士研究生荣获"西藏大学优秀硕士毕业生"称号。

2011年，他借调到自治区党委宣传部文化产业管理办公室，参与完成西藏自治区"文化产业发展规划（2012—2020）"，并兼任自治区文化产业管理办公室高级顾问，督促检查、评定自治区级文化产业企业持续健康发展工作。2012年，他参与完成"拉萨市文化产业发展规划（2013—2020）"，2013年1月至2015年6月，他又被借调到拉萨市党委宣传部文化产业管理办公室，兼任主任一职，负责完成全市文化产业企业的日常管理和具体服务工作，尤其是对拉萨市慈觉林文化创意产业园区《文成公主》剧本的修订和成功上演尽了一份微薄之力。

他认为，高校的重要职能之一是服务社会，高校教师是服务社会的关键主力。2017年3月，他向西藏自治区主席齐扎拉同志递交了一份建议，提出推进西藏七地市快速发展的首要任务是提升教育水平，并建议将西藏藏医学院、农牧学院扩建为大学，在那曲新建畜牧业大学。其中两所大学的改扩建工程已正式启动。由于积极参与社会服务活动，他目前主要兼任人力资源和社会保障部干部教育培训师资库入库专家，教育部学位与研究生教育指导委员会硕士、博士毕业论文匿名评审专家，国家社科基金项目成果通讯鉴定专家，西藏自治区党校经济管理硕士生导师，西藏自治区社科基金项目评审专家等10个职务。近五年来，他在北京、澳门、厦门、青海和拉萨参加国际学术会议五次，发表主旨演讲三次。在CSSCI来源期刊和省级学术期刊发表学术论文8篇，完成和在研的纵向、横向课题有13项，累计到账科研经费481.9万元。

花甲之际的夙愿

转眼之间，他将迈入花甲之年，即将退休，可他老骥伏枥，志不减当年。目前，仍然积极参与完成了西藏大学"双一流"学科建设的论证、评估工作，同时参与完成了应用经济学科建设的具体任务，2019年顺利招收了该学科第一批硕士研究生。用他的话说："从现在开始，开启自己实现社会价值的新历程，追梦未来！"从近期他手头正在撰写的《日喀则市珠峰文体创意产业可行性论证报告》来看，他倾力打造的"一校一店三场三街"项目，占地面积近1万亩，总投资将达到45亿人民币。该论证报告得到了自治区重要领导的肯定，并纳入2020年"藏博会"议程。其中报告中提出的关于西藏科学技术大学的筹建，不但能够为西藏积极响应国家"一带一路"倡议夯实坚实的基础，而且还能够为尽快提升西藏自我发展能力以及为南亚经济圈建设提供精准的科技支撑。该论证提出新兴文体产业发展模式将加速提升西藏的知名度、美誉度和感召力，进一步加快西藏改革开放的发展步伐，造福边疆人民。

母校，梦的起点

——记原少语系 1982 届校友孟根花

孟根花，女，蒙古族，生于 1960 年 7 月，中共党员、教授（三级），1982 年 6 月毕业于西北民族学院少数民族语言文学系，2003 年获首届"八骏杯"大赛组织奖，2004 年获内蒙古大学艺术学院优秀教师荣誉称号。

心底种子悄然种下

1971 年，那个年代受教育的意识尚未植根于人们心中，对于一个牧民家庭来说，供一个孩子上学需要很大勇气和决心，孟根花很幸运出生在支持她接受教育的家庭，她非常珍惜学习的机会。在孟根花年幼的内心中，有着对世界的好奇和对知识的渴望，这种好奇和渴望成为她学习的动力，她一直都成绩优秀，跳级后非常幸运地参加了 1978 年的高考，并顺利地考入了西北民族学院。

1978 年 9 月，孟根花来到西北民族学院少数民族语言文学系蒙古语言专业。初来学校就被那里浓厚的学术学习气氛和美丽的环境所感染，接下来的四年，是她人生最难忘的时光。她不但认识了很多朋友获得了珍贵的友谊，还在这里学到了对她职业生涯发展至关重要的专业知识和能力。孟根花是个爱读书的孩子，在当时，相比内蒙古大草原来说，兰州是个繁华热闹的都市，有着独特的西北风情，还有着更多的资源和市井特色。在那个有美好的憧憬，还有对未来的满腔热血的大学时期，她就设定了人生目标，希望自己成为一个作家，去洞察、表达一个时代的声音。

求知的渴望是原动力

对知识的热爱是孟根花一路走来的原动力，从她的经历验证了学习的重要性，没有足够的知识谈何追求梦想。

孟教授1982年7月以优异的成绩毕业，来到了内蒙古呼和浩特市内蒙古艺术学院，成为了一名人民教师。在1982年，内蒙古艺术学院只有中专班、钢琴班和预科班，孟教授就从四五岁的孩子开始教起。她教学时的热情感动了学生和同事。作为一个从西北民族大学毕业的学子，极强的专业素养加上不惧困难的品性，使得她快速适应当时的工作需求，迅速学习了教学相关的知识和技能。与此同时，她还请教当时经验丰富的教师，掌握了几门新课程的教授要点。通过不懈的努力，她终于成为了年纪最轻最受欢迎的老师。1987年，该艺术学院升为大专，1991年升为本科。孟根花任劳任怨默默地教书，但这些没有影响她发表自己的作品，从诗歌、论文再到著作。写作、钻研是她热爱的事情，没有理由停止。

随着学术能力的进一步提升，孟根花于1990年加入中国民间文艺家协会内蒙古分会，1996年加入中国蒙古语文学会。2001年被评为副教授，2008年晋升为教授。主要讲授大学蒙语文、蒙古族艺术民俗与文化、蒙古族历史与文化等课程。30多年来发表了蒙古文献研究系列学术论文68篇、论著3部、中篇小说1部，完成项目3个，进行国内外交流16次，另外获学院优秀教师奖和八骏马组织奖等省部级奖9项。主要著作有：《鄂尔多斯民间情歌的分类问题》《民歌艺术在喇嘛教传播中的作用》《新发现的〈扎荣格索瓦大宝塔〉及其学术价值》《鄂尔多斯独贵龙运动歌曲研究概况》《从鄂托克旗王爷的一封信追溯拖累伊金祭拜地旧址》《蒙古族赛马习俗初探》《从蒙古族民歌看蒙古人服饰文化》等。每一篇文章、每一部作品，都承载着她对蒙古文化和艺术的热爱与追求。

秀木不忘厚土

孟根花于2013年7月应邀参加了内蒙古大学举办的"纪念《蒙古源流》成书350周年学术研讨会",其论文《关于观赏赛马书手抄本及学术价值》得到与会学者的一致好评。还于2015年应邀参加了鄂尔多斯社会科学院主办的"格希格巴图诗歌全国学术研讨会";2004年应邀参加俄罗斯联邦布里亚特共和国乌兰乌德市布里亚特大学主办的"时间与科学"国际学术研讨会;2016年应邀参加内蒙古鄂尔多斯社会科学院、成吉思汗陵研究院合办的"第四届成吉思汗陵文化论坛";2010年应邀参加了内蒙古社会科学院主办的"中国第二届蒙古学国际学术研讨会";2008年应邀参加了青海省民委和河南县合办的"蒙古族文学与蒙古族民俗学术研讨会";2006年参加了内蒙古社会科学院、鄂尔多斯社会科学院合办的"席尼喇嘛学术研讨会";2008年参加内蒙古社会科学院主办的"中国第二届蒙古学国际学术研讨会"等诸多会议。

孟根花刊登于《蒙古国科学院》第4期的《康熙两份家信解读》于2003年获内蒙古自治区人民政府"萨日纳"奖。《鄂尔多斯民歌"六十棵榆树"雏形分析》于2006年获内蒙古自治区人民政府哲学社会科学优秀成果三等奖。《关于新发现的一部〈贤愚因缘经〉》于2006年获内蒙古自治区党委组织、人事厅、科学技术厅颁发的优秀论文二等奖。《关于一部佚名史书中的有关布尔尼亲王的记载》获内蒙古社会科学院杂志社、科研处组织颁发的优秀论文一等奖、内蒙古大学艺术学院科研优秀论文三等奖。

虽在学术教学领域上有突出的贡献,但她没有骄傲,一直专心教学,继续钻研。人生虽然不会一帆风顺,但是一颗坚强乐观的心会帮助你渡过难关,而坚强乐观的心源于对生活的热爱,当回顾这些人生磨难之时,会发现所有的磨难都是对努力者最大的褒奖。

在这一路的旅程中，孟根花曾在母校的课堂里努力发奋，也曾在人生的道路上拼搏和前进。她是美丽的，因为她拥有充实的心灵。在瞭望母校这片土地时，她满怀热情，真切地祝愿母校的学子更加优秀。

扎根新疆教育工作的西北民大人

——记原汉语系 1982 届校友茹克娅·沙吾提

茹克娅·沙吾提，女，维吾尔族，中共党员，1962 年 12 月出生于新疆阿瓦提县，1982 年毕业于西北民族学院汉语系汉语言专业。

自 1969 年到 1978 年，她在阿瓦提县接受了小学、初中、高中 9 年教育。恢复高考的第一年，她有幸成为一名大学生，考入了西北民族学院。收到来自西北民族学院的录取通知书时，年仅 16 岁的她既害怕又憧憬，害怕的是这将是她第一次离开家乡去往未知的他乡，憧憬的是她想要在未知的世界里探索未来的自己。

她还清楚地记得，1978 年 3 月 2 日，离开阿瓦提县经转乌鲁木齐，历经了 5 个日夜来到兰州，走入了西北民族学院。自此，她的身上永远留下了"西北民大人"的烙印。来到学校后，她就读于当时汉语系的汉语言专业。1982 年 1 月毕业后，因工作的需要和组织的安排，分配到当时政治系干部培训部任教，一直到 1985 年 5 月。

那一年，西北民族学院汉语系招收藏语班、蒙语班和新疆班 3 个班共 100 多名学生。大部分学生是初次离家，学习与生活多少都有些不适应，但是大家相互安慰、彼此照顾，共同度过了刚到校时的不适应，分享了校园生活的美好，分担了彼此的忧愁。在点滴的大学生活中，100 多名学生都相处得特别好。直到现在,她还能想起许多同学的名字和模样,还与其中部分同学保持着长期的联系。在这里,她获得了知识。在西北民族学院校园文化熏陶下、在师友扶助下,她学到了丰富的文化知识,拓展了视野空间,提升了文化素养,西北民族学院给了她知识的蓓蕾,赋予了她前进的动力。在这里,她收获了成长。当时同班同学有各个年龄层,一部分同学有工作经历,有曾在党政部门工作的,有在学校当过民办教师的,也有当过基层干部的,在同学们的影响下,她的心智逐渐成熟,自身能力得到全方位的提升。在这里,她收获了记忆。无论是学习还是学校组织的各项文体活动她都积极参加,在学校大礼堂的舞台上,在尾龙山上的果园里,在校门口大山里的地道里,都留下了她和同学们美丽的舞蹈与演唱,留下了他们的足迹。虽然她们已经毕业38年了,同学们也都退休了,但是同学之间依旧像当年在学校一样和睦,大家相互尊重、相互关心、相互理解、相互帮助。

1983年第二学期是茹克娅·沙吾提毕生难忘的一学期,在这一年,她第一次站上三尺讲台为西北民族学院汉语系82级1班学生讲授中共党史。当时还不到21岁的她才刚刚毕业一年,没有任何的教学经验,但是她告诉自己一定要坚定地迈出第一步,一定要成为一名优秀的大学教师。她在西北民族学院前辈艾克热木和吐尼莎两位老师的帮助和引导下,做好了充分的备课准备,成功地迈出了教师事业的第一步。她站上了三尺讲台,完成了人生当中第一次授课。当她第一次听到学生称呼她为"老师"时,她激动的眼泪在眼眶打转。学生的这一声"老师",让她更加自信,并且让她坚定地在教师这个行业当中坚持走下去,这一走就是36个春夏秋冬。

1985年,她被调到新疆师范大学,从事马克思主义哲学、马克思主义政治经济学、经济管理学、法律基础等课程的教学工作。她从此扎根新疆,积极投身党的教育事业,辛勤耕耘,无私奉献。多年来,她先后荣获优秀教师、教书育人先进个人、先进工作者、民族团结优秀个人等荣誉称号,先后发表了37篇专业论文。

茹克娅·沙吾提一直坚信"学高为师,德高为范",她认为"教师的责任与医生同等重要,医生的手中把握着患者的性命,教师手中把握着学生的前途与人生的命运,都是含糊不得的"。思想政治课是让莘莘学子受益并且学会做人的课程,是德育的主渠道。她时刻提醒自己责任重大,时刻提醒自己凡事以德为先,为学生们树立典范。她不断改进教育教学方法,注重因材施教和学生主体性作用的发挥。多年来,她积极创新教学理念,潜心教学研究,热心教学改革。一支粉笔,三尺讲台,育四方英才。在任教的36年中,她共担任了5门思想政治课程教学任务。

她在教书育人的同时,不断充实自己。1987年,她前往中央民族大学哲学系进修一年,发表了几篇文章。1995年至1997年,她参加国家教育部委托在新疆大学原政治系开办的第二学士学位班(通过考试录取)学习了两年,系统地学习法律知识,获得了法学学士学位。

2006年,她联系兰州大学行政与管理学院,以访问学者的身份来到自己的第二故乡兰州,进入兰州大学进修一年。当时的兴奋与激动的心情,她记忆犹新。2006年9月3日,她从乌鲁木齐出发,9月4日抵达兰州,下火车的她仿佛回到了娘家,一切都异常亲切。兰州是她思想、理想、梦想行程开始的地方。

她再次踏入兰州这片沃土,兰州城市的巨大变化、拔地而起的高楼,深深地吸引了她,虽然城市建设有些陌生,但对兰州的情感,让空气中都弥散着温度,使她感到温暖。报到完后,她转遍了整个兰州市,踏遍了曾经在西北民族学院就读时去过的南关什字、西关什字、七里河、永昌路等地,还有大学时代常去的东风电影院、曝光照相馆等地,紧接着就忍不住地往母校赶去。一进西北民族大学的大门,她心里感到十分温馨,周围熟悉的影子更让她激动。学校建设虽然变化巨大,但是校办公楼、图书馆、大礼堂、校医院、艺术楼、学生食堂和曾经入住过的宿舍楼一如既往没有改变,还是能够点燃记忆最深处她对母校美好的纪念,能够让她想起与西北民族学院7年的珍贵回忆。逛完校园,她看望了曾经的班主任马兴汉老师、代课老师魏兰英老师、刘文胜老师和其他的同学与朋友,大家聚在学校食堂,品尝校园美味,仿佛又再次被拉回到了1978年,回到了在西北民族大学学习工作的日子。这是她一生中难忘的回忆。

西北民族大学校友风采之七十年七十人

　　西北民族大学几经沧桑，奋发图强，建校以来由小到大，由弱到强，在艰难中起步，在曲折中成长，一代又一代的西北民族大学人见证了学校的发展和历程，赢得桃李满天下。70年来，西北民族大学为祖国培养了数以万计的各类人才，他们为国家的政治、经济和文化事业做出了自己的贡献。饮水思源，作为校友，她深切感谢西北民族大学的栽培，同时她也时刻关注着母校的建设和发展。在校庆70年之际，身处祖国西北边陲的她怀着一颗赤子之心，遥望母校，愿母校的发展日新月异，培养出更高层次的人才！在此，她衷心祝愿母校积历史之厚蕴，宏图大展，再谱华章！

魂牵梦系丁香园　扎根高原育桃李

——记原政治系1983届校友尕宝英

尕宝英，男，蒙古族，中共党员，青海省都兰县人，生于1962年8月，毕业于西北民族大学，青海民族大学副校长、教授，第三、四届中国民族学会理事，中国民族理论研究会会员，青海蒙古族研究会副会长。

1983年尕宝英毕业后直接留校任职，1986年调入青海民族学院，曾任少语系副主任、藏学系党总支书记、蒙文系党总支书记、蒙文系主任，职业技术学院院长、党总支书记，纪委副书记、监察处处长，长期从事马克思主义民族理论和民族政策以及民族经济、文化、教育的教学与研究工作。先后完成出版《民族理论与民族政策》《青海民族宗教工作四十年》《现代化进程中的民族问题》《青海蒙古族历史简编》《青海少数民族革命和建设史论》等著作，发表学术论文20余篇。

提起母校，尕宝英满怀深情，他最忘不了母校那美丽的校园、芬芳的丁香，还有那老一辈教师用心教学的敬业精神，那是他人生中记忆最为深刻的光辉岁月。他所理解的大学是一个思想育人、知识育人、环境育人的地方，在西北民族学院的时光是他世界观、人生观、价值观形成与确立的重要时期，从一个青海牧区牧民的孩子到西北民族学院上学是他人生最大的转折。

他记忆中的西北民族学院学习氛围相当浓厚，学生和老师学与教的热情十分高涨。那些教过他学习和生活的老师，如丁汉儒、刘承三、郭海云、马奇文、腾品文、乔旦德尔、唐占魁等教授在他心目中留下了不可磨灭的记忆。尕宝英对当时帮助过他的教授的感谢之情一直深藏心中。他说刚进校时适逢"文化大革命"结束不久，老师们解放思想，克服困难，用心教学，热情极高。他从老师那里汲取了丰富的知识，学到了做人的基本理念，为其之后的学习和工作奠定了坚实的基础。尕宝英最为自豪的是，西北民族学院当时的伙食在兰州的高校中是最好的，他还依稀记得时任校党委书记蒙定军和校长赵启明等领导会时不时地去学生食堂视察，和同学们一起进餐，非常关心学生的生活问题，对学生工作竭尽全力。

有机会走进西北民族大学的人一定会被那美丽的风景所深深地吸引。就像尕宝英教授说的那样：人的一辈子最重要的是有一个好的生活环境，环境的优劣在很大程度上影响着一个人的命运与整个人生。

多年的教学经验使尕宝英对大学生有了独到的见解。他读书时学生们追求知识如饥似渴，刻苦认真，尤其是1977、1978、1979级的同学们。他说道："时代变了，社会对大学生的各方面的要求有了新的变化。社会的发展经历了三十多年，我们之间身上所独具的东西是不可套用的，你们所具有的是我们难以理解和企及的，不能妄自菲薄。但是有一点是相通的，那就是我们身上都闪烁着西北民族大学的精神。"

针对大学生在校期间如何才能处理好创业与兼职及学好专业知识之间的关系时，他认为，人生本来就是个综合体，人生的道路也不是单车道。在做出自己的人生判断时需结合理论才能在社会实践中有所成就，但理论终归服务于实践，还需要注意自己的方法，但要防止大学生在创业与学业两者间顾此失彼，并非选择了此就必须要放弃彼，可以做到多向发展。

内蒙古医疗战线的"首席专家"

——记原医疗系 1984 届校友王智勇

王智勇,男,汉族,主任医师、内科学硕士、硕士研究生导师。1961年5月生于内蒙古通辽,1984年毕业于西北民族学院医疗系。现任内蒙古自治区人民医院心脏中心副主任、内蒙古医学会心脏电生理和起搏专科分会主任委员,国家级知名心血管病专家、内蒙古自治区"突出贡献"专家。

如饥似渴　勤奋学习

王智勇是一个出生成长在医生家庭的孩子,1979年秋考入西北民族学院医疗系。在学校五年的学习生活中,他如饥似渴地学习医学,对实验课尤其认真执着,他的爱学习、爱思考、好动手的良好习惯,受到带教老师的一致欣赏。

1984年王智勇从西北民族学院毕业,分配到内蒙古自治区人民医院,留到心脏内科。工作中他特别努力、认真,特别是灵敏的反应及动手能力,受到科室同事的认可和赞赏。1985年,年龄不满25岁的王智勇,就被医院破例派往北京参加卫生部组织的第一期心脏介入治疗学习班,在学习班内,他是年龄最小的学员,但是他勤奋学习的态度、机敏的反应和灵巧的动手能力,博得带教老师的赏识,让他提前做助手,使他的操作技术大大提高,按期合格完成培训。

努力探索　独当一面

1985年9月王智勇结束在京学习回到内蒙古自治区人民医院。他没有辜负带教导师的期望,率先在医院完成了第一例内蒙古医生独立进行的心脏起搏器植入;之后,又完成了内蒙古地区第一例心房起搏器植入和第一例双腔起搏器植入,开创了内蒙古地区起搏治疗缓慢性心律失常的新篇章,被同行称为内蒙古心脏起搏第一人。

许多心血管病介入治疗项目在内蒙古自治区第一例手术都是由他独立完成,他是内蒙古自治区内唯一不请外援,能够独立完成多项心血管病介入治疗的医生,已累计完成各种心脏病介入治疗60000多例。他的出色业绩受到同行们的认可和赞扬。2002年5月王智勇完成植入内蒙古地区第一例抗心衰三腔起搏器植入手术。他还指导内蒙古地区20多家医院开展心脏介入诊疗技术,推动了内蒙古地区心血管疾病诊治水平的提高,特别是心脏起搏与心电生理诊疗技术、射频消融术和冠心病介入治疗的开展,他被内蒙古地区同行公认为内蒙古心脏病介入治疗首席专家。2015年5月率先在内蒙古地区独立开展左心耳封堵手术,为房颤患者解决了罹患脑梗死的风险。2016年3月成功进行了房颤射频消融术,开创了内蒙古自治区独立完成房颤射频消融手术的先河。

救死扶伤　医德高尚

在内蒙古自治区人民医院心脏中心,有一个由10名医生和16名护士组成的急救队,队伍的名字就叫王智勇团队。作为内蒙古自治区心血管内科介入治疗的开创者,王智勇30多年如一日,24小时待命,15分钟保证奔赴现场投入抢救,成为了草原大地名副其实的"守心人"。他成功开创了内蒙古自治区独立完成房颤射频消融手术的先河；他曾不顾奔波劳累抢救危重病人，术后晕倒在手术台旁。单是2018年，他就带领团队完成急性心肌梗死急诊手术678例，当年累计各种介入手术达到2400例，让无数濒临绝望的生命重回健康。在他的妙手医治下，不知有多少患者获得了新生。

2010年9月1日，鄂尔多斯的一位患者发生急性心梗，送到鄂尔多斯蒙医院后无法治疗，紧急从北京调请了一位知名专家，结果北京专家看完病人后也束手无策。最后，绝望的家属抱着一线希望找到内蒙古自治区人民医院，王智勇带领团队为其制定了精密的手术方案，手术四天后就解除了心绞痛的症状。"咱内蒙古的大夫能治好北京专家都治不了的病！"一时被传为美谈，也给内蒙古自治区人民医院争回了面子。

地处内蒙古自治区北疆边缘的锡林郭勒盟医院，收治了一位濒死的75岁老太太，心跳每分钟30次，大夫们用尽方法治疗了三天，病情没有一丝好转。他们向自治区人民医院心内科紧急请求会诊和抢救，王智勇果断诊断为心动过缓，只有安装心脏起搏器才能挽救病人的生命。医院同意他的诊断并带助手连夜出发，救护车在茫茫大草原上抄便道行车，颠簸了10个多小时，在第二天早上7点到了医院。他们没有休息，用1个小时完成了心脏起搏器植入术。看着老太太慢慢地缓过神来，他高兴地说，跑一夜真值，再迟一会儿，治疗就没有意义了。通过这次紧急治疗，王智勇越发感到要培养更多的能够在基层医院开展心血管介入治疗的医生。王智勇在诊疗心血管疾病方面取得了成绩，出名了，赏识他才能的许多单位频频盛情邀请他加入，风景优美的某海滨城市医院提出非常丰厚的条件请他去主持心内科工作。他虽然心动过，但他还是离不开培养他的领导和医院，离不开朝夕相处的团队，离不开大草原的患者，他婉言谢绝了那些邀请，他说："我的感情已经和呼和浩特、内蒙古大草原融在一起，我哪儿也不去！"

作为专业和学科带头人，凭借孜孜不倦的无悔付出，王智勇先后获得内蒙古自治区团委直属机关"十佳青年""五四"青年奖章、内蒙古自治区"草原英才"、内蒙古自治区第五届"敬业奉献"道德模范、第六届感动内蒙古人物、内蒙古自治区"五一劳动奖章"等荣誉。

潜心研究　勇攀高峰

在进行繁忙的心血管疾病医疗的同时，王智勇仍然坚持学习，不断提高和拓展医疗心血管疾病的知识和能力。2001年12月在北京大学获内科学硕士学位。2002年1—7月在北京安贞医院学习冠脉介入治疗技术。2005年、2006年两次参加美国MedTEP Ⅰ、Ⅱ级冠状动脉介入治疗培训，由美国著名心血管病专家Michael J.Cowley教授亲自颁发合格证书。他经常参加国内外学术会议，和同行交流诊疗成果和经验，不断总结、不断提高心脏介入诊断治疗的效果，真心诚意地为患者服务。

由于医院的远见卓识和王智勇团队的出色工作能力，自治区人民医院建立的心脏病介入诊疗中心已经达到国内先进水平。在庆祝内蒙古自治区成立70周年活动中，医院的心脏病介入诊疗中心成为自治区医疗发展高水平的标志，在介绍自治区卫生发展的20分钟的电视节目中，王智勇主任用8分钟介绍了心脏病介入诊疗中心。

辛勤的工作结出丰硕的成果。他参与的"肺动脉测定等多种无创手段对COPD合并肺高压诊断和应用"科研项目获1991年内蒙古自治区科技进步奖一等奖；1993年主持完成的"程控起搏器的临床应用及血流动力学研究"项目获内蒙古自治区科学技术进步奖三等奖；2002年参与的"起搏器新技术的开发与应用"项目获北京市科学技术二等奖；2003年参与的"心电图新概念、新技术的临床研究与应用"项目获中华医学科技奖三等奖；2004年主持完成的"永久性心房起搏治疗和预防病窦综合征并心房颤动的长期临床研究"项目先后获得内蒙古医学科技奖三等奖和内蒙古自治区科技进步奖三等奖；2009年获中华医学会心电生理和起搏分会之中国CRT十周年"推广普及奖"等；2018年获中国医师协会"心健康"公益大使称号。

不忘初心　时刻待命

"我周一、三、五全天在心脏中心导管室值班手术，周二、四上午出门诊、查房，周六日去基层出诊或讲课，遇到棘手的问题，我随时就得回来，在我们心脏中心医生的世界里，就没有休息天这个概念。"王智勇这样讲述他的生活。语气虽然轻松，但每刻都是挑战和风险并存。送到心脏中心的病人，生命时刻就会出现危机，并且多半发生在夜间或节假日，需要医生24小时开机待命。一次，王智勇外出参加完学术会议回来，飞机刚刚落地，就接到抢救一个危重病人的通知，他二话不说，打车直奔医院，成功完成了手术，自己却因过度疲劳倒在了手术台旁。

心脏介入手术都是在 X 射线下开展，医护人员要穿着二十多斤重密不透气的防辐射铅衣，往往都留下了腰椎间盘突出病和辐射带来的副作用。"作为一名医生，我们没有选择的权利，只要患者需要，我就得上。"王智勇说，每一次他手术成功后出来看到家属们感激的眼神，就明白了自己身上肩负的使命，"党中央要求我们不忘初心，在我看来把每一患者的生命看作是最重要的事情就是我作为一个医生的初心"。

拳拳之心　感念母校

从1984年离开母校至今，王智勇已努力奋斗了36年，最高兴最满意的事情，就是取得了让母校欣慰的成绩。他说："无论走到哪儿，不管是学习、开会，当人们问我曾就读于哪个学校，我都毫不犹豫地说：西北民族学院医疗系！'现在你们以学校光荣，将来学校以你们自豪'，这是当年毕业时老师对我的寄语，我至今铭记在心。我永远感激母校，没有母校的培养，没有老师的教诲，没有在大学充满民族团结的大家庭的熏陶和锻炼，就不会有今天的成果。所以我还要大声说，我爱母校西北民族大学！"

患者最信赖的"古大夫"

——记原医疗系 1984 届校友古力苏木·艾力木哈孜

古力苏木·艾力木哈孜，女，哈萨克族，1962 年 9 月出生，1984 年毕业于西北民族学院医疗系。新疆维吾尔自治区医疗事故专家库成员，新疆医学会血液学分会常委，新疆医科大学第二附属医院主任医师。

青春记忆

1979 年，古力苏木·艾力木哈孜作为当地唯一一位少数民族高中毕业生考入西北民族学院医疗系 79 级一班，专业为临床医学，班主任是李松运老师。初到学校第一天，古力苏木·艾力木哈孜在同学们的帮助下，很快来到了女生楼，楼管是一位亲切的大娘，她热情地把她安排在了 402 号房间。她们宿舍共有六个同学，分别来自祖国的四面八方，并且大家民族都不相同，有维吾尔族、哈萨克族、朝鲜族、蒙古族、回族和满族。她们六个同学亲密相处了五年，大家互相关心，互相帮助，建立了深厚的情谊。

在大学五年学习中，她们的代课老师大部分是从临床转到教学来的，很重视理论联系实际，也让古力苏木·艾力木哈孜在今后的医疗工作中获益匪浅。学习医学是一个艰辛的过程，不仅要理解所学内容，还要牢牢背会很多内容，过程非常枯燥。每每在她学习遇到困难时，老师和同学都会热心地帮助她。还记得第一年上解剖课的时候，因为没有见过真正的尸体，古力苏木·艾力木哈孜的内心充满了恐惧，实验室刺鼻的福尔马林味道也让她望而却步。这时候，解剖老师梁老师则非常耐心地向古力苏木·艾力木哈孜他们解释解剖学的意义，告诉她们用一种敬畏的心态去看待眼前逝去的生命。在老师的引导下，古力苏木·艾力木哈孜渐渐放下了恐惧的心态，在课上也变得游刃有余。

另外一位印象最深刻的就是英语老师。在她们那个年代，英语还未普及，大家的基础都比较薄弱，所以在学习大学英语的时候普遍比较吃力。然而这仅有的数量不多的英语课完全无法满足大家的需求，在这种情况下，老师就用自己的业余时间，为她们办了一个免费的英语辅导班，一周四次，每次两小时。正是因为老师的辛勤付出和自己的刻苦努力，古力苏木·艾力木哈孜们的英语水平有了质的飞跃。

在古力苏木·艾力木哈孜所有老师中，她最感谢的还是要属药理老师兼教学秘书王克毅老师。王老师为人正直，不仅学识渊博，最重要的是他对于他们如自己的孩子般疼爱。值得一提的是古力苏木·艾力木哈孜这一届是"文化大革命"后民大的第一届临床医学本科生，王老师经常花时间和同学们在一起，无论是学业还是生活方面都给予了他们无私的帮助。王老师除了自己的本职工作以外，还是一个摄影发烧友，正因如此，在那个照相还不是那么方便的年代，古力苏木·艾力木哈孜他们有幸留下了很多有趣又珍贵的画面，记录下了他们美好的青春。

在课余时间，她们也有各种丰富多彩的活动，比如春游踏青，金秋时节在花果山摘苹果。古力苏木·艾力木哈孜本人还是学校女子篮球队成员，经常代表学校参加各高校间的篮球比赛，尽自己所能为学校争得了荣誉。除此之外她还每年代表学校参加甘肃省大学生运动会，当时还是学校女子中长跑记录的保持者。

古力苏木·艾力木哈孜他们同学之间非常友爱，在那个生活艰苦的年代，很多同学的家庭收入有限，生活费拮据，一些男生吃不饱，很多女生就会把剩余的饭票送给男生。当然男生们也非常绅士，一有体力活，大家都争先恐后帮助女生。这纯洁的同学情谊是古力苏木·艾力木哈孜们一辈子的财富。

报效家乡

1984年7月，古力苏木·艾力木哈孜大学毕业，离开学校后回到了家乡，在新疆医科大学第二附属医院内科任住院医师。刚参加工作时的古力苏木·艾力木哈孜年轻、茫然，不知自己的未来会如何，只是凭着一腔热血和对自己工作的热爱，一点一点地努力着。在参加工作的前五年，古力苏木·艾力木哈孜轮转了内科的所有科室，在轮转的过程中，她学习了各个专业常见病的诊断与治疗，接触了很多疑难杂症，深刻体会到了理论联系实际的重要性，同时在这个过程也找到了自己的方向——血液病研究。1989年，古力苏木·艾力木哈孜顺利晋升为内科主治医师。

确定专业方向之后，1992年医院派古力苏木·艾力木哈孜前往中山医科大学第一附属医院血液科进修。在这一年的学习中，在祖国发达的沿海地区，她见识到了国内顶尖的医疗团队。他们严谨的科学态度、高超的医术都对古力苏木·艾力木哈孜接下来的职业生涯产生了深远的影响。值得一提的是，她意识到医生对于患者，不仅仅要治疗他们的身体疾患，更要进行心理上的疏导，与患者沟通必须讲究方式方法，对于每一个不同的患者，要根据他们的社会背景、文化水平、家庭状况等量身打造沟通及治疗的方案。在进修期间她还在导师的培养下，成功在省级刊物发表了一篇医学论文。

从广东进修回来后，带着所学知识回到自己的工作岗位，古力苏木·艾力木哈孜大胆尝试，救治了很多血液病患者。在她的患者当中，绝大多数是边疆地区的少数民族，尤其是从偏远地区来的哈萨克族牧民以及南疆的维吾尔族。他们经济收入较低，病情严重，而且经常因为语言不通造成医患沟通上的困难。这个时候，古力苏木·艾力木哈孜就利用自己少数民族的语言文化优势，保证在短时间内就能了解病患各种信息，本着一颗为患者着想的心，让他们在花最少钱的情况下得到最好的救治。

就这样一传十，十传百，经常会有从各个偏远地区慕名而来的患者到古力苏木·艾力木哈孜的医院点名找"古大夫"治病。面对这些患者，若是与自己专业相关的疾病，她便收入她的科室尽心救治，若是其他病症古力苏木·艾力木哈孜也会帮忙联系相关科室，妥善安置，绝不耽误一丝一毫。就这样，古力苏木·艾力木哈孜渐渐在病患当中树立了自己的威信。

1999年，古力苏木·艾力木哈孜响应党的号召，去到了最艰苦的边疆地区——阿克陶县。当地的医疗条件在那个时候非常简陋，他们因地制宜，给当地医生培训专业知识，传授临床经验，救治当地的各民族患者。古力苏木·艾力木哈孜印象最深的是有一年的8月，当地突发百年不遇的洪水，受灾最严重的地方是塔尔乡，距县城四百多公里，古力苏木·艾力木哈孜他们为了赶去救治当地受灾群众，坐汽车，骑牦牛，翻山越岭，冒着生命危险及时赶到，顺利救治了大批病患。这半年的下乡，虽然条件艰苦，但是当地人民的朴实与善良却无时无刻不在打动着她。当地以塔吉克族为主，他们大多数是农牧民，本身家庭条件就不好，发了大水家里更是一贫如洗，就在这样的条件下，古力苏木·艾力木哈孜他们每次去他们家里上门服务时，他们都很感动，总是拿出家里最好的一切来招待他们。每当这时，古力苏木·艾力木哈孜就告诉自己，一定要尽心尽力救治这些善良的群众。这段经历虽然艰苦，但是现在回想都是美好又有意义的难忘回忆，让古力苏木·艾力木哈孜充分体会到了医生这份职业的伟大。在下乡的同一年，她顺利晋升为血液内科副主任医师。

不断进步

医学是一个不断探索和学习的过程，为了强化自己的理论知识和科研能力，2000年古力苏木·艾力木哈孜报名加入了新疆医科大学研究生班，利用自己仅有的一点业余时间开始攻读硕士研究生学位。功夫不负有心人，2003年，古力苏木·艾力木哈孜顺利毕业，成为了一名医学硕士。之后被医院推荐为新疆维吾尔自治区医疗事故专家库成员，乌鲁木齐市医疗事故专家库成员，同时担任新疆医学会血液学分会常委，经常参加国内各类学术会议，将医学的前沿知识传授给青年医生。

在工作过程当中，古力苏木·艾力木哈孜也积极参与科研，在省级以上刊物前后发表了20余篇论文，2004年顺利晋升为主任医师、副教授。在古力苏木·艾力木哈孜的职业生涯中，她不仅服务于新疆各族人民，还经常收治邻国病患，比如哈萨克斯坦。古力苏木·艾力木哈孜他们医院与吉尔吉斯斯坦的奥什州医院是友好医院，在这个契机下，她有幸参与了多次国际间远程会诊，参与救治了很多当地的危重患者。

在整个工作生涯中，她一直在边工作边任教。任教生涯31年，被评为医科大学优秀教师。在工作了33年之后，古力苏木·艾力木哈孜于2017年10月光荣退休，回顾自己的职业生涯，感慨万千。这33年里，她没有出过一起医疗事故及医疗纠纷，不仅如此，她还受到了病患及所有同行们的肯定及认可。许许多多的荣誉证书、锦旗都是对古力苏木·艾力木哈孜勤勤恳恳、脚踏实地工作的肯定。

感恩母校

古力苏木·艾力木哈孜始终认为，她今天的一切都是因为母校的栽培，是母校带她踏入了医学的世界，塑造了正确的价值观、人生观，改变了她的一生。

此生生为民大人，古力苏木·艾力木哈孜很骄傲，无怨无悔。

值此母校成立70周年之际，古力苏木·艾力木哈孜真心祝愿母校生日快乐，希望亲爱的学弟学妹们珍惜在学校的每一天，努力汲取知识，珍惜时间，珍惜同学间美好的情谊，好好地享受美好的大学时代，不要给自己留下任何遗憾。祝愿他们前途似锦，为母校增光添彩，为祖国的建设贡献力量！

结核病防治战线上的勇士

——记原医疗系 1984 届校友赵晓

赵晓，男，汉族，中共党员，1984 年 7 月毕业于西北民族学院医疗系。现任宁夏回族自治区卫生健康委机关党委委员、第四人民医院党委书记。

赵晓毕业后被分配到宁夏结核病防治所防治科从事结核病防治工作。刚刚毕业的他，虽然有着扎实的医学基础知识，但要想在结核病防治方面做出成绩，就必须加强学习结核病这一块的知识。在自学的基础上，他于 1985 年 3 月参加了卫生部结核病中心的培训，这样的系统学习，使他更扎实地掌握了结核病防治知识。1986 年，在华西医科大公共卫生学院，他系统学习了流行病学和卫生统计学。1998 年，在西安医科大专攻读了半年英语，为及时了解国际先进的结核病防治知识打下了良好的基础。同时，为了提高结核病临床知识，1988 年 5 月—1990 年 4 月，他主动要求到临床一线工作，经过两年的临床工作锻炼，他在临床技能、结核病诊断和鉴别诊断、X 线诊断等方面都有了明显的进步。在多次培训和实际工作的锻炼中，丰富了流行病学和卫生统计学知识，掌握了结核病防治的最前沿的理论知识和操作技能，逐步成长为一名合格的结核病防治主任医师。

学习的过程注重知识的积累，工作的过程注重实践。经历了长时间的知识积累后,他的业务水平有了突飞猛进的进步。从事结核病防治工作以来,在农村、在山区都留下过他的身影,或是现场抽样调查,或是验收,或是准备论文,或是策划实施方案。1991年开始进行向世界银行贷款结核病控制项目的准备,这一项目覆盖了宁夏22个县市区560万人(此项目于1992年4月1日开始实施,2001年12月31日结束)。1999年参与了全国第四次结核病流行病学抽样调查方案的修订。2000年组织实施了在全国第四次结核病流行病学的抽样调查国家在宁夏唯一的调查点。2001年参与并先后提交了宁夏结核病防治条例草案、宁夏结核病防治规划(2001—2010)草案,宁夏结核病防治规划2001—2005年实施计划。2003年、2006年分别组织实施了全球基金第一期的中期评估,结核病防治规划中期和五年实施的评估工作,评估结果为真实可靠。参与国家结核病督导提纲,监督与评价制定和修订。2006年组织制定了结核病防治规划2006—2010年的实施计划。

在任宁夏回族自治区防痨协会理事时,他参与了《宁夏结核病防治条例》和《中国结核病防治规划指南》的制定。2001年被宁夏结核病控制项目领导小组授予世界银行贷款结核病控制项目终期评审先进个人。2002年3月被中国疾病预防控制中心聘为国家级督导员。先后受卫生部委派带队或参与由卫生部、WHO、GF、中国CDC组成的联合督导团赴内蒙古、河南、吉林、安徽、广西、陕西、重庆督导,代表卫生部撰写督导报告6份。他领导的预防支队2005年分别被医院和卫生厅机关党委评为先进党支部。2006年被卫生部表彰为全国结核病防治先进个人。

自2013年4月担任自治区第四人民医院(原宁夏结核病防治所)党委书记以来,从行政领导转为党务工作,角色、身份改变了,但西北民族大学培养的优秀品质没有改变。医院党委经历两次改选均是高票当选,医院党委目前是四星级党委,连续3年考核优秀。同时医院还是自治区精神文明先进单位。有两个科室先后获得全国妇联表彰的"巾帼建功先进集体"。

在2020年面对新冠疫情阻击战的战斗中,他带领班子成员顺利完成了宁夏回族自治区党委政府交给的任务,全院医务人员零感染,病人零死亡。作为宁夏疫情阻击战的主战场,共收治全区所有确诊病例75人,疑似患者20

例，全部治愈。从 1 月 24 日开始接收第一例病人到 3 月 16 日最后一例病人治愈出院，整整 52 个日日夜夜奋战在医院，他与医院领导班子认真谋划，科学部署，层层压实责任，"疫"路坚守，淬炼出大爱无疆。赵晓同志恪尽职守、不辱使命，用责任和执着把对党和人民的忠心书写在疫情阻击战的最前沿，用奉献和担当践行着新时代共产党员的初心和使命。

晶莹白雪润人生

——记原畜牧兽医系 1984 届校友韩雪清

韩雪清，女，保安族，甘肃兰州人，博士，国家二级研究员，"九三学社"社员，1984 年毕业于西北民族学院畜牧兽医系。现为中国检验检疫科学研究院人畜共患病学科主任、中国检验检疫科学研究院学术委员会委员、国家外来有害生物基因组学检疫重点实验室副主任、国家进出口动物检疫重点实验室副主任、国家科技部专家库专家、北京市自然科学基金专家库专家、山东省自然科学基金专家库专家、辽宁省自然科学基金专家库专家、海关总署（原国家质检总局）WTO/SPS 通报评议专家、中国畜牧兽医学会口蹄疫学分会理事、中国畜牧兽医学会家畜传染病学分会理事。

"渐秋阑，雪清玉瘦，向人无限依依。"雪，白而清。白为之其色，清为之其性。韩雪清，就是这样的一个女子，既清又韧。1980 年考入西北民族学院的畜牧兽医系，在这里她度过了四年难忘的大学生活。学校里花园式的环境，花香飘散的春季，清澈的水池、漂亮的大礼堂，都成为了她记忆中难忘的点滴，而能在花园式的校园里学习更是一件让周围朋友羡慕不已的事。在这个美丽的校园里，韩雪清有幸遇到了特别优秀的一群老师。在大学四年里，老师们在学习和生活上给了韩雪清很多的帮助和关怀。她非常敬佩和感激各科老师,特别是教授解剖学的孙克显老师,教授微生物学的舒立中老师,教授外科学的李春华老师,梁娥老师以及班主任贾文璧老师。有了这些优秀老师指导和关心,她对生物这个学科有了更深的认识,尤其是对病毒学、免疫学产生了浓厚的兴趣,为其以后的工作和发展打下了良好的基础。

1984年韩雪清毕业分配到了中国农业科学院兰州兽医研究所,主要从事口蹄疫等病毒病原学与免疫学研究。她热爱科学研究工作,和老专家一起在国内第一个确定了所研究病毒抗原表位决定簇,科研成果获得中国农科院三等奖。随着科学技术的突飞猛进,各种新的生物学技术在全球快速发展,韩雪清深感仅有的本科知识已无法满足当今生物学科学研究的需求,意识到更进一步深造充电势在必行。于是她报考了全国重点大学西北农林科技大学研究生。

在攻读硕士研究生期间,主要从事病毒基因的遗传变异研究。她的毕业论文很有幸的是得到了在动物病毒界最著名的军事医学科学院殷震院士研究室指导下完成,该项研究在国际上第一个完成了所研究病毒的基因全序列测定分析,澄清了长期的学术纷争,该项成果获甘肃省科技进步三等奖,获国家发明专利一项。在攻读博士期间,再一次幸运地在中国科学院微生物研究所田波院士处完成了博士论文,她在功能蛋白在体内外表达方面做出了优异的成绩,并为功能蛋白的深入研究奠定了基础。

2002年幸运之神再次光顾,她被清华大学生物系录为博士后,师从英国牛津大学回国的饶子和院士,饶院士是中国蛋白质结构生物学第一人。韩雪清在清华大学主要从事生物大分子蛋白质结构与功能研究,参加了国家"863"研究项目"人类基因组学的研究"、国家"973"研究项目"蛋白质功能三维结构与折叠原理研究"等科研工作。在此期间,正遇我国爆发了震惊世界的SARS疫情。在饶院士带领下,与SARS攻关小组成员共同协作,先后表达了36个SARS-CoV编码的结构蛋白和非结构蛋白,成功解析了第一个SARS-CoV 3CL蛋白酶的晶体结构,完成了36种蛋白的筛选,建立了检测SARS病人血清抗体捕获ELISA方法,并亲自到解放军301医院采用ELISA方法检测SARS病人发病初期、中期、康复期的血清以及健康人血清,筛选出具有研制疫苗、诊断价值的结构蛋白 SG3 蛋白。成果获国家科技发明专利一项，论文发表国际知名刊物 *J BiolChem* 和 *Journal of General Virology*（JGV）上。

2003 年由饶子和院士推荐韩雪清作为高级访问学者到世界名校——牛津大学进行为期一年的访问，进行有关蛋白质与免疫机制的工作研究。在这里她感受到了科学没有语言、肤色、国籍之分，做科研工作兴趣是第一位。韩雪清发现外国的科学家从事科研工作，最大的特点是非常严谨，一丝不苟；另外一个特点是自己的喜好，也就是喜欢科研这个领域，在他们的眼中兴趣是第一位的。

2005 年从英国牛津大学回来后，来到了中国检验检疫科学研究院主要从事人畜共患病的研究。恰巧又遇到了四川链球菌爆发事件，韩雪清同攻关小组成员日夜奋战，在我国第一个研制出多重 RT-PVR 快速诊断方法，及时解决了口岸及国内应急检测。该方法上升为国家标准，并获国家质量监督检验检疫总局科技兴检二等奖。

2006 年高致病性禽流感发病之际，韩雪清主持完成了国家科技部攻关项目"禽流感病毒快速分型检测技术的研究"，在国内第一个研究出 A 型流感全亚型分型基因芯片，该成果获北京市科技进步奖二等一项，国家科技发明专利一项，获国家标准一项，研究论文发表在国际知名刊物 *Journal of Virological Methods* 上。

2009 年，全世界爆发了甲型 H1N1 流感，韩雪清和她的同事迎来了一个巨大的挑战——防控甲型 H1N1 流感疫情在我国的大流行。这场疫情，让人类为之恐慌，更让世界卫生组织（WHO）将甲型 H1N1 流感大流行警告级别提升为 6 级，宣布全球进入流感大流行阶段。中国也受到了甲型 H1N1 流感的侵袭。甲型 H1N1 疫情的爆发让国务院最为担心的事之一就是疫情会影响到我国的出口经济。而韩雪清作为中国检验检疫科学研究院人畜共患病研究室的主任，被推选为国务院"防控甲型 H1N1 流感"专家组专家和中国检验检疫科学研究院发言人。责任、疫情、会议成为了那个时候她生活中的主旋律。或许在电视前我们只知道国务院颁布了什么决定，却不知道像韩雪清一样的专家们在背后付出了怎样的努力。口岸进出境一刻不能停止（包括旅客与商品贸易），作为专家必须提出相应的应急措施和意见，小到检测试剂，大到关乎国家应对疫情的措施决策。他们所考虑之多、之全是我们不能想象的。由于韩雪清的工作成绩突出，她荣获"全国质量监督检验检疫系统防控甲型H1N1流感疫情应急工作先进个人"荣誉称号。

2017年的甲型H7N9流感疫情期间韩雪清又积极应战，主持了国家H7N9应急计划项目，并快速高质量地完成了科研任务。2020年的新冠肺炎疫情中韩雪清依旧积极地参与相关科研工作，目前正在与天津大学的黄金海教授联合研发新冠病毒基因工程疫苗。

韩雪清不仅在多次爆发重大疫情时做出了突出贡献，而且在日常的科研工作中也取得了优异的成绩。例如，她主持了"十二五"国家科技支撑计划课题"虫媒性外来动物疫病传播阻断技术研究（2013BAD12B03）"。她带领科研人员亲自去云南、广西、广东、辽宁、吉林、黑龙江、内蒙古、福建和新疆9个省、自治区边境的31个口岸地区，开展蚊、蜱和蠓等虫媒的调研监测，系统掌握了可传播重要外来动物疫病的蚊、蜱和蠓的种类和分布；建立了10种分子生物学方法并对采集到的虫媒进行鉴定，分析不同地区虫媒的分子差异及亲缘关系；利用建立的高通量生物芯片检测方法和荧光定量PCR、普通PCR以及血清学检测方法，对采集到的127864份虫媒进行病原筛查，共检测到14种疫病病原，首次从虫媒中分离到蓝舌病病原；发现了16个蠓蜱基因新序列并已向GengBank提交；建立了中国边境口岸地区蚊、蜱和蠓生态信息库；确定了不同蜱和蜱不同阶段传播病原的传播规律与传播方式；筛选并研制出高效、低毒、安全的复方化学消杀制剂和生物防治制剂2种；采用研制的生物、化学阻断制剂配合环境治理，建立虫媒及虫媒性动物疫病综合防控示范基地5个（云南瑞丽、河口，深圳盐田、皇岗和罗湖口岸）。这项研究突破关键技术5项；授权专利25项，国际专利1项；软件著作权4项；申请专利9项；制定国家和行业标准5项；培养硕、博士研究生10名，高级职称人员14名，中级职称人员4名；出版专著2部；发表论文共51篇，其中SCI论文25篇。

韩雪清先后共主持完成国家攀登计划、国家"973"项目、国家攻关项目、国家"十一五""十二五""十三五"等项目16项；参加国家"973"项目、国家重大专项、国家"863"项目、国家自然基金项目及攻关等科研项目27项；获北京市科技进步奖等各种省部级科技奖项15项；主持制定和参加制定国家标准31项；获得国家发明专利64项；研制检测诊断试剂盒21种，转化5种；研制疫苗3种；发现病媒新基因16个；发现病媒携带新病毒1个；发表在SCI、核心期刊以及参加国内外会议论文共226篇；获得软件著作权4项；主编及参编著作6部；培养硕士、博士研究生31名。

韩雪清除科研任务外，还完成了国家有关部门指派的各项国际任务；多次参与外国动物产品解禁与输华风险考察评估以及风险分析报告的撰写；参加有关高致病性禽流感疫情、口蹄疫疫情和人畜共患病影响进出境贸易的会谈，为国家外交外贸保驾护航做出了贡献。

在冬季，或许我们会看到雪花漫天飞舞的场景，那一朵朵雪花就像空中的小精灵般随风缓缓而落。在飘落的过程中就算遇到再大的风，它们也不会停下脚步，因为心中的目标在等待着自己，心中的信念在支持着自己。而韩雪清，正如她名字中的"雪"那般，总在坚定地走着自己的路，不管遇到再大的风、再大的雨也依然选择前进。

东乡语和唐汪话研究"第一人"

——记原汉语系1984届校友陈元龙

陈元龙，男，东乡族，中共党员，1984年毕业于西北民族学院汉语言文学系，现任甘肃省社会科学界联合会党组书记、副主席，政协甘肃省第十二届常委。

孜孜不倦求学路

1964年12月，陈元龙出生于临夏回族自治州东乡族自治县一个农民家庭。童年时代是在纯东乡语环境里度过的，上小学时几乎听不懂汉语，不能通过汉语和写作表达自己的想法，经历了艰难的学习历程，这也激励了他日后对语言研究的苦心孤诣。1978年在上东乡县第二中学时第一次脱离母语环境，开始接触到汉语——当地方言唐汪话。1980年9月考入西北民族学院，开始了孜孜求学之路。他是以理科进的民院医疗系，后学校让他转入汉语系学习，他要跨越语言和文理双重鸿沟。"世上无难事，只怕有心人"。他通过刻苦努力、潜心钻研，不仅突破了语言的障碍，而且最终成为了东乡族语言文字、回族"消经"文字、唐汪话研究领域的专家，还在东乡族双语教学等领域取得了突出成果。他的大学时代正值改革开放初期，迎来"百花齐放，百家争鸣"的明媚春天。西北民族学院汇集了各民族的优秀学子，不同的民族语言、文化、生活风情强烈地感染着他，他情不自禁地拿起手中的笔，发挥专业和精通母语的特长，利用假期深入到东乡族群众生活的山乡村落，搜集、整理、发表了许多东乡族民间故事、儿歌、谚语和叙事诗等，成为甘肃省民间文艺家协会最年轻的会员。

潜心钻研出成果

陈元龙是一位优秀的学者型领导干部，在本职工作之余，还投入大量精力潜心钻研，在一些领域取得了重要成果。他在读大二时，一本《东乡语简志》激起他浓厚兴趣，从此迷上语言学，常常趴图书馆，研读了许多国内外专著，做了大量的读书笔记，自学阿拉伯语、蒙古语，精通了用国际音标、拉丁字母、阿拉伯字母、斯拉夫字母拼写东乡语的方法，为东乡语试创了拉丁字母式和阿拉伯字母式两套文字方案。经搜集整理，于1983年完成了第一本《东乡语词汇集》，1984年发表第一篇论文《东乡语的音位》，提出被学界普遍记作 ai、ao 的两个复元音其实是两个单元音的观点，并在2010年时被他人实验语音学的研究成果所证实。1985年，作为东乡县工作人员，参加在兰州举行的《东乡族自治县概况》一书审稿会时，针对不少学者以东乡语属阿尔泰语系蒙古语族为主要依据，坚持东乡族族源"蒙古人为主"并作出即兴发言，提出东乡语有突厥语、波斯语和阿拉伯语的底层成分，首次以语言学底层理论印证东乡族族源以"回回色目人为主"的观点，引起了广泛关注。此后，他对东乡语的研究厚积薄发，不断取得重要成果，先后发表了《关于东乡语语音的几个问题》《东乡语话语材料》《东乡语的构词法》《东乡语构词法补遗》等论文。2020年与他人合作在《中央民族大学学报》发表了《20世纪50年代以来东乡语的新变化》，详细论述了在汉语的不断影响下东乡语在语音、词汇、语法等方面出现的一些向汉语逐渐靠拢的新变化。他制订了东乡语实用记音符号，从1989年开始与人合作编纂世界第一部《东乡语汉语词典》，于2001年4月由甘肃民族出版社出版发行，首次将东乡语词汇比较完整地记录下来，填补了东乡族文化领域的一项空白，是中国民族语文研究的重要成果，为国内外民族学、民族语言学、历史学和民俗学研究提供了系统而有价值的参考资料，为东乡族语言文字的继承和发展竖起了划时代的重要里程碑。其后，《东乡语汉语词典》不断补充、修订、完善，于2012年修订再版。

他是东乡族"小经"研究的第一人，1993年初在《民族语文》第三届学术交流会上宣读了《东乡族的"小经"文字》论文，其主要内容被1999年出版的《中国东乡族》一书刊登。2015年在《西北民族研究》发表了《东乡族的书面语言——"小经"文字》，推翻了学界东乡族有语言没有文字的公论，他认为产生于17世纪前的用阿拉伯字母拼写东乡语的拼音文字——"小经"就是东乡族文字，有35个字母、9个附加符号和3个标点符号。他还应邀担任国家社科基金项目——兰州大学东乡语语用研究课题的特聘专家。

他是最早从语言文字学角度研究回族"消经"文字的，并取得重要成果。1992年他的论文《回族"消经"文字体系研究》发表在《民族语文》上，认为在13、14世纪就已经开始使用并至今仍在广泛使用的回族"消经"文字是最早的汉语拼音文字，有36个字母，其中有4个是回族人民为学习汉语需要而创制的，有10个表韵母的附加符号，4~7个标点符号。这是首次从语言文字学的角度对回族"消经"文字体系进行系统研究，在学术界引起强烈反响，触发学界后续进行了大量专题研究。他的《"消经"文字与汉语拼音比较》论文收录《文字比较研究散论——电脑时代的新观察》学术著作中。2018年，他总结自己和学界研究，发表了《新发现的回族"消经"文字母及拼写形式》，介绍了新发现的回族"消经"文字母7个和一些新的拼写方式，认为已知的"消经"文字母达到了43个，其中有11个是阿拉伯文、波斯文字母表中所没有，系回族人民新创。

他开唐汪话研究之先河，成为唐汪话研究第一人。陈元龙自上高中时学会唐汪话，到后来成为唐汪的女婿，唐汪话成为他家庭使用的语言，这是他研究唐汪话的天然土壤。唐汪话是汉语的语音，主要是汉语的词汇，但几乎是东乡语的语法，这种奇特现象引起他浓厚兴趣，在准备大学毕业论文时，他毅然选择了唐汪话研究。1985年,《甘肃境内唐汪话记略》发表在《民族语文》上,第一次向学术界展示了东乡族自治县唐汪话这一奇特的语言现象,被陈其光教授称为混合语现象中最典型的代表,1987年该论文获甘肃省首届社会科学科研成果三等奖。此后,唐汪话成为语言学界深入研究的课题,成果不断涌现。2017年,他的《关于唐汪话的几个问题》,对唐汪话的个别语音进行了分析,详细记录并研究了留存在唐汪话中的东乡语词,认为唐汪话是受东乡语底层影响,语法结构发生较大变化的语言,并对其形成机理进行了论述,认为已有四百年左右的历史,但改革开放以来,东乡语对唐汪话的影响越来越小,普通话对唐汪话的影响日益加深,这是一个不可逆转的趋势。他的论文《唐汪话中与东乡语有关的词》被第30届巴黎东亚语言学会年会选中,尽管因故未能赴会,但其论文被主持人制作成PPT代为宣读。2018年发表了《唐汪话研究的第一部专著——读徐丹的〈唐汪话研究〉》。2019年参加了兰州大学文学院、中国社会科学院语言研究所联合主办的"语言接触与西北汉语方言的演变"论坛,宣读了论文《唐汪话的来龙去脉》。他还应邀做了南开大学唐汪话研究课题的学术顾问。

他领导开展东乡族双语教学实验,取得显著成效。据第四次全国人口普查,东乡族是全国文盲率最高、平均受教育年限最低的民族。据了解,东乡族儿童智商很高,但失辍学率也很高,经过调研,陈元龙认为主要原因是东乡族儿童在接受教育时存在巨大的语言障碍,导致双科合格率很低,自己失去信心、家长失去耐心。沉重的责任感和使命感深深地震撼着他的心,促使他一心为家乡教育事业找一条出路。2002年,他在临夏州政府秘书长任上亲自担任东乡族自治县双语教学实验领导小组组长,在东乡族自治县那勒寺小学组织实施了借助东乡语学习汉语的实验,亲自培训教师,主持编写、审订《语文》《东乡语记音符号》《东乡语听力故事》《东乡语小故事》等教材,目的是教会学生使用东乡语记音符号,能够读写东乡语,通过借助东乡语学习汉语,加速汉语听、说、读、写能力的培养,基本达到无阻碍接受汉语授课,显著提高了适龄儿童双科合格率,之后扩大在全县8所小学开创实验班。经过多年的实验,双语教学取得明显成效,对比结果表明,实验班学习成绩远远高于普通班，帮助学生顺利跨越语言鸿沟，找出了一条解决东乡族小学低年级教学问题的成功之路。

施展才华做贡献

大学毕业后，他从基层到省上先后担任多个岗位领导职务。他有较强的组织领导、协调服务、策划写作才能，始终抓机关规范化建设，坚持把纪律挺在前面，按制度管人、管事，做人做事讲原则、顾大局、恪尽职守、团结同志、联系群众，以人格魅力带领一班人创造性开展工作，取得了非凡业绩。除了完成大量行政工作，作为一名学者型领导干部，以下一些成绩值得一述。

在东乡族自治县工作期间，执笔完成了30多万字的《东乡族自治县组织史资料》。在临夏州委宣传部工作期间，致力于民间文化特别是"花儿"文化的研究和保护开发，成功申报命名临夏州、康乐县、和政县为中国"花儿"之乡、"花儿"保护基地、"花儿"传承基地，在临夏成功设立了中国民间文艺家协会"花儿"文化专业委员会，并担任"花儿"文化委员会第一任主任，积极申报"花儿"为世界非物质文化遗产，成功举办了国际性的第一、二届"中国·临夏花儿学术研讨会"，主编了《中国花儿新论》《中国花儿纵论》两部学术论集，牵头编著了《中国花儿曲令全集》，筹建了中国第一家官方花儿网站"中国临夏花儿网"，主持制订了《花儿文化发展五年规划》，为民间"花儿"歌手建立档案，推荐花儿歌手参加国家、省上民协组织，命名"花儿"歌手称号；策划并组织实施"临夏回族自治州民族民间文化系列丛书"工程，出版20多部；牵头编著临夏首部大型旅游文学专著《寻古·探幽·览胜——走进临夏》，发表了《培育发展少数民族贫困地区文化产业的几点思考》《秉承传统，面向未来，保护发展花儿文化》两篇论文，主编了《基层干部经济学知识读本》。在临夏州委统战部工作期间，主编出版《临夏回族自治州民族团结进步教育读本》，免费向各级组织和宗教场所发放。在省委统战部工作期间，致力于统战理论和政策的调研与宣传，担任中国统一战线理论研究会民族宗教理论甘肃研究基地副主任，每年成功举办专家委员会会议和高层论坛，与上海研究基地合作每年举办一期民族宗教问题内部研讨会，得到中央统战部的充分肯定，甘肃研究基地连续多年获得流动奖杯、成果奖、创新奖，成为中国统一战线理论研究会研究基地的排头兵，由他牵头完成的统战理论课题连续多年获中国统一战线理论研究优秀成果一、二、三等奖。到省社科联工作以来，着眼于充分发挥社科联"联"的作用，成功组织举办了2018年全国社科联联席会议，组织开展了全省第十五次社科优秀成果评奖，修订《评奖办法》，扩大一、二等奖获奖比例，为推动全省哲社学科建设创造了有利条件；研究设立了包含重点课题、一般课题、与市州社科联和社科学术基金会联合课题的"甘肃省人文社会科学项目"，组织实施甘肃特色文化普及丛书编纂工作，立项资助"始祖文化""丝路文化""石窟文化""彩陶文化""花儿文化"等8个项目，赢得全省社科界称赞。

民大校园的丁香花给陈元龙留下了深刻的记忆。每当春暖花开，每当飘来丁香花的味道，无论身处何地，都会勾起他对母校的深深怀念。在这个丁香花盛开的季节，在母校70周年来临之际，他祝愿母校"积历史之厚蕴，宏图更展，人才辈出，再谱华章"。

不断挑战新领域的藏族经济学家

——记原民贸系 1985 届校友王仁曾

王仁曾,男,藏族,1985 年毕业于西北民族学院民族贸易系。陕西财经学院(现西安交通大学经济与金融学院)经济学硕士,中国人民大学经济学博士,英国萨里大学金融学博士(PhD in Finance)。现为华南理工大学教授、博士生导师。

生于藏乡江南

1964 年 9 月底,王仁曾出生于甘南藏族自治州舟曲县的一个普通干部家庭。舟曲,藏语"龙水"之意。近年来在当地的各种宣传推介材料中,被贴上"藏乡江南"的地理形象标签,因为地处西秦岭山脉与青藏高原东部边缘交界的崇山峻岭之间,是我国气候南北分界线的最西端。黄河白龙江由西北往东南方向穿过全县,奔向南方的扬子江。从小在"龙水"中学习游泳的王仁曾,果真在成年后走向了海洋,走向了世界。

在其出生之前,王仁曾的家人已经与西北民族学院有了两代渊源关系。外祖父曾于 20 世纪 50 年代初在西果园时期的西北民族学院藏民问题讲习班学习,后来担任舟曲县副县长。父亲曾于 50 年代末 60 年代初在西北民族学院接受四年畜牧兽医专业训练,毕业后回到家乡,成为当地第一代藏族技术干部。1980年，将满16岁的王仁曾参加高考，由于考场设施准备不足，他的考位被独自安排在讲台上，使用老师们平时讲课用的桌子答卷，又碰巧遇到对自己抱有厚望的班主任老师面对面坐着监考，造成他心里紧张，发挥失常。好在有党的民族教育政策护佑，他并没有在录取率只有8%的1980年高考中落榜，被录取到西北民族学院预科，开启了在西北新村1号的五年校园生活。

长于皋兰山下

1981年，为满足改革开放中民族地区经济建设对经贸类专业人才的急切需求，国家民委与商业部合作，在西北民族学院创设了民族贸易系。这时，王仁曾完成了一年制的预科"补习"学业，由于数学成绩好，作为理科生的他先是被安排升学到数学系读本科，而后又由于国家招生计划规定第一届民族贸易专业只招藏族学生，合格候选人数不足，他才被机缘巧合地调整到了民族贸易系。如今，当年第一届只招收了一个专业40名本科生的"小系"，已发展成为西北民族大学名副其实的两个"大院"——经济学院与管理学院，源源不断地为祖国各地输送10多个专业的经济管理人才。

成立伊始的民族贸易系，师资缺乏、硬件缺乏、办学经验缺乏，但不缺乏倾注百分之百热情和精力的学校领导和师生员工。学校不惜成本从中国人民大学、中南财经学院、陕西财经学院、兰州大学等高校聘请当时在全国经济管理专业享有盛名的专家教授来到皋兰山下，给同学们完整地讲授一门课程。4年时间里，系里组织全班同学前往北京王府井百货大楼、天津劝业场等著名商业企业进行课程实习，由国家民委安排进入中南海参观；前往当时全国供销社体制改革试点单位甘肃临泽县的乡村进行实地调研考察；在青海西宁的十多家正在进行国合商业改革的大中型企业进行毕业实习。将书本上、课堂里学到经济管理理论知识与当时正在火热进行的改革开放实践相联系，让师生在独立思考的基础上进行创新分析，促进理论创新和实践质量提升，是当时民族贸易系领导人的重要办学思想。在这个教育实践过程中的渐悟和激励，给王仁曾后来的学术生涯中的价值追求提供了最初启蒙，刻上了深深的印记。

在民族贸易系的第一年,作为理科生的王仁曾除了数学、英语功课突出,自己有意"恶补"了人文阅读短板。一年时间从曹雪芹到巴尔扎克,他如饥似渴地读完了 20 多部中外文学名著,以及傅雷的家书、爱因斯坦的传记。这不仅养育了少年的人生洞察力和社会思维能力,也滋润了他的文字表达功底,为后来撰写学术论文和科研报告打下了基础。进入二年级后的专业课程学习,除了在培养计划开设的资本论、财务会计、商业经济学、商业企业管理等课程上取得优异成绩,王仁曾的课余时间的 99% 都泡在学校图书馆,从报纸上的学术动态中敏锐地觉察到了中国当时正在引进的一门新兴经济学科——计量经济学,并对之产生了浓厚的兴趣。当时,应中国政府邀请,1980 年诺贝尔经济学奖获得者、计量经济学之父劳伦斯·克莱因正在率领一批世界计量经济权威在北京颐和园开办为期三个月的讲习班,给中国经济学界打开了一个新的窗户。在这个信息的启发下,除了学好民族贸易专业开设的高等数学、线性代数、数理统计等几门数学课程,王仁曾还去数学系旁听了概率论课程。幸运的是,几年后他考入陕西财经学院攻读硕士学位,导师彭逢瑞教授正是"颐和园班"的学员,是中国计量经济学界的元老级人物。中学时代迷恋爱因斯坦物理学的他,阴差阳错来到了经济管理领域,但追求科学理性的初心没有变,计量经济学让他看到了希望。于是,他从定性分析为主的商业经营管理领域转向了更加注重数量分析的统计学科。1985 年,王仁曾和一位教过他的青年老师一起考取了陕西财经学院(现西安交通大学经济与金融学院)统计学专业的硕士研究生,成为 1977 年恢复高考以来西北民族学院第一位应届考研成功的毕业生。

砥砺前行在大雁塔边、泰晤士河畔

在 20 世纪 80 年代的中国,大学生被称为"天之骄子",硕士毕业生更是金贵。王仁曾从陕西财经学院硕士毕业时,本来是被分配到学校所属的中国人民银行系统工作的。但他依然心存学术志向不改,主动申请办理了改派手续到兰州商学院从事教学科研工作。23岁便走上了大学的讲台，当时一些学生岁数都比自己大。他开发了西方经济统计课程，将当时世界最新的经济统计理论和方法细化吸收到课程中，受到同学们的一致好评。在教学和科研上崭露头角，他很快被学校领导相中，担任教研室主任、系副主任、学校人事处副处长。1997年，王仁曾毅然放下被广泛看好的行政管理岗位，来到中国人民大学攻读全日制博士学位。在博士学习阶段，导师派他前往英国萨里大学进行了半年的中欧高等教育合作项目研究。这是他第一次走出国门，切身体会到了国际学术界的学术理念和风范。博士三年的学术修炼、升华和成果积累，为他毕业后回到兰州商学院担任统计学院院长，作为学科带头人之一和实际操盘手帮助兰州商学院建立了第一个省级重点学科、第一个国家级特色专业并成功获批硕士学位授权单位，起到了重要作用。

在兰州商学院工作的十多年时间里，王仁曾既是学术带头人，又是学校管理岗位的后起之秀。在国内外重要学术期刊发表四十多篇论文，获得了"中宣部'五个一工程奖'""国内贸易部有突出贡献的专家""全国统计科研成果一等奖""甘肃省优秀教学成果奖"等荣誉。在这期间，他还在西藏自治区和中国藏学研究中心的重大课题"区域成本差异对西藏经济发展的影响"中担任首席研究员，在西藏连续三年夏天进行调研攻关，编制出了西藏第一份空间物价指数，为后来中央第四次西藏工作会议上有关重要决策提供了科学依据。2002年前后，刚过35岁的他已经拥有名校博士学位、教授职称、正处级行政级别，再加上少数民族身份，使得身边不乏鼓动和帮助他走向政界、为甘肃家乡建设真刀实操的热心人。2002年，甘肃省委组织部组织副处级以上中青年后备领导干部赴英国培训，王仁曾被任命为培训团的团长。这次培训以实习为主，使他深入了解英国郡县政府的财政运作方式、教育体系管理模式。回国后，更加明确地发现自己内心使命的他，没有把精力往"升官"的方向倾斜，而是一如既往地专注到学术研究中，不断探索新的领域。2003年4月，王仁曾接受了英国萨里大学的邀请，前往该校从事中国金融市场的计量经济学研究项目，向着一个新的挑战性领域出发了。这第三次西渡英伦，一去就是五年岁月。

在萨里大学第二次的研究经历，使王仁曾的学术生涯发生了蜕变和飞跃，英文水平也得到质的提升，数篇高水平论文在国际学术期刊上发表，在追求学术的道路上终于完成了自己学术风格的定型，真正明白了"什么是真正的做学问"，以客观中立与利益不相关的态度，观察和研究人类的经济金融行为，在科学体系和方法下揭示经济运行的机理，为政策建议和学术体系发展贡献新的知识。在他后来培养学生的过程中，也充分贯彻了这一认识。

南国红棉感恩母校

2008年中，王仁曾回国，并举家迁往广州，进入国家重点大学、"985工程""双一流"名校华南理工大学担任教授、博士生导师。这时，他的学术研究领域正式转向了定量研究的金融学领域。他曾一心想把全部精力用于科研教学工作，实现自己学术理想。然而，作为理工科院校的华南理工大学，经济学科建设正处于初创期，需要有经验、见识广的学者组织和管理学科发展。就这样，他又一次被组织推向管理岗位，先是担任院长助理，熟悉环境后正式担任院长。这样，除了自己的教学科研和学术带头人工作，还投入大量精力进行学院的学术科研制度建设，引进香港大学先进的学科评价和人员招聘引进、考核管理制度，走出去请进来，先后从世界一流大学引进了一批优秀学者来院任教，学科建设很快就有了起色，逐渐步入国内先进水平。这期间，他组织申请并获批了统计学、应用经济学两个一级学科博士点，为华南理工大学从一个工科强校向多学科大学的发展，做出了重要的贡献。

在粤港澳大湾区这片热土上，王仁曾牢记当年母校的老系主任要把经济理论与改革开放实践相结合的告诫。除了研究开发面向大型国有商业银行的基于大数据和机器学习算法的二手房贷款定价模型，参与广东省广州市政府的决策咨询建议研究，还兼职在香港、澳门担任著名大学的工商管理博士生导师并授课。他密切关注中国经济金融改革与资本市场发展的前沿动态，努力将最鲜活生动的现实经济金融活动进展引入学术研究和教学活动的内容，积极参与媒体、企业、政府的互动。经常受邀出席政府、媒体、大学主办的各种大型经济金融论坛,曾先后与四位诺贝尔经济学奖获得者埃尔文·罗斯、托马斯·萨金特、让·梯若尔、保罗·罗默在广州、深圳同台发表演讲或对话。受聘担任广东省委"经济形势报告团"宣讲专家,在大型企业集团、大专院校、金融机构主讲大型经济形势报告会数十场。2017年,在完成学院基本学术科研制度体系建设后,王仁曾彻底卸任行政工作,牵头组建了中国金融市场研究中心,把主要精力全部转向了所主持的国家社会科学基金重点项目"金融科技驱动金融市场结构演变、效率变迁及金融稳定性演化研究"和培养博士、硕士生的工作。

吃水不忘挖井人,幸福不忘共产党。来到南国十余载,王仁曾谨记母校培育之恩,与几位资深校友一起,发起成立了西北民族大学广东校友会,积极倡导校友会为母校的建设发展贡献力量,为年轻的新毕业来粤打拼校友和创业校友提供指导和帮助,付出了自己的心血和努力。

他坚信,广东这片热土一定能够验证西北民族大学的杰出人才培养成果!

时闻芳树春 唯有"青"笳曲

——记原民贸系 1985 届校友杨树青

杨树青，女，藏族，1963 年出生，北京人。1985 年 7 月毕业于西北民族学院民族贸易系，后留校任教。1987 年 9 月—1988 年 6 月在天津财经大学进修，2007 年 9 月—2008 年 7 月在北京大学光华管理学院做访问学者。2001 年调入华侨大学经济管理学院任教，现为华侨大学工商管理学院教授，硕士生导师。担任中国市场营销学会理事、中国高校市场学研究会理事、福建省泉州市企业经营管理协会副会长兼协会秘书长、泉州民营经济研究院副院长；福建金苑时装服饰有限公司独立董事，福建省足友体育用品有限公司独立董事。

杨树青 17 岁进入西北民族学院学习，毕业后又顺利留校任教，并成家立业。西北民族大学是她除了故土之外的第二个故乡，在这里的 20 年绽放了她最青春的年华，校园里的每一棵树、每一块草地、每一幢建筑，都承载了她太多的美好回忆。在外人看来，她似乎可以安安稳稳教书育人，几十年后安心退休静心养老即可。而这个外表看起来与世无争悠远清扬的女子，却做了一个大胆的决定，不甘于舒适的环境，放弃在此已得的一切，义无反顾地踏上了南下之路，来到了位于南海之滨的华侨大学。杨树青以决绝的勇气和势不可挡的豪迈，在这片南方温热而灼人的海岸，开辟起了全新的天地。

西北民族大学校友风采之七十年七十人

2001年,她带着12岁的女儿只身闯荡闽之滨。万事开头难,这个经济飞速发展、人才济济、竞争异常激烈的新地域,给她带来一波又一波的强烈冲击,首先面临的就是手中人脉的流失以及言语不通的尴尬,但她十分清楚自己要在这块地方立足,就必须勇往直前,咬紧牙关,直面所有的挑战和困难,并将其一一击败。

在这里,学校与企业合作普遍而频繁,老师不仅要承担教学工作,更要亲身参与到企业的管理经营、市场运作中,而初来乍到的她,并没有那么容易就得到当地企业的认可。为了能顺利融入当地企业文化,杨教授一面教学,一面积极创造和把握机会与企业进行横向的合作。通过给企业做顾问,参与企业管理,为企业发展献计献策,杨树青以独特的眼光和敏锐的观察力把握住市场动态,为许多企业的发展立下汗马功劳,得到了当地企业的认可和欣赏,同时也得到了校方的肯定。而这一切成果的背后,付出的汗水和辛劳,恐怕不是一般人所能体会的。

在杏坛耕耘将近三十载,她经常赴中国香港、澳门以及新加坡、日本等地区和国家授课,杨教授充分利用这些年在市场经济活动参与中积累的经验,把实践活动作为生动可靠的案例摆上讲桌,丰富了课堂教学内容,同时又经过对案例的经验分析和理论总结,将之更科学合理地运用到实践操作中。教学和企业管理、市场营销之间不断进行着良性循环,这样的教学和实践模式使多方受益匪浅,独特的授课方式及丰富的课程内容得到各地学生的肯定。如今已经有100多名硕士研究生在她的指导下顺利毕业。她的学生有的在商海驰骋,有的在重点高校承师之志教书育人,杨树青欣慰地评价自己的学生"青出于蓝而胜于蓝"。杨树青还将培育出的大量具备良好素质的学生直接输送进企业和市场,在一定程度上满足了当地企业对于高素质人才的需求,更为学生就业搭建了良好平台。

学习是终生的事情,"活到老,学到老,干到老",这是杨树青坚定不移的一个信念。在为本科生、研究生讲授课程的同时,她自己也在不断地学习和总结。迄今为止,杨树青主持各级别课题24项,如:2002—2003年主持"以藏文化促进西部与东南沿海及港澳台的市场互动"(华侨大学与香港中文大学项目）；2003—2004年主持"以宗教加强泉州与港澳台的市场合作研究"（泉州市社会科学研究规划课题）；2006—2007年主持"建构符合泉州中小企业集聚发展要求的现代物流体系——基于海峡西岸经济区建设的视角"（泉州市社会科学研究规划项目）；2010年主持"福建省女大学生创业困境与需求的调查与研究"（福建省社会科学规划项目）；2010年3月—2011年6月主持"泉州民营企业品牌战略的误区及发展研究"（泉州市社会科学研究规划项目）；2012年主持"泉州制造模式转型升级路径及策略研究——基于二次创业背景"（福建省中国特色社会主义理论体系研究中心专项重点项目）；2013年主持"泉州民营经济转型升级中品牌国际化因素的实证研究——基于二次创业背景"（泉州市社科规划一般项目）；2015年主持"感德镇茶叶合作社营销模式创新研究"（横向课题）；2014年、2015年、2016年、2017年连续四年主持完成泉州市政府课题"泉州经济发展蓝皮书——电子商务篇""泉州经济发展蓝皮书——互联网＋篇""泉州经济发展蓝皮书——工业设计篇""泉州经济发展蓝皮书——智能制造篇"；2017年主持"供给侧改革背景下的泉州传统制造业转型升级核心驱动力研究"；2018年主持"'一带一路'战略下泉州跨境电商发展的现状与策略研究"；2019年主持华侨大学华侨华人研究院重大课题"东南亚华侨华人女性发展研究"等。除此之外，还发表26篇论文。她的学术研究获得社会各界的肯定。

除此之外，还曾获得西北民族学院"优秀教师"（1988年），中国共产党甘肃省委员会、甘肃省人民政府评选的"优秀德育工作者"（1990年），西北民族学院"优秀班主任"（1991年）等称号；华侨大学"优秀共产党员""优秀教育工会工作者"荣誉称号（2003年），华侨大学"师德先进个人""优秀班主任"荣誉称号（2004年），华侨大学"教学优秀特别奖"（2005年），华侨大学"学生科技园丁"荣誉称号（2006年），华侨大学"教学优秀教师"荣誉称号（2010年），华侨大学"优秀教师"荣誉称号（2012年）。

她经常会跟自己的学生提道，当年在西北民族学院所感受到的严谨的教育氛围、和谐的人文环境对自己后来的学习工作态度影响很大。现今，杨树青与同事和谐相处，与学生关系融洽，真诚待人，踏实做事，几十年如一日，秉持着在母校培养起来的淳朴与真诚,在这块南方土地上,深深扎下了根。

杨树青的爱人龚永寿老师评价她"骨子里有股闽南人所说的'爱拼才会赢'的拼劲",正是这股拼劲,成就了杨树青的精彩大气。她不守旧,敢闯,敢拼,颇有巾帼英杰的飒爽风姿。她是一棵苍翠的劲松,坚忍不拔,傲然挺立,无畏风霜雨雪;她又是一株空灵的幽兰,悠扬气清,娴静自若,不沾尘嚣片染;她更是民大走出的女中豪杰,学途中指点江山,商海里乘风破浪。

医者仁心德为先　心有患者情自满

——记原医疗系1985届校友叶晓锋

叶晓锋，男，回族，1963年12月出生，1985年毕业于西北民族学院医疗系，获医学学士学位。2003年毕业于宁夏医科大学，获医学硕士学位。现任宁夏医科大学总医院肿瘤医院外二科（胸部肿瘤　消化道肿瘤）副主任、主任医师、硕士研究生导师，肿瘤医院党总支青年委员、肿瘤外科党支部书记。

医者仁心　无怨无悔青春路

20世纪80年代初，考入高等院校深造，只是极少数人的梦想，他以优异的成绩被西北民族学院医疗系录取，开始了人生中最精彩的大学时光。叶晓锋认真阅读医学经典著作、名医案例、名家著作，如饥似渴地刻苦学习研究医学专业知识，并利用业余时间拜师学习英语、日语，关注涉猎本学科国内外医学发展新动态、新技术、新方法，从而打下了坚实的理论基础。在校期间，在老师的引领下，除了学习各种专业的医学知识外，他还参加各种社会实践活动，在丰富自己课余生活，从而提高了自己的社会交际能力。当年的同学友谊、师生情为他铺就了献身医学事业的坚定与执着。一次次回到校园，对知识传授者的那份感激感动，尽在与当年导师相握相拥的那份欣喜中，在记忆深处挥之不去的美好，一张张照片记录了大学时光的美好记忆，真正地感觉到师生情、同学情。在那风华正茂的年代，是他最宝贵的精神财富，这是一种幸福、一种财富，充实的生命探索，也是他从事医学事业的动力源泉。

恪守医德　全心全意患者情

1985年7月，凭借着在学校所学的理论知识，叶晓锋被分配到宁夏医科大学总医院肿瘤科工作，踏踏实实投入到医学临床实践中。30余年来，一直从事肿瘤的外科治疗及临床研究，尤其在食管癌、贲门癌的外科治疗方面有很深的造诣，为业界积累了丰富的消化道、胸部肿瘤、甲状腺及乳腺诊疗的实战经验。为提升自身肿瘤临床水平，他主动申请到当时业界擅长胸部肿瘤外科治疗，尤其以食管贲门癌治疗著称的河南省肿瘤医院胸外科进修，师从我国著名食管外科专家邵令方教授。他克服常人难以克服的困难，从术前准备、术中辅助工作到术后查房问诊，虚心学习，一丝不苟，针对手术打结这个基础动作，在椅子背上、门把手上等凡是能够练习的道具上利用碎片化时间，不厌其烦、反反复复地练习。在长期积极进取和兢兢业业的实践工作中，积累了丰富的临床经验，打下了扎实的外科功底。他始终保持着高度敬业的职业精神，严谨认真、一丝不苟的工作作风。那把手术刀，被他轻松玩转于手掌之中，无论怎样紧张的时刻，他都从容面对，没有丝毫的慌乱，精准地完成每一个手术步骤，这是他赢得业界与患者高度赞誉的重要原因。在对危难险重病人实施诊疗方案时，精准判断、果断施救，创造奇迹，无数次从"鬼门关"抢回一条条生命，业界同行、患者及家属们信任地称他为"叶一刀"。

医者不仅要具有高超的技术，同样还要有高尚的品德修养，要有"见彼苦恼，若己有之"的感同身受的情怀。成千上万的患者记忆最温暖的画面是他儒雅、沉着的笑容，带给患者的是救死扶伤的细心、耐心，面对疑难杂症永不言弃的用心、恒心。他谦和温暖的笑容，打开了许许多多患者紧锁的眉头，换回了许许多多宝贵的生命。抢救危重病人时以身作则守护患者，直至患者脱离生命危险，才安心地离开病房。多年来勤勤恳恳以病人为中心，待病人如亲人，像这样连续长时间手术，不分白天黑夜，无论工作时间还是节假日，无论天气多坏，无论时间多晚，没有休过一个完整的节假日，坚守在科室对他来说已是司空见惯的事情。只要病人有需要，他随时都会出现在病房，长期以来和病人之间培养了一种默契，这又在无形之中增加了他和病人在手术台上的信心和成功率。数十年如一日，他身影总是穿梭在需要他出现的地方，他加了很多班，熬了很多个不眠之夜，科室的同行、业界同仁及患者们亲切地称他是"叶铁人"。

曾经付出的努力，便是今天收获的成功。他多次获得医院"十佳医生"及"优秀工作者"称号；荣获自治区教育厅教育工委及宁夏医科大学"优秀共产党员"称号，数十年得到病人锦旗百余面。特别值得一提的是，他倡导改良术式"左胸腹联合经食管床结肠代食管治疗残胃食管癌"获宁夏医科大学附属医院新技术二等、三等奖；近年来主导开展的"管状胃经食管床左颈部机械吻合术"治疗食管癌，在全区处于领先水平，对宁夏回族自治区食管肿瘤外科治疗具有指导意义。荣誉的取得带来更大的动力，他坚守初心，不辱使命，以一颗质朴的心和一个良好的职业操守，默默坚守，无私奉献。

潜心钻研　业务精湛传佳誉

叶晓锋深知医道是"至精至微之事"，为在医术上不断精进，更好地实现医学传承，每年积极主动参加国内业界各类学术交流会，与业界同行积极探讨研究汲取新业务、新技术，将本专业的新理念应用于临床实践，使许多濒临死亡的肿瘤患者转危为安。

多年来，叶晓锋养成坚持学习的习惯，潜心学术研究，先后参与了多项国家级、自治区级自然基金及银川市科研项目，主持宁夏回族自治区科技支撑项目、宁夏回族自治区自然科学基金项目以及宁夏回族自治区卫生厅重点项目的实施与研究，针对自治区卫生厅重点项目"食管癌中 MMP-2VEGF 及 PTEN 的表达及其临床意义的研究"及银川市科技公关项目"胃管状成形术在食管癌颈吻合术中的应用研究"进行研究。在国内核心及省部级期刊发表的论文主要有《贲门癌术后残胃再发癌的再手术治疗》《食管癌术后乳糜胸》《食管癌和贲门癌切除机械吻合559例》《左胸腹联合经食管床结肠代食管治疗残胃食管癌》《食管癌术中常规低位结扎胸导管对预防术后乳糜胸的临床观察》《非小细胞肺癌中VEGF和MMP2的表达与肿瘤侵袭转移关系的研究》《经颈部机械吻合在食管癌手术中的应用》《MMP-2和PTEN蛋白在食管鳞癌中表达及临床意义》等30余篇，其中SCI论文3篇。

自2009年开始率先在区内开展了胃管状成形术代替食管的临床研究，年开展手术近400例。主持开展了食管癌、贲门癌中MMP-2VEGF及PTEN的表达及其临床意义的研究。年度专科查房200余次。2010年、2014年、2016年分别获得院内新技术新业务三等奖、二等奖。除此之外，他还承担本科生、研究生及留学生教学工作，具有丰富的教学经验及娴熟的教学能力，研究方向为在消化道及胸部肿瘤。作为硕士生导师，他对学生认真负责，努力提高学生的临床技能及科学研究能力，尤其在临床技能训练与培养、临床研究等方面有着很高的造诣，已先后培养硕士研究生近10名。2018年获得宁夏医科大学"优秀教师"称号。

现在，叶晓锋还担任中国抗癌协会第五届胃癌专业委员会委员、中国抗癌协会第六届食管癌专业委员会委员、中国抗癌协会第一届胃肠间质瘤专业委员会委员、中国医师协会外科医师分会第一届胃肠道间质瘤诊疗专业委员会委员、中国临床肿瘤学会第一届肿瘤微创外科专委会委员、国际肝胆胰协会中国分会转移性肝癌专业委员会常委、CSDE西&南食管胃结合部疾病跨界联盟常务委员、《中华转移性肿瘤杂志》通讯编委、中国营养保健食品协会特殊医学用途配方食品应用委员会肿瘤营养学组委员、宁夏抗癌协会第五届理事会副理事长、宁夏医师协会第五届肿瘤科医师分会副主委、宁夏医学会肿瘤学分会副主任委员、宁夏抗癌协会食管癌专业委员会第一届委员会主任委员、宁夏医学会心胸血管外科学分会委员、宁夏抗癌协会肿瘤营养与支持治疗专委会第二届委员会委员，成为美誉国内肿瘤外科界的风云人物。

心怀大爱　精勤不倦扬美名

医道用心悟，平凡出人生。音乐能撩拨人的心弦，启迪人的思维，而医学可以拯救人的生命，让人重获新生。从医需要的是严谨的工作态度和精湛的医学技术。医者父母心，每一个医生都希望自己的病人赶快康复，早日摆脱病痛的困扰。

"不积跬步，无以至千里"，他正是一步一个脚印，以医者仁心、救死扶伤的誓言，竭尽全力除人类之病痛，完美诠释医术的圣洁与荣誉。叶教授虽不善言表，寥寥数语却能概括自己的职业生涯、从医理念、奋斗经历……从他刚毅睿智的眼神、自信坚定的步伐，我们能看到他对这份职业的忠于职守、执着与热爱。

30余年来，叶晓锋在医学路上不懈地求索，像只荆棘鸟从未停歇，忠于恪守医德，技术精湛，具有救死扶伤的人道主义精神；坚守兢兢业业、尽职尽责、踏踏实实的高尚的职业操守，完美诠释医术的圣洁与荣誉。医为仁术，心怀大爱之心，为患者的生命得到康健，致力于在医疗临床、教学、学术、科研等方面做出了突出的贡献，深受业界同行、患者及家属的尊敬和爱戴，默默耕耘、无私奉献，成为推动卫生事业的发展和人类身心健康的开拓者。

过河看石头

——记原政治系 1987 届校友杨云才

杨云才,男,回族,诗人、作家,笔名阿里、开落。1965 年 12 月出生于宁夏回族自治区灵武县(现灵武市)。1987 年毕业于西北民族学院政治系。

追梦人生路

杨云才自幼喜爱文学。中学时期就在宁夏的文学期刊《新月》上发表了他的诗歌处女作《风筝》。从此,文学成为杨云才生活中不可或缺的挚友。20 世纪 80 年代的大学生是天之骄子,虽然读的是政治专业,但他一直未放弃对诗歌写作的痴迷。宿舍熄灯了,他就到教室通宵读书、写作。民大的每一条路上都留下过他那充满自由的轻散的诗句:或是晨光倾斜的冬日,或是银杏树叶凋落的秋天,或是花香满园的夏天,或是充满希冀的春天,杨云才都把那些不会重复的时光用诗记录下来。他热心社团活动,积极筹备并推进本校诗社的成立,后任社长;创办并主编了诗社的内部期刊《五色石》;大一的时候主编班级刊物《朋友》。

激情燃烧的岁月,释放着激情燃烧的需求,依托西北民族大学艺术系的优势,任"兰州大学生诗歌联合会"秘书长的他,与联合会的同学们一起组织了数场诗歌音乐会，在兰州产生了很大的反响。1985 年，玉门召开全国诗会，他作为参会的唯一一位在校大学生，有机会向当代著名诗人学习、讨教，其诗作入选《玉门石油诗选》。1987 年，诗作《丁香的一部分》入选《1987 年诗选》，同时该诗也被《大学生》杂志创刊号登为扉页诗。毕业前，他就在《诗刊》《星星》《绿风》等全国二十几家报刊发表诗歌 150 余首。其中《丁香的一部分》《老教授》被译介到美国。毕业到宁夏大学工作至今，以笔名"阿里""开落"发表的文学评论、诗歌、散文评论百余万字见诸报刊。已结集出版《西部和她正年轻》《逃避或反叛》等作品。作品多次在宁夏回族自治区内外获奖，并入选多种文集。

深耕故乡土

对杨云才来说，最大的愿望就是为家乡的发展做贡献。他把这当成是人生的理想，并通过自己不懈努力获得了成功。谈及理想，他说，当时的大学生活充满激情与幻想。他引用泰戈尔《飞鸟集》里的一句话——"天空没有留下痕迹，但我已飞过"，我们不必强求天空记下我们的痕迹，只要我们曾经努力奋飞，即使鸟儿没有在天空留下痕迹，天空依旧是属于鸟儿的。杨云才还时常引用马丁·路德·金的《我有一个梦想》中的话告诫自己，梦想不是嘴上说说而已，"每个人都是自身命运的创造者"，要靠自己的勤奋努力和坚持，闯出属于自己的一片天，用自己的方式留下自己的痕迹。

1987 年大学毕业后，他被分配到宁夏大学回族文学研究所工作。对回族文学乃至文化的研究，在当时许多方面都是填补空白的工作，他先后参编了《回族民间故事集》《回族民间叙事诗集》《中国回族大辞典》等书。他个人也先后出版了《西部和她正年轻》《逃避或反叛》《灵州诗韵》《过河看石头》等书。1990 年出席"全国青年作家代表会议"。1992 年，他被宁夏回族自治区政府授予"宁夏优秀青年"称号。1993 年，其作品《立体大西北》获国家民委第三届少数民族文学创作一等奖。1994 年，出席第三届"中国青年作家代表会议"。2003 年，到台湾参加"两岸文化交流会"并宣读论文。共计发表作品近两百万字。现在杨云才是中国少数民族作家协会会员、中国少数民族文学学会会员、宁夏作家协会会员、宁夏文学学会会员。

浓浓母校情

回忆起在民大的学习生活，杨云才认为有两个人对他产生了很大的影响。一位是唐祈老先生。原本不是一个院系的两个人，因为文学结下了师生缘，一起谈论文学，一起品味人生。唐祈老先生精益求精的工作态度和一丝不苟的生活追求，一直影响杨云才到现在。他说，唐老先生对学生非常关心，无论是生活还是学习，都会细心观察并给予适当的引导。另外一位是杨云才曾经的班主任梁剑斌。他与杨云才亦师亦友。在班级里，梁老师是老师，关心学生的生活与学习状况，给予他们帮助。在诗歌创作上杨云才是老师，他们一起作诗、读诗、品诗，回忆起这位多年来的好友，杨云才记忆最深的便是梁老师为人处世的大气之风，这种大气之风也对杨云才日后的生活道路产生了很大影响。

毕业后，杨云才逢去兰州必回母校，他对母校的敬畏和热爱是一种融进生命的无法言说的幸福。他常说，西北民族大学是他过往生命中珍贵的一部分。母校的滋养是他日后发展的坚实动力，作为民大学子是他一生的荣耀与骄傲！即使已经离开母校，但是对于母校的归属感是很强烈的，希望母校保持传统、发挥特长。学生也要认真学习专业知识，不断充实自己，实现"我以民大为荣，民大以我为荣！"

在母校建校 70 周年之际，杨云才想对在校的校友们提几点真切的建议。首先要打好基础，认真学习。其次要关注了解国内国外前沿文化，在此基础上有自己的独特见解，讲求"自己独立思考"。最后，毕业生要找准方向，不要攀比。关键在于自己，找准目标，为之奋斗。要通过自己的努力改变命运。做好自己，问心无愧就是人生最大的乐趣，在不抱怨的世界里才会拥有更多的幸福。

学生心中的好老师　专业领域的大学者

——记原少语系 1988 届校友郭须·扎巴军乃

郭须·扎巴军乃，男，藏族，青海省玉树藏族自治州人，1988 年毕业于西北民族学院少语系，获文学硕士学位。曾担任中央民族大学藏学研究院藏语言文学教研室主任、藏语言文学硕士研究生导师组组长、民族出版社藏文室藏文特邀编辑、玉树结古寺灾后重建小组顾问，中央民族大学藏学研究院硕士生导师、博士生导师，青海师范大学班禅研究院特邀研究员。

潜心学问　执着探索

1955 年 9 月，郭须·扎巴军乃出生于青海省玉树藏族自治州称多县。1968 年在当地民办学校初次学习藏语文。1970 年上称多县小学教师培训班学习汉藏语文、数学等达一年之久。1971—1976 年入青海省玉树藏族自治州民族师范学校，相继就读初中和中专班，毕业后留校任教五年。1981 年考入青海民族学院少语系本科，1985 年顺利毕业并考入西北民族学院少语系攻读硕士学位，1988 年毕业获文学硕士学位后，分配到中央民族大学藏学研究院任教。2001 年被聘为中央民族大学藏学研究院硕士生导师，2012 年被聘为博士生导师。2017 年 1 月被列入《中国民族语言文字大词典》之"从事中国少数民族语言文字研究、翻译、教育工作的专家、学者简介"当中。

扎巴军乃老师在中央民族大学藏学研究院孜孜不倦地从事教学工作已有二十余年，工作期间他始终默默地努力着、奋斗着。他一直把对专业知识的学习、研究放在首要的位置。藏族文学、艺术的灿烂辉煌深深地吸引着他，本着仰之弥高、专之弥坚的精神，在学习和工作期间，他刻苦钻研藏文方面的书籍，阅读了大量藏文典籍，深入藏区开展实地调查，掌握了很多的第一手资料。他撰写出一些反响很大的论文，如先后在《西藏研究》《中国藏学》等刊物上发表了以《藏文古文字研究》为首的15篇学术论文，出版的专著有《藏族文学体裁通论》《古代藏语教程》等著作。他与嘉哇·罗桑开珠合作撰写的《藏族历代名人辞典》有着较高的学术价值，推动了我国的藏学研究工作。该书是一部专门介绍我国藏族历史人物的辞典，选收了为藏族社会发展做出重要贡献和具有重要影响的藏族历史人物2100多名，所选收历史人物的年代从公元前470年始称藏王的聂赤赞普时期到成立西藏自治区的新时期，前后长达2400多年，这些人物包括：政治家、历史学家、文学家、科学家、哲学家、医学家、教育家、艺术家、翻译家、军事家、各大寺院堪布、各大活佛、历任法王、历代皇帝之帝师、统领全国宗教事务之藏族国师和历任甘丹池巴等。到目前为止国内外尚未出版过像该辞书这样选收人物数量多、年代久、社会行业门类齐全、覆盖地区广的藏族人物辞典，可以说是历史上第一部藏族人物辞典。它填补了藏学领域中这类工具书的空白，也是近年来国内外藏学研究方面所取得的一项重要成果。编写《藏族历代名人辞典》是一项较大的文化工程，它要求有科学性、知识性、实用性等。在编写这部辞典的过程中扎巴军乃老师和罗桑开珠查阅了大量文献资料，呕心沥血，尽可能地做到最科学、最全面。

三尺讲台　　默默耕耘

在具体的教学工作和科研实践中，他认真贯彻教学大纲和教学进度表，努力实施学院的教改方案。每一门课，要与教案中的教学目的、教学要求、教学程序、教学计划、教学课时、作业布置以及作业批改情况相符。扎巴军乃老师平时广泛阅读参考资料，不断更新知识，如果发现新理论、新方法和新材料就及时补充教案，力求全面系统地向学生讲授专业理论知识和基础知识，认真组织课堂教学活动，严格考勤，课前预习、课堂提问、课后复习和布置作业，每位学生分数面前人人平等。

新时代的大学生是祖国的希望、国家的栋梁，扎巴军乃老师对学生们充满了无限的美好的期待，作为一位老师他期望学生们能学有所成、建设国家，作为一位长辈他希望学生们能茁壮成长、健康幸福。春蚕一生没说过自诩的话，那吐出的银丝就是丈量生命价值的尺子。扎巴军乃老师付出的辛勤努力、踏踏实实的工作态度和他对民族高等教育事业的突出贡献，得到了社会的广泛认可。他曾荣获"中央民族大学中青年教师培养基金"优秀教学奖，2005年由他所编的《古代藏语教程》被评为中央民族大学优秀教学成果二等奖。

扎巴军乃老师自1976年参加工作以来一直从事教学和科研工作，在小学和大学都教过书，当过班主任，在不同阶段和不同年级的学生中，扎巴军乃老师发现学生们都有共同的闪光的地方，那就是真诚无暇的心理美。平日在与学生交往的过程中，始终坚持师生之间应该相互平等、相互关心、相互信任、相互尊重。他认为师生间有了这样的感情基础，无论多么繁重的学习任务或集体组织实施其他各项文体活动，都能圆满完成。

30多年的教学生涯中，扎巴军乃老师先后承担中央民族大学藏学研究院"藏文文法""古代藏语""现代藏语""辞藻学""因明学""近代藏文文献""藏文传记文学""藏族历代藏文文选""藏族文学名著导读""藏文诗论""藏文典籍文献""佛教典籍文献""藏族历史名著导读""敦煌藏文文献""西藏政教史""藏传因明摄类学""藏传佛教史"等18门本科生、硕士生和博士生的教学课程，其中"古代藏语"课程曾被评为校级精品课程，成为中央民族大学藏学研究院教材建设的重要支柱。正是由于对民族教育事业的热爱，他连续多年超额完成教学任务。根据多年的教学经验，历时数年完成了《古代藏语教程》《大学藏语教程》《新编古代藏语教程》等教材，出版后得到广泛认可，被纳为中央民族大学藏学研究院教材。

厚积薄发　硕果累累

在多年的教学和科研工作中，他通过解读古藏文、敦煌古籍文献、梵文，在前人的研究基础上，发现一些并未被研究者所注意到的语言规律，同时把藏族文化的各个组成部分作为一个整体进行研究，对这类研究提供了大量的资料和研究方法。还从文化的角度，对语言进行多方面、多角度的阐述，拓宽语言的研究道路，创新语言知识，奠定了古代藏文研究的理论基础，接通了古今藏语言及藏语文相结合的研究方法。至今著书论述达数百万字，有较大社会影响的主要专著和编著有：《雪域历代名人辞典》《藏族文学体裁通论》《古代藏语教程》《当代藏族语言与文学研究》《藏文文体研究》《大学藏语教程》《新编古代藏语教程》《藏文文字研究》等。其中《古代藏语教程》被评为中央民族大学优秀教学成果二等奖。《雪域历代名人辞典》一书成为国内第一部藏族人物字典，填补了藏族历史人物研究所需要的基础资料方面的空白，在中国藏学研究珠峰奖中荣获基础资料成果一等奖。历时十四年完成的《藏文文字研究》成为国内外第一部统计藏文文字数量，并指出藏文文字文献出处的唯一一本书，此书翻开了藏文文字研究的新一页，并为后人研究藏文文字提供了重要资料。

此外，扎巴军乃老师先后发表了大量学术论文，其中10多篇论文先后在国内外学术期刊上已发表。2000年7月在荷兰参加第9届国际藏学会，宣读了学术论文《略论藏语中的反义词》，该论文受到与会各国专家、学者的好评，并且收在 Tibet, Past and Present 一书中，由 Library of Congress Cataloging-in-Publication 于2002年出版。教学期间还参与了《历辈达赖和班禅年谱》（"八五"重点课题），担任《当地藏族语言与文学研究》（"211"工程建设项目）主编，负责藏文字形变化研究项目（"985"工程中国少数民族语言发展与语言关系研究中心项目子课题）等。

母校，永远的精神家园

——记原少语系 1988 届研究生校友万果

万果，男，1981—1988 年在原西北民族学院完成本科、硕士阶段学习，现任西南民族大学西南民族研究院院长、二级教授、博士生导师，享受国务院政府特殊津贴专家、国家社科基金评审专家、四川省学术和技术带头人、四川省社科规划评奖入库专家，兼任中国逻辑学会因明专业委员会副主任、四川省逻辑学会副会长、甘肃民族出版社特邀学术顾问、西藏大学客座教授、中国统一战线理论研究会民族宗教理论甘肃研究基地特邀研究员、青海民族大学宗喀巴研究院特邀研究员、青海省社科院藏学研究中心特聘研究员，先后担任四川省第十届、十一届政协委员，现任四川省第十三届人大代表。

母校所学，终身受益

万果师从享誉海内外的著名学者才旦夏茸教授、多识教授、达瓦洛智教授等，系统进行藏语言文学、古藏文、藏传因明学等知识的研习，老师们治学严谨、慎思至精，律己律人异常严格几近苛刻，为得老师一句肯定，同学们沉浸于图书馆查阅资料，在宿舍熬夜撰写论文，字斟句酌如履薄冰，若得到肯定，会兴奋几周有余。

他热爱藏文文学创作和翻译，作品曾获西藏和四省藏区藏文文学创作一等奖，完成的伊丹才让先生作品《鼓乐》藏文译作入选高中藏文教材，当万果教授的学生们得知译者是他时既兴奋又惊奇，他则笑称："文学是青春期的标配。"研究生学习阶段，他以藏传因明学为研究方向，作为"绝学"的藏传因明，体大思深义理艰涩，在藏族传统经院教育体系中传承悠久、独具特色。在征得学校同意后，承导师多识教授引荐推介，万果在毕业前乃至毕业后很长一段时间里，在拉卜楞寺闻思学院精进熏习，在时任中国佛教协会副会长、全国政协常委、拉卜楞寺第六世贡唐仁波切安排下，他师从大法台更登嘉措、十一世班禅经师加洋嘉措、七世贡唐经师久美华丹嘉措等，依照传统修学程序系统进行因明论、般若论、中观论、俱舍论和律论五部大论研习，其间学校和老师们关怀备至、排忧解难，万果教授仰取俯拾，稇载而归。

在母校求真明礼的美好时光、在人生求知若渴的重要阶段，老师们学养深厚、诲人不倦、亲切关怀，给予的宝贵知识、治学精神、道德修为是万果教授终身受用的宝贵财富，为他以后从事教育教学、科学研究、行政管理奠定坚实基础；运动场、图书馆、教室、大礼堂等地方，遍洒万果教授求索的身影和勤奋的汗水，母校古朴幽静、学风浓郁、文化多元的环境氛围，培育了万果教授理性思辨、宽和包容、勇于担当的人生品质。

高校任职，贡献力量

2000—2016年，万果担任西南民族大学藏学学院院长，他以长期在民族高校教研一线积累的实践经验为基础，自觉深度思考并持续专注藏学学科调适研究，提出须加强甄别藏语言文学和藏学之间的区别与联系，以藏学传统优势特色为立足点，凸显"专"与"精"的纵深研究方向，持续加强"狭义藏学"学科建设；吸收民族学、社会学、政治学、教育学等多学科研究方法，不断拓展研究领域，更新研究方法，着力建设"广义藏学"，使藏学研究真正成为既立足于传统"十明"学科为主轴的学科体系之上，又兼容现代学科理论与方法，传统与现代并举共融的中国特色藏学研究。在他的倡议推动下，学院在师资队伍、专业设置、招生改革、学位点优化、精品课程建设等方面持续改革创新，历经十余年实践，西南民族大学藏学学院在师资队伍结构、人才培养质量、科学研究水平、社会服务能力等方面实现历史性跨越，至2016年学院综合实力已成为全国同类高校、同类专业中的排头兵。

2003年万果教授成为西南民族大学民族学博士点首位领衔导师，16年来单独或合作培养藏学博士近60名。这些学生中，10余人获评"全国模范教师"荣誉及省部级以上人才称号，4人晋升为博士生导师，更多的学生正成为高校、科研机构、党政部门、企事业单位相关领域的中坚力量。万果作为西南民族大学民族学一级学科负责人，与师生们并肩奋斗，取得了令人瞩目的建设成就：民族学作为四川省唯一涵盖本、硕、博、博后科研工作站完整人才培养序列的重点学科，近年来已获10项国家社科基金重大项目立项；培养、出站博士（后）近400名，师资数量与招生规模位居全国同学科前列；依托民族学学科创办的省部级重点科研基地已达7个，民族学专业期刊《民族学刊》影响因子显著提升，与中国社会科学院《民族研究》编辑部共同创办的著名学术会议品牌"中国民族研究西南论坛"影响力与日俱增，重点打造的民族博物馆、民族文献中心、民族语言文字信息中心等学科支撑平台成果显著……目前正朝向"一流学科"砥砺前行。

治学严谨，博学深思

万果长期为本科、硕士、博士、博后开设并主讲摄类学、因明学研究、般若研究、中观论研究、藏传佛教文化研究、名家译作比较研究、五部大论概要等课程，其中"藏传因明学"获评四川省省级精品课程。万果教授在繁重的教学、管理工作之余，科研成果格外丰硕，先后在大陆和台湾出版《因明逻辑概要》《隆钦七宝藏论》等专著（译著）12部，主编《藏译文化名著系列丛书》《端智嘉全集》等著作24部，编写《藏族简史（修订本）》《基础梵语》等教材4部，发表《藏传佛教利美运动的现实意义探析》《藏学学科再思考》

等学术论文 50 余篇，主持国家社科基金重大项目"百年中国因明研究""'一带一路'与藏传佛教发展研究"等子课题 4 项，主持国家社科基金项目 3 项、省部级项目 10 余项，成果已荣获多项国家级、省部级奖励。其中，国家社科基金项目"藏传佛教噶举派典籍——那若六成就法"翻译出版，被同行权威专家评价为"国内第一部全面翔实介绍密宗典籍的译著，具有开拓创新之功"；又如涵盖整个显密佛法精要、深埋雪域六百余年的藏传佛教宁玛派大圆满法典籍《隆钦七宝藏》之《妙乘宝藏》《诀窍宝藏》《法性宝藏》《法界宝藏》的翻译，在国内外佛教文化界引起极大反响，为藏汉翻译全面性和系统性研究提供了重要理论依据，具有深远历史价值和现实意义。

万果教授通过藏文经典名著翻译和注释，使中国佛教史体系更加趋向完整与统一，为中国佛教文化输送了更多具有少数民族特质的理论营养，拓宽了相关学科研究领域；同时，也展示出藏文经典文献特有的文化内涵与表现方式，为汉藏文化走向深度交流的理论研究和实践创新提供了一个新的思想维度和一种新的理论再生度。

能有所为，不忘母校

万果教授非常关注母校，时常通过学校网站、微信平台、学术成果交流等渠道了解学校动态。同时，借助西南民族大学西南民族研究院与西北民族大学社会科学研究院合作座谈、民族学学科建设交流、格萨尔文献整理研究、合作开展国家社科基金重大项目"一带一路"与藏传佛教发展研究课题和拜望恩师等工作联系、学术交流的契机，时常会回到母校。他心怀对母校的深厚感情，着力促成有关单位与母校在科学研究、社会服务、资源共享等方面合作交流，也见证着民大奔流不息、勇往直前的精神。西北民族大学在"一带一路"倡议、脱贫攻坚与乡村振兴、藏汉双语信息处理、敦煌文献整理研究等方面硕果累累、成绩斐然，在海内外高校中特色鲜明、独具一格。面对突如其来的新冠肺炎疫情，母校附属各医院医护"最美逆行者"不畏艰险、冲锋在前、舍生忘死，多批次援鄂医疗团队不辱使命凯旋归来，展现出的责任担当和仁心大爱令人敬佩感动,作为一名西北民族大学校友,万果教授感到十分自豪。

  70年风雨兼程,70年辉煌成就。新时代的西北民族大学,正以奔腾向上的态势朝向新目标奋勇前进。在西北民族大学70周年华诞之际,万果教授在天府之国成都深情回忆起在校求学成长之难忘画面,尤为感念母校恩师之谆谆教诲,衷心祝福西北民族大学事业长青、桃李天下。作为一名永远的西北民族大学人,万果教授说:"饮水思源,心怀感念,衷心祝福。西北民族大学是我的母校,母校永远是每一个学子的精神家园!"

不忘初心的藏族学者

——记原少语系 1991 届校友切排

切排，男，藏族，1968 年出生于青海省海南藏族自治州共和县，1987 年考入西北民族学院少语系。现任兰州大学历史文化学院、教育部百所人文社科重点研究基地兰州大学西北少数民族研究中心教授、博士生导师。

回顾过去，思绪万千。作为一名来自牧区的孩子，切排深切感受到自己能够考上硕士，念到博士，在"双一流"高校展露风采，成为对社会有用之人，这一切都与西北民族大学对他的培养是分不开的。考上西北民族大学，可以说是切排人生命运的一次大转折。

1987 年，考上西北民族学院是无上荣耀的事情，很值得在十里八乡"炫耀"。在那个年代，考上大学对于农牧民的孩子来说，简直就是天方夜谭。切排至今还记得拿到录取通知书的那一刻他激动的心情，他反复默念着录取通知书上的每一个字，憧憬着美好的大学生活。

等到真正进入西北民族大学的时候，切排才明白所有的进步都意味着要摆脱旧有的舒适状态。考上大学之前的切排，可谓是"除了自家帐圈，不识他乡异地"，他没有读过课外书，没有离开过家乡，同学们谈论的很多话题，他甚至都没听说过，恐惧和自卑一度笼罩着初上大学的切排。所幸的是和他住在一起的室友都是牧区考来的孩子，他们互相鼓励，每天都一起背汉语词汇，一起讨论作业，一起去图书馆读课外书，一起分享生活中的点点滴滴。这个阶段虽然很苦，但在这样一个学风浓厚的环境中，切排和他的同学们却也飞快地成长着、蜕变着。

而今，回顾母校时，切排感到的只有怀念。恍惚之间，仿佛他自己还是那个刚刚进入校园的青涩学子，上课的铃声还常在耳边响起，教授们还在课堂上激扬文字，也许这就是时光的烙印。

在切排的印象中，西北民族大学并非是一所唯成绩是论的学校，而是很注重对于学生的全面培养。正是在西北民族大学的求学，教会了切排在众人面前自信地讲话，让他明白除了成绩之外，人生还有很多可能性。切排的不懈努力使他的综合能力不断得到提升，并很快成长为学生干部。在西北民族大学学习的这段岁月，对于切排来说是一段重要的人生经历，让他获得了许多机会，体验了更多精彩，并促成了他人生观、世界观的形成，是他人生中难以忘怀且受益良多的重要学习生涯。

虽然离开母校已经30个年头了，但许多往事仍难以忘怀。那美丽而幽静的校园，极具特色的教学楼，都留下了切排和同学们青春的足迹，留下了他们共同学习、共同成长的经历，同时也积淀了浓厚的师生情谊。切排尤其怀念他的老师们，他们的严谨执着、一丝不苟，他们高尚的道德风范、不计得失的爱心奉献，至今都还深刻烙印在切排心中，成为他人生旅途上不畏艰险、勇往直前的动力。多识教授、马进武教授、华侃教授、高瑞教授等前辈对他专业知识的培育，陈其玉教授、张风翮教授、贺文宣教授、吴丹玛教授、赵学东教授等在汉语、历史、藏汉翻译方面对他的悉心栽培，这一切像昨日往昔般历历在目。

切排对他的老师充满感激，正是这些西北民族大学的好老师让切排在七年（本科四年、硕士三年）求学的年代没有陷入迷茫，始终怀有希望，并保持人格的独立；正是这些恩师的榜样模范作用，使得切排在人生的旅途中一直保持着自由思考、乐观前行、敬畏美好的生活态度。如果说他在后来的学习、工作中略有成绩，切排认为，首先就应该感谢母校的老师为他奠定的坚实基础，他还要继续做一名教育战线上的普通教师，就像他的老师一样，也给后来者以激励与动力。

从西北民族大学毕业后，切排有幸进入兰州大学从事教学和科研工作。兰州大学是教育部直属的全国重点综合性大学，在国家高等教育格局中具有重要战略地位，在西部高校中独树一帜。能够来到兰州大学工作，正是因为切排在西北民族大学的出色学业成绩。但是初到兰州大学，切排有好长一段时间感到很迷茫。他的专业是藏语言文学，但是到了兰州大学，他发现仅有这一专长是远远不够的，他要重新思考与规划自己的研究方向，寻找最适合自己的发展路径。在刚刚就职兰州大学的几年里，切排过得比较挣扎与辛苦，这其中有家庭中的琐事，但更多的是因为工作上的茫然。甚至为了完成教学与科研任务，他常常有意无意地改变着自己的研究方向，这导致他在很长一段时间内对一切都深感无力。而每每在这种情况下，切排便总是忆起母校，怀念母校的老师，想起他们教导自己的辛苦，想起他们默默的奉献、甘守寂寞、不计得失，他总是在母校老师身上重新汲取到能量，获得振奋的力量，并逐渐拨开迷雾，找到方向。他选择了与自己在母校所学相关的藏学研究、民族学研究作为自己的主攻方向，终有成就。

切排从 1995 年至今在兰州大学从事民族学教学科研工作。1998 年被聘为讲师；2004 年被聘为副教授、硕士研究生导师；2006—2008 年在四川大学历史文化学院专门从事博士后工作；2009 年被聘为教授、博士研究生导师；2010 年入选教育部新世纪优秀人才；2012 年 8—9 月在中共中央党校学习。

切排主要从事民族学、藏学研究，出版专著 4 部、译著 21 部，用汉藏两文在学术刊物上发表论文 70 余篇，主持国家社科基金一般项目 2 项、教育部研究基地重大项目 3 项，完成省级和校级重点项目 11 项。

正是因为母校——西北民族大学留给切排最美好的记忆，成为他人生路上不可割舍的情感驿站，所以每当遇到困难、遭遇艰辛时，只要想起母校，切排便又充满力量，并能顺利渡过难关。切排热爱他的母校，并一直心系母校、关注母校，他总是用最真诚的心祝福他的母校赓续奋进、铸就辉煌。在西北民族大学 70 周年校庆即将到来之际，切排情不自禁地从心底里为母校昔日的历史功绩、今朝的开拓进取、明天的创新发展而由衷地感叹、喝彩、祝福！

奉献真爱　不辱使命

——记原医疗系1992届校友马娟文

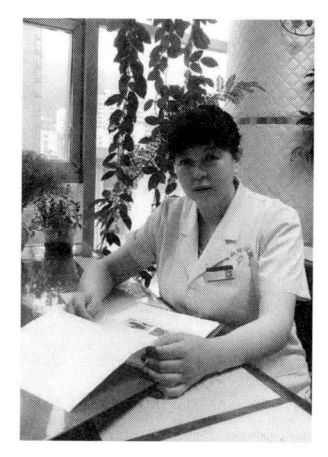

马娟文，女，回族，妇产科主任医师，1967年11月出生，甘肃临潭人，1992年毕业于西北民族学院临床医学专业，从事妇产科临床工作28年，现任兰州市妇幼保健院副院长。

受姐姐工作的影响，中学时期，马娟文就立志想当一名医生。1987年，她如愿考入西北民族学院医疗系临床医学专业学习。作为理科生，大学学习任务繁重枯燥，但她有幸遇到了工作认真、爱学生如子的班主任王可毅老师，遇到了爱岗敬业、一丝不苟的李向景等任课老师，遇到了勤奋好学的同窗室友，在他们的感染和影响下，马娟文刻苦钻研基础知识、积极参加临床试验，为以后的工作打下了坚实的基础。大学五年的学习生活，让她坚定了自己学习医学的决心和信心。

28年的临床工作经验及进修研修经历，使她积累了丰富的临床经验。上门诊、写病历、做手术、搞课题……这些周而复始又平淡真实的工作，伴随着她成长与成熟，虽然艰辛、忙碌，但也充实、快乐。她的心中始终装着病人，手机24小时保持畅通，不管是午休还是晚上，只要是病人的电话，她都会耐心倾听，不厌其烦地回答解释，只要患者需要，她都会放弃节假日的休息，第一时间赶到医院问诊。她不仅医术精湛，而且平易近人，慕名而来找她看病的人非常多，其中有不少来自农村的病人因经济拮据想放弃治疗，但她都会尽自己所能，用最短的时间、花最少的钱，解除患者的病痛。这些年来，她经常会在街上遇见有人主动跟她打招呼："马主任，是您曾经治好了我的病"，"马主任，因为您精湛的医术我怀了孕，并顺利生下宝宝，挽救了我的家庭"；在公交车上，也常会遇到不熟悉的乘客给她让座，马主任："记得我吗？我在您那看过病"。虽然记不起这些患者的名字与长相，但一提起病情、治疗或抢救经过，她会很快进入医生的角色……虽然近几年医患关系很紧张，但她相信只要对患者付出热情、真挚的情感，一定会得到患者的理解和信任，很多患者成为她的知心朋友，有些患者称她为姐姐，有些患者称她为阿姨，有些老年患者发自内心的喜爱，以姑娘相称，而此时此刻她感到很欣慰。

2008年，她被医院推荐为妇科主任，带领科室人员开展了女性尿失禁、子宫脱垂等盆底功能重建手术及腹腔镜下子宫内膜癌、宫颈癌根治术等。完成妇科微创手术上万例，年平均接待门诊病人约6万余人次，年参加手术约800余台，无医疗差错事故发生，达到了省内先进水平，填补了兰州市妇科领域多项空白。因此，她的团队被兰州市卫生和计划生育委员会评为"兰州市卫生计生系统优秀学科团队"，获得"兰州市妇科重点学科""兰州市妇科医学临床中心""兰州市妇科内镜质控中心""甘肃省妇科重点学科""甘肃省重点学科妇科宫腔镜中心""优质护理服务集体"等荣誉称号。

她本人始终遵循"一切以病人为中心"的服务宗旨，爱岗敬业，任劳任怨，兢兢业业，刻苦学习、认真钻研业务，从不计较个人得失，视病人如亲人，恪守职业道德，廉洁行医，有强烈的责任感和使命感，以良好的医德医风，过硬、娴熟的业务技术，在患者中树立了美好圣洁的白衣天使形象，得到了广大患者的好评，同时，也得到了社会的认可。2018年被市卫健委授予"金城模范医师"称号，同年被兰州市文明办授予"兰州好人"称号，并荣登2018年12月"中国好人榜"；2019年被中共兰州市委人才工作领导小组授予"首席专家"称号。他还被省卫健委、省文明办授予"医者楷模""医德医风先进个人"等称号，被兰州市委组织部、兰州市人力资源和社会保障局聘为

"兰州市第一层次领军人才"。她兼任海峡两岸医药卫生交流协会妇科专业委员会常务委员，中国成人教育协会医学继续教育专业委员会腔镜国际培训中心常务委员、中国妇幼保健协会妇幼微创专业委员、中国妇幼保健协会委员、中国医疗保健国际交流促进会妇产科分会委员、甘肃省医学会妇产科专业委员会委员、甘肃省医师协会生殖医学医师委员会常务委员、兰州市医学会妇产科专业委员会主任委员、兰州市医学会微创专业委员会副主任委员。

作为妇科学科带头人，她主持完成了甘肃省自然基金项目1项、兰州市科技项目2项，在研兰州市创新创业项目1项，参与完成科研项目10项。参与完成的科研项目获得"全国妇幼健康科学技术三等奖"1项，获得"兰州市科技进步二等奖"1项，获得"兰州市科技进步三等奖"1项。2014年参与完成欧盟INPAC项目。以第一作者发表论文10篇，撰写专著1部，参编全国医药院校高职高专教材1部。

如此多的荣誉都是马娟文多年在平凡岗位上真情付出得来的，她换来了千家万户的幸福和健康，她心系患者，舍小家顾大家，她就是千千万万个白衣天使的缩影，不辱使命，在平凡的岗位上奉献真爱。

百姓信赖的好医生　抗击疫情的好战士

——记原医疗系 1994 届校友周玮

周玮，男，回族，1994 年毕业于西北民族学院医疗系。现任宁夏医科大学总医院副院长，宁夏新型冠状病毒感染肺炎诊疗组组长。获批成为自治区"313 人才工程"学术技术带头人；荣获宁夏五四青年奖章、全国"青年岗位能手"、第十届"中国医师奖"等荣誉；多次被医院评为先进个人、青年岗位能手、优秀职工、优秀共产党员。

立志从医，好学力行，用仁心仁术回馈家乡

小时候家中子女多，家境贫寒，他因长期营养不良加劳累患上了双肺浸润性结核，将近一年的休学治疗过程，让他深刻体会到了病患的痛苦和四处就医的艰难。高考填写志愿，他立下了一生的誓言：做一名医生，为家乡父老解除病痛。1994 年，周玮以优秀成绩毕业，面对学校伸出的橄榄枝，他婉言谢绝，满怀一腔热情，回到了生他养他的家乡——宁夏，成为宁夏医学院附属医院的一名大夫，从此踏上了报效家乡父老的医者之路。

宁夏干旱少雨，沙尘暴频发，呼吸系统疾病患病率在全国都很高，病人多，工作累，没有外科大夫手握手术刀治病救人的靓丽光环，许多青年医师

不愿意从事呼吸专业。但是周玮在经过两年半的大内科轮转后毅然选择了呼吸专业，并在这个岗位上一干就是 26 年。他刻苦钻研专业知识，如饥似渴地学习新技术、新业务，只要有危重患者或特殊病人，他都是冲在前线。入科一年，他就系统地学习了呼吸生理、呼吸病理、呼吸动力、血气分析、肺功能及胸部影像学专著，掌握了呼吸系统常见病、多发病的诊疗常规，各种呼吸急症和急慢性呼吸衰竭的抢救、纤维支气管镜技术、经皮胸膜活检术等技术，异于常人的勤奋刻苦让他在入科不到一年就被破格承担主治医师工作。

攻读硕士期间，在导师张锦博士的指导下，他对国内外广泛争议的无创通气应用于昏迷患者的有效性进行了全面细致的研究，所作课题"双水平气道正压无创通气在慢阻肺呼衰并神智障碍患者中的应用研究"得到了业内的高度认可，为临床工作者在慢性阻塞性肺疾患的治疗方面提供了新的可行方法。

心系患者，无私奉献，做医德高尚的好医生

2008 年，一位主气管严重狭窄导致的严重呼吸窘迫患者急需救治，这种疾病被视为支气管镜介入治疗的禁区，手术风险极大。病人已临近窒息，极度烦躁，如果不做紧急手术解除梗阻，病人半小时内就可能窒息死亡。面对患者家属渴望的眼神，周玮没有任何犹豫，"一定要救活"的信念占据了他的脑海。病人端坐呼吸，无法平卧，周玮就站在高高的椅子上，腰弯成近 180° 进行手术，凭着他多年勤学苦练的扎实技术，短短 10 秒间就完成了气管镜引导下气管支架抢救性植入术，病人长长吸了一口气，而他却瘫在了椅子上，额头渗出的冷汗直往下流，双手抖个不停。为了帮助更多患者，他在宁夏率先开展经支气管镜电凝电切术、支架植入术、球囊扩张术、肺血栓栓塞症的导管介入下碎栓溶栓术和改良肺动脉球囊成形术等国内外先进技术，为上百位患者实施了高难度手术，延续了他们的生命。

献出一片真心，病人感受到温暖和力量。周玮时常挂在嘴边的一句话是先做人，后做事；先做人，后行医。呼吸科经常收住高龄或慢性重症患者，他总是耐心地向患者介绍疾病成因、注意事项和治疗方案。有些患者来院困

难，周玮就利用休息时间上门为他们诊治，一些病人成了他的"亲戚"。几年来，他上门诊治的患者达百余人次。有一位为期上门诊治六年的肺心病患者蔡老爷爷，在临终时还念念不忘要见周大夫一面。他用真心和真情擦亮了医生这个职业，赢得了患者从心底涌出的信赖与爱戴。

非典疫情中他挺身而出，奋战在非典战斗第一线，每天坚持在门诊筛查病人，每天接诊患者近80个，工作到中午1点还不能按时下班。由于超负荷工作，肺结核复发。考虑到非典期间呼吸专科医生紧缺，他毅然坚持上完3个月门诊，未曾叫过一声累。2009年甲流肆虐时他作为防治专家派往沙特，奔走在中国朝觐团的各个驻地两月余，检查消杀，查看病患，最多时一天走了9个多小时的路，在缺医少药的异国他乡，全团1.4万人，只有疑似甲流10余人，为祖国递交了满意答卷，他未曾叫过一声苦。作为一名医学院的代课老师，他认真履行老师职责，保质保量完成各种教学任务，为医疗教育尽心尽力，他用自己的言传身教为学生树起了人生榜样。

转型管理，精益求精，做医疗改革路上的复合型人才

2011年，周玮当选为总医院心脑血管病医院副院长。2015年8月，同时兼任宁夏医科大学总医院托管的泾源县医院院长，开始了相隔400公里的两家医院的管理工作。他在心脑血管病医院大力推行品管圈工作和节能改造，先后取得了全国医院品管圈大赛一等奖、二等奖、三等奖的好成绩，他本人也获得了全国医院品管圈推进先进个人。泾源作为国家级贫困县，县级医院医疗救治水平低，管理水平低，职工缺乏工作积极性，不少医护人员还在外面搞副业，医院连一些最基本的外科手术都没有人开展。为了让医院重现发展生机，提升县级医院医疗水平，打造一支带不走的医疗团队，真正造福当地百姓，周玮下定决心实行绩效改革，制定符合医院实际情况的绩效考核方案，鼓励大家开展新技术新业务，通过考核加奖励的办法大大激发了一线职工的工作积极性。他还邀请总医院专家下基层点对点、科对科的帮扶，不到半年时间，泾源县医院的床位使用率由20%提高到96%，实现了多年

未能实施的二级学科建设，开展新技术新业务 10 余项。在泾源县医院工作的两年半里，周玮每周都要往返两地，10 万公里的路程写满了周玮对县级医院的帮扶深情。

2019 年，周玮担任宁夏医科大学总医院副院长，主管医疗工作，积极尝试推广各项医疗改革措施，取得了良好的成效。紧抓学科建设，力推亚专业建设和学科整合，建立"医疗组—亚专业—学科—中心"四级架构，推行科主任目标责任制管理、医疗组长考核等政策。全院开展 MDT 团队建设，制定管理制度；积极推进日间手术；加强与各大医院的远程会诊工作，大力提高各单元工作效率。繁忙的行政事务之余，周玮从未忘记自己作为一名医者的职责和使命，他的医术得到了全国同行的认可，相继担任宁夏医学会呼吸病学分会主任委员、宁夏呼吸医师协会主任委员，担任中华医学会呼吸病学分会委员、中国呼吸医师协会委员，在全国的呼吸病学舞台上发出来自宁夏的声音。

临危受命，科学防治，英勇战斗在抗击疫情最前线

2020 年，当全国疫情迅速蔓延时，按照"集中患者、集中专家、集中资源、集中救治"原则，全区确诊病例集中到了第四人民医院进行救治。作为宁夏地区呼吸病学的专家，周玮临危受命，担任自治区新型冠状病毒性肺炎诊疗专家组组长、筛查专家组组长重任，第一时间进驻宁夏第四人民医院指导临床诊疗工作。凭着多年的呼吸病学研究经验和敏锐、果敢的管理风格，他带领专家组和筛查组成员日夜奋战在抗击新冠肺炎疫情一线，全力救治病患，全力筛查可疑患者，尽最大努力减少重症患者，帮助确诊病人早日康复，摸索出了一套成功的救治经验。面对民众的恐慌情绪，作为宁夏新型冠状病毒感染肺炎诊疗组组长，周玮以他博学的知识和镇定的心态，挺身而出，在媒体上积极宣传科学防御知识，澄清社会上的各种谣传，积极回应群众关心的焦点问题，引导民众树立信心。2020 年 3 月 16 日，随着宁夏最后两名确诊新冠肺炎患者出院，周玮实现了他在疫情开始时许下的终极目标，治愈率 100%、确诊和疑似病例零死亡、医务人员零感染。

梅花香自苦寒来。不经历风雨，怎能见彩虹。一个贫困山区的苦孩子，凭着对患者的关爱，对事业的执着追求，对人生的热情向往，默默无闻地播撒着汗水，用实际行动实践着自己的诺言。这就是他——周玮，一个人民信赖的好医生。

潜研跨国民族 创"和平跨居"论

——记民俗学 1995 届研究生校友周建新

周建新，男，1962年出生于新疆阿勒泰市切尔克齐乡，1992年考入西北民族学院中国少数民族民间文学（含民俗学）专业，2015年受聘前往哈萨克斯坦国立欧亚大学东方学系担任国际访问教授，现任云南大学民族学与社会学学院特聘教授，博士生导师，二级教授，享受国务院政府特殊津贴专家，全国先进工作者。兼任中国民族研究团体联合会副会长、中国世界民族学会副会长、中国民族学学会常务理事、中国人类学与民族学研究会常务理事、国家社科基金特别项目"西南边疆项目"专家委员会评审委员、国家社科基金学科规划评议组专家。

梦的光点，励志成才

周建新的父亲是公安干部，对待工作非常认真，从小对子女要求很严；他母亲贤惠善良，对待子女比较宽容。在这样一个和睦的家庭环境中长大，让他学会了如何做一个正直、宽容的人，一个对社会有用的人。由于生在新疆，他与哈萨克族、维吾尔族等少数民族小朋友一起长大，彼此有着深厚的情谊，因此他对边疆始终怀有一种难以割舍的情结。这与他后来走上民族学、人类学研究之路也有着密切的关系。

1980年高中毕业后他考取了新疆阿勒泰地区师范学校。1983年中专毕业后在新疆福海二农场中学工作了5年，1986—1988年他完成了新疆大学英语大专自考班的学业。1988年，他前往新疆阿勒泰市一中工作。1990年调至阿勒泰市文化局，在文化局工作期间，他接触到一些少数民族民间文学搜集整理的工作，由此产生了兴趣。1992年，他报考了西北民族学院中国少数民族民间文学专业研究生，成为了当年唯一被录取的学生，师从郝苏民、郗慧民两位教授。后经过国家民委批准，他两年内修完所有课程，提前毕业。

潜心治学，钻研求知

1995年1月，周建新到广西民族学院民族学人类学研究所工作，在张有隽所长建议下他参与了"广西回族历史与文化"课题组的研究工作。由于广西地处我国西南边疆，与东南亚国家联系紧密，他开始把研究方向转向对西南少数民族与东南亚跨国民族的研究上。从1996年开始关注跨国民族问题之后，他便深入西南边境地区进行了大量的田野调查，并陆续发表相关的学术论文。1998年他考取兰州大学博士，师从马曼丽教授，在导师的培养下专攻跨国民族研究方向。2008年周建新出版了新著《和平跨居论》，提出了跨国民族的两种和平跨居模式，即政治模式和文化模式，并着重论述了文化模式的基本特征。

周建新不仅对中国南方以及东南亚跨国民族地区有深入的研究，同时也关注跨国民族问题在世界范围的广泛存在，他认为，跨国民族问题在亚洲、欧洲、美洲、在第三世界，在西方发达国家都屡见不鲜。但同样的问题，在不同的地区和国家，它们的表现却不完全相同，有些非常敏感，有些却相当平稳。当真正研究了中国与周边国家的相关跨国民族问题后，便产生了继续了解世界其他地区相同问题的欲望，尤其是西方国家。2006—2014年，他先后4次前往英国和爱尔兰开展田野调查，在英国剑桥大学艾伦·麦克法兰教授和爱尔兰国立梅努斯大学劳伦斯·泰勒教授的帮助下，完成了访学和相关科研工作。他曾经说到之所以选择前往爱尔兰访学，不仅仅是关注英爱之间的跨国民族问题，主要是想借此项目以东方人的视角，打开研究西方社会跨国民族问题的大门。

2001年，周建新上任广西民族学院民族学人类学研究所所长，后又被任命为广西民族大学民族学与社会学学院首任院长，广西民族大学民族学学科带头人，广西第一批二级教授。2013—2016年任广西民族大学民族学一级学科博士点负责人、民族学博士后流动站负责人。2016年11月至今，受聘于云南大学民族学与社会学学院特聘教授，博士生导师，二级教授。2003年以来，他组织并主持在中国南宁、昆明和越南河内、老挝万象、马来西亚吉隆坡等地连续召开了7届"中国与东南亚民族论坛"国际会议。在担任繁重的行政工作的同时，他依然立足于教学科研第一线，并取得了优异成绩，发表学术论文80多篇，出版专著、合著和译著共10部，主持完成国家社科基金一般项目2项、在研国家社科基金重大招标项目1项，曾获教育部第六届高等学校科学研究优秀成果奖（人文社会科学）三等奖、广西社科优秀成果一等奖等多个奖项。2007年被评为广西高校"八桂学者"，2011年被聘为广西首届特聘专家，2016年被云南大学作为高层次人才引进。

挫折磨难，丰富人生

从新疆到甘肃到广西再到云南，周建新在求学和工作的道路上经历过许许多多的挫折，当然，这些经历也丰富了他的人生，对他以后的教学和科研有着很大的帮助。周建新是一个努力追求上进和自我超越的人，他认为这种积极向上的精神和意志比那些人生经历更重要。他说："一个人的人生阅历对他的整个人生的事业发展确实很重要。丰富的人生阅历意味着一个人的人生际遇有较多的变化，生活场景经常发生改变，这对增强自我外部适应能力以及情感意志的培养会产生重要影响，但这种重要性或者影响仍然是有限的，也并非是必需的。一个人能否走向成功或者有所成就，关键还要看拥有这份阅历的主体是不是持有'向上走'的精神和意志。"人生无大事，小事成大事。做好每一件小事，就是在成就不平凡的人生。学术研究不完全是一种自得其乐的兴趣，也不完全是一种自私自利的精神享受，更多的是一种服务于人类和社会的奉献。

扎根田野　无悔人生

——记民俗学1996届研究生校友袁同凯

袁同凯，男，汉族，新疆阿勒泰市人，1993年考入西北民族学院少数民族民间文学（含民俗学）专业，后获得硕士学位，2003年获得香港中文大学文化人类学博士学位，同年受聘南开大学周恩来政府管理学院社会学系教师。2007—2008年，作为中共中央组织部第八批"博士服务团"之一，被派往甘肃省民政厅挂职服务一年，任厅长助理。

自我奋斗　坎坷人生

衣着低调，皮肤黝黑，留着胡须，挎着背包，这个极尽朴素的人居然是南开大学的著名教授——袁同凯。若不是他那双眼睛里连黑框眼镜都无法遮挡的充满智慧的深邃目光，人们真的会将这位满腹诗书的教授认成"庄稼汉"。

他曾经说到自己选择攻读民俗学再到后来的文化人类学，应该都与他的童年经历有关。袁同凯出生在新疆阿勒泰市汗德嘎特，那是一个坐落在中蒙边界的偏僻的田园式乡镇，距阿勒泰市中心30多公里，四面环山，交通闭塞，尤其是在冬季大雪封山之后，那里简直就是一个与世隔绝的冰雪世界。

由于那里是少数民族聚居地，所以他小时候最先接触到的语言是哈萨克语。那时候，学校没有屋顶，没有窗户，甚至教室连课桌和板凳都没有，只有一个温柔体贴、平易近人，总是鼓励和关照自己的年轻女教师。

由于家境困难，初中毕业时袁同凯没有听从父母的建议报考高中，而是报考了当地一所中等师范学校，在校期间因成绩优秀，中途被推荐到县里的一所中学教英语，一年后回校参加毕业考试，取得中专文凭。1983年，袁同凯中专毕业后留在县中学任教，成为一名正式教师。但对外界的向往，对同类群体的渴求以及对未知世界的好奇，应该是人类具有的一种本能特性。正是这种本能特性，促使袁同凯自学了高中数理化和英语，功夫不负有心人，三年后，他顺利考取了新疆维吾尔自治区的一所教育学院。同样，由于对"大千世界"的向往，1993年他又报考了西北民族学院的研究生，进入了民族研究所，师从著名民俗学家郝苏民教授，攻读少数民族民间文学（含民俗学）专业的硕士学位。1999年他又成功申请到香港中文大学人类学系攻读博士学位，师从著名马来西亚籍人类学家陈志明先生，专攻教育人类学。

古人说得好，"授之以鱼，只供一饭之需；授之以渔，则终身受用无穷"。袁同凯很庆幸在他的生命历程中能遇到两个世界级的导师——西北民族大学的郝苏民教授和香港中文大学的陈志明教授，他们不仅向他传授了专业知识，而且教给他做人、做学问的态度和方法，是引领他人生起航与航行的灯塔。

扎根田野　厚积薄发

"田野调查是人类学的根和魂"，袁同凯始终践行着自己的这一句话。一只登山背囊，一双类似于军用的老牛皮靴，背景从苍茫的群山到辽阔的草原再到扎着竹篱笆的荒芜村落，唯一不变的则是他标志性的胡须和坚毅的目光，以一个人类学家的学术理性和无限热忱，长期扎根于田野，将一个人类学家的学术生命，倾注于少数民族文化研究的田野之中。老一辈人类学者不畏艰辛、一心为学的严谨治学精神，在袁教授身上得到了充分继承和体现。

袁同凯早期的学术兴趣主要关注少数民族文化与信仰，曾于1995年深入探访新疆哈萨克草原，历时四个月调查哈萨克族的民间文化与信仰；1996年，深入云南勐腊腹地，考察傣族与瑶族的信仰，并赴广西罗城仫佬族自治县调查仫佬族的民间宗教与文化。其后，他的研究重心逐渐转向教育人类学和生态人类学。2000—2002年中，有9个月的时间他是在广西金秀大瑶山区的坳瑶山寨和贺州大贵山脉深处的土瑶山寨里度过的，开展瑶族特别是土瑶学校教育的民族志考察。2006年，他又用了9个月的时间一头扎进老挝北部山区的Lanten山寨，从事Lanten学校教育的民族志考察。

田野调查是每一个人类学从业者的"活水源头"（李亦园语）和"成丁礼"（乔健语），传统上讲，人类学学者至少要在调查点生活一年以上，学习当地人的语言，参与当地人的日常生活和社会活动，从而深入地了解当地人的社会与文化。这种长期的参与和观察需要耐心、毅力和崇高的职业感。与当地人朝夕相处，同甘共苦，参与他们的生活，才能真正理解他们的社会文化以及他们的所思所感。袁同凯从事田野调查的各个村寨，大都分布在崇山峻岭之中，山路崎岖，交通闭塞，生活条件十分艰苦，有时甚至连稻米都要从几十里的山外买。面对完全陌生的闭塞环境，不通晓当地语言，不习惯当地习俗，其艰辛可见一斑。但他却能够走进这些村寨，学习当地语言，参与村民日常生活，与当地村民同吃同住同劳动，备尝艰辛，由于水土不服，身上长满疥疮也是常有的事。

正是因为这种扎根田野、厚积薄发的精神，袁教授用难以想象的艰辛换来了具体详尽、珍贵非凡的第一手资料。他在 *Asian Anthropology* 杂志发表了"POVERTY OPIUM AND EDUCATION AMONG THE LANTEN IN LAOS"，被誉为"不可多得的Lanten教育民族志研究"；他的专著《走进竹篱教室：土瑶学校教育的民族志研究》被称为"国内第一本教育人类学民族志研究报告"。

学以致用　厚德笃行

袁同凯主要研究方向为文化人类学理论与方法、教育人类学、少数民族饮食文化、民间信仰等，出版和参编过《走进竹篱教室：土瑶学校教育的民族志研究》《蓝靛瑶人及其学校教育———一个老挝北部山地族群的民族志研究》《文化人类学简论》等 10 部专著、教材、译著，在《民族研究》《西北民族研究》和 *Asian Anthropology* 等国内外一流期刊发表论文 70 余篇，主持国家、教育部社科重点及一般项目多项，曾获 Asian Scholarship Foundation（2005—2006 年，亚洲学者基金）、Fulbright Visiting Scholarship（2010—2011 年，福布莱特基金）资助，到老挝文化部和美国杜克大学访学和进行田野调查。

袁同凯把自己的一切都奉献给了深爱着的教育人类学事业。他以深入田野的方法，实事求是的态度，用大量鲜为人知的事实和第一手资料阐释了边远山区儿童学业失败的原因，客观地批驳了外界的种种误传和偏见，纠正了以不实之词构建的错误看法和主张。作为一位敏学致用、厚德笃行的人类学从业者，他将视野扩展到西方与中国的跨文化教育人类学比较研究，致力于促进中国教育人类学与世界人类学的对话。

在西北民族大学建校 70 周年之际，他寄语母校：希望母校进一步加强与国内外名校的学术交流与合作，让在校青年教师和学生有机会接受和吸纳更多学术前沿知识，拓展他们的研究视域，丰富他们的知识体系，使他们的研究能够更好地与国际接轨。最后，衷心地祝愿民大不仅成为我国西部的学术重镇，而且也成为一个重要的国际学术交流中心。民大是他步入学术殿堂的第一步，对它充满了深深的眷念。

攀登民族出版高地的引领者

——记原藏语系 1997 届研究生校友阿旺泽仁扎西

阿旺泽仁扎西，男，藏族，1997 年毕业于西北民族学院藏语系。现任四川民族出版社社长、总编辑。

心存高远，脚踏实地

阿旺泽仁扎西从事出版工作 23 年。从当初的一名普通编辑，到如今的行业领军人才，以无鞋时能在风雨中赤脚奔跑的勇气，与有鞋时一步一个脚印踏实做事的底气，一路拓荒前行，孜孜不倦地寻求着民族出版的长足发展之道。

功夫不负有心人，经过多年的努力，他所带领的四川民族出版社，走过 67 年的峥嵘岁月，如今经过深化改革的洗礼，重焕活力，"双效益"并驾齐驱，在 2016 年的全国新闻出版单位排名中，其综合实力位居全国民族出版单位之首。专家型的领导阿旺泽仁扎西个人也在洒下汗水的劳作中收获了诸多荣誉：文化名家暨"四个一批"人才、享受国务院特殊津贴专家、全国新闻出版行业领军人才、国家出版基金评审专家、四川省学术技术带头人后备人选，等。

2008 年，阿旺泽仁扎西在中央党校以"西部之光"访问学者的名义学习一年，在我国著名红学专家、中央党校德高望重的教授刘景录的悉心指导下，阅读诸多经典，深研文化学前沿理论，取得了优异的成绩。毕业之际代表全班，荣幸登上主席台，从时任中华人民共和国副主席、中央党校校长习近平手中领受了毕业证书，并得到合影的殊荣。

学术专长，铸就"好编辑"的工作底蕴

阿旺泽仁扎西在没有涉足出版之前，即1990—1994年，一直在阿坝州藏文编译局从事汉藏翻译工作，在阿坝州铸就的双语娴熟驾驭能力，为其日后事业的开拓，健全了知识与思维结构；1994—1997年，在西北民族大学藏语系攻读硕士学位期间，受恩于藏学家多识教授的言传身教，三年的学术训练与规范，为其日后的出版实践与理论研究取得显著成效奠定了坚实的基础。

从1997年起，在出版社的编辑岗位，阿旺泽仁扎西凭借扎实的藏学功底，策划组织、编辑出版了百余种藏汉各类图书，荣获了多项省部级以上奖项。譬如，入行不久所承担第一责任编辑的图书《显密文库》（1～5卷），通过其"十年磨一剑"式的精雕细琢，绣花式的精心编辑，一部部在藏地偏远古寺束之高阁、在民间房舍散落近百年的佛学典籍，在国家民族文化抢救的光辉照耀下，以煌煌巨典、古朴大方之装帧设计耀世亮相，该书出版发行后，在国内外藏学界引起极大关注，一举获得我国出版行业的最高奖项——第五届国家图书奖、第五届中国民族图书一等奖；又如，任第一责任编辑的《四部医典大详解》（1～6卷）是我国藏医学泰斗堪布泽朗的毕生力作，经过数年的细致编辑，该书出版后获得包括作者在内的相关专家的高度评价，该书荣获第十三届中国图书奖；策划组织的《噶当文集》（1～120卷），系国家对藏区珍稀文献抢救保护的示范性工程，社会影响较大，该书出版后荣获首届中国出版政府奖图书奖；任第一责任编辑的《藏区民间所藏藏文珍稀文献丛刊》（精华版）荣获第四届中国出版政府奖装帧设计和印刷复制两项正式奖。

作为一名图书编辑，阿旺泽仁扎西经常深入藏区做社会调查，听取基层

农牧民群众和中小学老师、学生们的心声，了解他们的精神文化需求。在21世纪初叶，针对藏区少年儿童缺少课外读物的现状，他与有关教育学专家和翻译工作者一道，从繁多的少儿科普读物中精心挑选，编译出版了"儿童趣味科学丛书""世界知识之窗丛书""科学家的故事丛书""科学知识之窗丛书"等多套少儿科普丛书。其中从英国DK出版社引进版权的大型科普画册《世界知识之窗丛书》的出版，填补了大型藏文版科普画册的空白，也填补了国外科普读物原创版本直接引进、翻译成少数民族文种的空白。"科学家的故事丛书"荣获第六届中国民族图书奖、第十届中国西部地区优秀科技图书一等奖；"世界知识之窗丛书"荣获第六届全国优秀藏文图书一等奖；"科学知识之窗丛书"荣获第十五届中国西部地区优秀科技图书一等奖。阿旺泽仁扎西专注于图书品质的提高和品牌的开发，为四川民族出版社藏文图书社会声誉的鹊起，起到了积极的作用。

阿旺泽仁扎西在普通的编辑岗位津津乐道，一干数年，取得了骄人的成绩。从2003年起，他被组织作为培养对象，进行了多岗锻炼，先后任四川民族出版社总编室副主任、行政办公室主任、市场营销部主任、副社长兼藏文出版中心主任、总编辑、社长兼总编辑。无论在普通的编辑岗位，还是领导岗位，阿旺泽仁扎西始终坚持"高调做事，低调做人"的风格，赢得了同事们的好口碑。

创新思路，成就"领军者"的神圣使命

成为社长、总编辑之后，阿旺泽仁扎西针对四川民族出版社内部机制不顺、单位活力锐减、效益下滑的现状，经过深入细致的调研，创新思路，以壮士断腕之勇气，决定打破"大锅饭"，对这个运行一个甲子的老社实施了"业务下沉、流程再造、责权利相对统一"的分中心制改革，机制层面的改革，极大地激发了内部活力。同时，在深耕原有板块的基础上，积极开拓新的领地，进一步提升聚集优质出版资源的能力，把触角伸到省内地市州，与当地宣传部、新华书店深度合作，先后在乐山、雅安、凉山三地建了三个出

版中心，一系列面向市场、提质增效的改革，使四川民族出版社焕发活力，再一次步入了健康发展的快车道。现四川民族出版社年图书出版品种突破1600种，经营收入突破1.5亿元，重点出版项目获得国家财政资金年保持在1000万元左右，《藏族美术集成》（1～100卷）、《彝文典籍集成》（1～160卷）等10种图书获得国家出版基金资助，《巴蜀濒危文化系列》等90余种图书获得中央民族文字出版专项资金资助；在业界体现出版能力风向标的国家级图书出版规划中，四川民族出版社常常位居显要位置，譬如，在国家"十三五"重点出版规划中，四川民族出版社有25种图书得以入选，在全国580多家出版社中排名第10位，在四川16家出版社中排名第一。

在阿旺泽仁扎西的带领下，四川民族出版社在2018年第四届中国出版政府奖表彰中，连中四元，单位荣获先进出版单位奖，图书《藏区民间所藏藏文珍稀文献丛刊》（精华本）、《彝文典籍集成·四川卷（彝文）》分别荣获装帧设计、印刷复制两项大奖和一项图书提名奖，一届出版政府奖中，单个出版社能同时获四项奖，确实少之又少。

与时俱进，融合出版，是阿旺泽仁扎西历千山万水仍初心依旧的梦想。作为数字出版向往之人，他正在带领团队研发、搭建中国藏彝羌数字出版平台，其中，已运营的"点籍藏域""唯彝出版""茶马书社""华韵传媒"四大微信公众平台和微店，在藏彝区的影响力日益增长。他充分利用该社已入选国家数字复合出版系统工程应用试点单位、四川省数字出版转型示范单位的契机，争取扶持资金，积极探索，创建平台，拟让四川民族出版社在全国民族出版单位中率先步入数字化出版的新天地。

"路漫漫其修远兮，吾将上下而求索"，作为全国新闻出版行业的领军人才，阿旺泽仁扎西带领民族出版人，在四川省委"振兴四川出版"战略部署下，坚持"做优公益，做强市场"的办社理念，把图书出版立足于为少数民族地区的社会稳定、经济发展、文化繁荣、教育发展、民族团结提供出版战线上的智力支持这一核心，牢记使命，攀登民族出版的新高地。

融会贯通，实现"文化人"的社会价值

阿旺泽仁扎西作为一名文化人，在从事繁重的图书出版管理工作之余，坚持自己的爱好，阅读大量的藏学书籍，竭力研究，笔耕不辍。他的个人藏学研究专著《更敦群培》（藏文版）一书，深受藏地读者的欢迎，至今重印12次，累计印数4万册，理论研究类的图书成了出版社的长销书，足见他的学术功底和使学术读物大众化的能力。该书荣获我国藏学研究的最高奖项"第二届中国藏学研究珠峰奖"三等奖。汉文版《生命的出走：根敦群培的精神之旅》一书，2017年由中国藏学出版社出版后，也获得业内人士的诸多好评。在《中国出版》《中国新闻出版报》等省部级以上的核心期刊上，阿旺泽仁扎西用汉文发表了《以坚持创新推动公益性出版单位改革与发展》《编辑人才素质的理性思考》等较有影响的出版理论文章10余篇。

2019年，阿旺泽仁扎西任副主编的藏族英雄史诗《〈格萨尔王传〉大全》，总集300卷，1.3亿字，在祖国70华诞之际，耀世出版，惊艳四座。这部历史悠久、卷帙浩瀚、内容丰富、博大精深、百科全书式的伟大著作，以其强大的艺术魅力及惊人的生命力，以及堪称世界之最的篇幅，被誉为"中国的荷马史诗"。习近平总书记从中华民族文明发展史的高度评价了《格萨尔王》的史诗地位，我国著名的民俗学泰斗钟敬文也曾讲道："《格萨尔王》的存在和流布是藏族人民的光荣，是中华人民共和国的骄傲，也是全人类稀有艺术业绩的显现和荣耀。"阿旺泽仁扎西参与编纂的这套《〈格萨尔王传〉大全》藏文版的出版，彰显了我国"世界最长英雄史诗"的恢宏，切实提升了包括我国藏民族在内的青藏高原世居民族的中华文化自信。

学术研究与出版实践的融会贯通，成就了阿旺泽仁扎西在业界的声誉。作为文化名家暨"四个一批"人才，现正在利用自己擅长藏汉双语写作与理论研究、长期从事少数民族文字图书出版，以及掌握第一手民族出版数据资料等优势，组建团队，编撰《新中国民族出版史论》，以此来填补我国民族出版史的空白。

今天的四川民族出版社已经成为国内民族出版的领头羊，其掌舵者阿旺泽仁扎西也获得了诸多荣誉，但他和他的民族出版团队无暇回顾一路走来的风雨，他们知道前方还有更高的山峰等待攀登。

踏踏实实做科研　兢兢业业为环保

——记化工学院 2003 届校友王静

王静，女，汉族，中共党员，环境工程博士，2003 年毕业于西北民族大学化工学院。现任河南省科学院化学研究所有限公司、河南省环境功能材料国际联合实验室研究员。2012 年获得河南省学术技术带头人，2013 年获得河南省"科技创新杰出青年"称号，2015 年首批享受河南省政府特殊津贴专家，2017 年获得河南省直机关"十大杰出青年"称号，2019 年获得河南省"最美科技工作者"称号，2017 年当选河南省出席党的十九大代表。

王静出生在山清水秀的黄河三峡、济水之源——河南济源。从黄土高原奔腾而来的黄河水，在这里呈现宁静和清澈；巍巍王屋、太行二山，千百年来流传着愚公移山的神话故事。一方水土培养了王静朴素、严谨、勇敢和坚持不懈的品质。她从小品学兼优，在同龄人中出类拔萃，而高考的插曲使得她与意向中的国内顶尖名校失之交臂，却与母校——西北民族大学结下了缘分。

目标笃定求学路

1999 年秋天，王静来到了当时的西北民族学院，就读于食品科学系环境工程专业（随后并至化工学院）。眼前破旧的街道、拥挤的宿舍、不知名的方言、不一样的人群……新鲜之外便是与现实的落差，让初来乍到的她有些不知所措，也有短暂的伤心、失望和迷茫。未来究竟在何方、大学时代该怎么走、是否会不如意、究竟该如何面对？一系列的问题，催促她思考，并终于下定决心——既来之则安之，读好本科继续深造。

有了目标的王静，突然觉得眼前的一切变得很美好，破旧的街道很有烟火气，拥挤的宿舍很有人情味，不知名的方言听起来很有趣，不一样的人群可以广交天下朋友……她又一次回归知识的海洋，每天穿梭于课堂和图书馆，闲暇时就和各民族的朋友逛遍兰州的大街小巷，领略大西北的粗犷豪迈。她喜欢推导各种公式，有次有个高数公式半天推导不出来，就在课堂上请教老师，高数老师一时也无解，说下次帮她解决；本以为老师只是随口说说，没想到下次上课，老师真给了她两张纸，密密麻麻地写满了推导公式——原来这里的老师是这么认真负责，钻研不挠的学术精神鼓舞了她。她喜欢泡图书馆，涉猎各领域、各学科的知识，有次在去图书馆的路上碰到了任课老师，还高兴地打了个招呼，到图书馆坐下感觉不对，想了半天才意识到她应该坐在教室等着那位老师上课才对；本以为等着她的会是批评教育，没想到再见，老师还是那么亲切和蔼——原来这边的老师是这么宽容豁达，朴实虚怀的为人品质感动了她。在这里，她喜欢登学校背靠的五泉山，看周末操场上的民族舞，吃学校食堂的炒面片、牛肉面。在这里，她交上了回、维吾尔、藏、壮等多个民族的朋友，她发现不同面孔和语言包裹下，有的是同样善良勤劳、热情洋溢的心灵，开放包容的民族文化影响了她。

学生时代是美好的，在母校度过的四年大学生活是王静回忆中特有的一段快乐时光，一些朴素的科研观、价值观在这里也逐渐形成。在这里，她的思想日益成熟和坚定，郑重地提交了入党申请书，并于离校前两个月成为一名光荣的中共预备党员，自此，中共党员这个神圣称号就时刻伴随着她，规范着她的举止、提升着她的修养、激励着她一步步登上新台阶。在这里，她喜欢上了环境工程这门包罗万象、紧系民生的学科。她的老家济源既是旅游城市，有山河交相辉映的青山绿水，也是20世纪90年代的重工业基地，有争相排放的烟囱粉尘、日渐干涸的河道、愈加朦胧的青山，这促使一个朦胧的环保梦想渐渐在她心中萌生，并最终成为她毕生追求的事业。经过三年多的积淀，2002年冬天，她再一次满怀信心走上了考场，与之前不同的是，这次她以第一名的成绩考上了南京大学环境学院环境工程专业，并顺利通过了随后的面试。2003年秋天，王静来到南京大学环境学院攻读环境工程硕士学位。由于成绩优异，在导师的推荐下，她申请了硕博连读，并于2008年获取南京大学环境工程博士学位。

矢志不渝环保情

毕业后的王静，出于对老家河南的留恋和对环保事业的热爱，毅然回到了位于河南省郑州市的河南省科学院化学研究所有限公司，致力于环境功能材料、水污染治理、环境工程等领域的科研工作。2009年刚参加工作不久，她就作为科研骨干参与了一项河南省重大公益科研项目，是关于难降解有机废水深度处理的研究。时间紧、任务重，王静凭借扎实的理论技术基础，很快就研制开发出一系列具有自主知识产权的纤维吸附材料，并完成了废水净化处理的基础研究工作。但现场试验时正值寒冬腊月，王静和同事们不顾寒风凛冽、冷水刺骨，坚守露天的试验岗位长达一个多月。由于现场条件恶劣，试验中总是出现这样那样的问题，漏水、爆管、进水突然恶化……每每出现这样的问题，她总是和同事商量解决，并尽快拿出解决方案。功夫不负有心人，王静和同事提出的纤维吸附净化——有机胺回收联合处理工艺，成功地将原本COD浓度高达10000mg/L的有机胺废水稳定降至50mg/L以下，同时还可实现化工原料回收，该成果于2013年获得河南省科技进步二等奖。这项省重大公益科研项目的顺利实施和完成，为王静的科研道路提供了经验和信心。紧接着，她又先后拿到了河南省国际科技合作项目、国家自然科学基金青年项目、河南省科技创新杰出青年项目、国家自然科学基金面上项目等多个项目的资助。在欣喜的同时，王静更觉肩上担子之重，同时这也促使她以更饱满的工作热忱投入环保科研。2018年，她所在团队再次抢占先机，成功获批河南省重大科技专项污泥处置项目。

工作十多年来，王静时刻不忘共产党员的身份，关键时刻、危急关头永远冲在最前面。在河南省环境污染防治攻坚战中，她积极发挥专业优势攻坚克难，并以务实、钻研、勤恳的作风带动团队其他人，上下一心、埋头苦干，在新材料和水质净化、空气净化等应用领域取得多项创新性成果。她所在团队和单位先后获得"河南省创新型科技团队""河南省国际联合实验室""国家引进国外智力示范单位""河南省杰出外籍科学家工作室"等荣誉。王静本人也是硕果累累，先后获得河南省科技进步奖3项、国家发明专利10项，发表高水平学术论文40余篇，受邀成为多家国际知名杂志的审稿人，主持完成10余种高性能吸附材料和抗菌材料的研制工作，与企业合作研发多套水处理装置、抗菌除臭织物、空气净化器等产品，并取得良好市场反响。2019年，为了更好地提升学术能力、拓展科研视野，她又在国家留学基金委访问学者项目的资助下，远赴美国佐治亚理工学院从事高级氧化水处理技术研究。

转眼间，王静离开母校已17年。毕业17年，虽然一直没机会再返回母校，但她始终惦记着母校对她的恩惠，不忘梦想起航的初心。在践行环保梦想的道路上，在遇到困难无所适从时，在遇到挫折想要放弃时，王静都会回想起在母校的点滴时光。她会记得自己从高考失利到奋起直追并最终实现人生理想的转变，她会记得一群来自五湖四海的民族朋友和她团结一致共同奋斗的情景，她会记得登上刻有"勤学、敬业、团结、创新"校训的大台阶后一览众山小的感觉，她会记得黄河母亲的温暖、校园繁花的芬芳以及所有不期而遇的美好。于是，她会像往常一样，重整行装、笑面困难。

碧水蓝天环保事业的道路依然很长，王静行走得更加坚定，未来也将继续坚守梦想，为环保科研事业的发展贡献自己的智慧。值此母校70年华诞之际，她衷心祝愿母校能立足自己的办学特色，进一步扩大学术和社会影响力，做全国有影响力的民族人才培养高地、民族优秀文化传承基地和民族团结发展高端科技智库；也真心祝福广大学子和校友能把握青春年华，勇挑社会重担，用精彩人生报恩母校！

那年的年少　此间的青春

——记化工学院 2009 届校友张传芳

张传芳，男，汉族，江西省赣州市兴国县人，2009 年毕业于西北民族大学化工学院，现为瑞士联邦理工学院联邦材料研究所高级科学家，2019 年欧洲华人十大科技领军人才。

民大之缘

1987 年 5 月 8 日，张传芳出生于江西省赣州市兴国县的一个小山村里。父母都是勤劳朴实的农民，自打他懂事起，就告诉他"一寸光阴一寸金，寸金难买寸光阴"的简单道理，培养他积极参与家务、勇于承担家庭责任的态度。9 岁起，他就开始干农家活。晚上回到家，除了完成作业以外，父亲还会监督他练习毛笔字，这一练就是十余年。后来，每逢乡里有重大活动，都会邀请他去写毛笔字对联，这不得不归功于父亲一直对他的严格要求和不断鞭策。

从小学伊始，他的学习成绩一直名列前茅，基本是年级前两名。可到了高中——兴国平川中学，就不是这样了。这是一所省重点中学，当时全年级共有 21 个班级，有 2 个重点班共 140 人左右。在重点班里，他不再是众星捧月的尖子生了，都是老师们重点培育"清北生"了，哪能轮到他呢？于是他的月考、会考、模拟考试成绩起伏不定。而高考，恰恰就是没有发挥好，且估分偏差较大，志愿填报又严重失误，一系列原因，导致第一第二志愿均没有录取。抱着不想复读的心态，他补报志愿，索性填了西北的学校，以增大录取的概率。于是，就此跟民大结下了不解之缘。

"亲爱的张传芳同学：恭喜您已被我校化工学院化学工程与工艺专业录取。请按规定的时间来校报道。"落款是西北民族大学招生办，2005年8月3日。一个公章，一张红色的录取通知书，将他与民大紧紧地联系在一起。由于没有独自出过远门，父亲与他一同前往兰州。一路上，他抱着《平凡的世界》安静地读着，脑海里想象着即将到来的大学生活会是怎样的，一定是美丽的校园吧，一定是知识渊博的老师吧，一定是志同道合的同窗吧？

飞扬青春

列车停稳兰州站时，已经是凌晨1点了，路上花费了整整4天。2005年还没有高铁，没有直达，没有智能手机，没有网上预订宾馆，我们现在习以为常的APP那时都没有。深夜，人生地不熟，父亲小心翼翼地跟着吆喝住店的人走，最终，挑了个火车站附近最便宜的旅社对付了一晚。不贵，父子俩10元。第二天，由于不知道乘坐几路公交，他们索性叫住了一辆正好路过的农家三轮车。就这样，"突突突"地来到了墙壁上印有"西北民族大学"几个红色大字的学校西门。而就在他们驻足欣赏时，一辆满载着垃圾的卡车正好从里面出来。这种"欢迎新生"的仪式让他对民大的第一印象并不好。

2005年的民大，理科楼、文科楼和医学楼都已陈旧，校园很小，建在山坡上。他失望极了，跟父亲说："回去复读吧，这学校不行。"父亲极力地安抚他："既来之，则安之。"他点了点头，却依旧掩盖不了对这所学校的失望。他想，同窗都上了名牌大学，为何自己来这？这该死的志愿填报。

然而，事情很快有了转机。

军训结束的那天上午，全校所有新生都席地而坐，等待着校领导的欢迎致辞。他依稀记得学校领导说的一句话："茄子里的将军最好当。民大不比兰大的竞争激烈，你只要努力，就一定能成才"，并当众嘉奖高考超过重点线的几位同学。这对他的内心产生了极强的震撼。"我为什么不能成为上台领奖的那个?"他一遍又一遍地问自己。军训结束后,他回到宿舍,在笔记本写下了这么一段话:"一定要自强,赶上并超过身在名牌大学的高中同学",目的很单纯,只为在高中同学聚会时,能抬得起头来。

从那天起,他彻底面目一新。

他一大早起来,利用做早操之前的时间,朗读背诵英语课本,很快就把第一年的英语课本单词全部背完。英语课堂上,与老师积极互动,久而久之,老师记住了这个爱学习、敢发言的学生,并开始有意识地培养他,也乐意把听力课上的发言机会留给他,不断地锻炼他的口语能力。结果大一上学期,他便成功考过了大学英语四级,并参加了全国大学生英语综合能力知识竞赛,拿下了优胜奖。

他对高等数学兴趣浓厚。自打下定决心后,他便去购买了一本数学辅导用书。无论寒冬、酷暑,他心无旁骛地在图书馆那闷热的角落,一遍又一遍地演算着二重积分、三重积分,使得他在四次期中期末考试中均拿下了 97 分及以上的成绩,对高等数学的认识已经到了一个全新的境界。那本辅导书随着高数课的结束,里面的习题也被彻底做完。

专业课和计算机课,是他很钟爱的课程。学习超前,是各位老师给他的评价。经常是无机化学才讲完第三章,他就已经把第四章的习题全部做完了。VFP 编程的课上,他也是超前学习。这种与时间赛跑的意识,让他赢得了任课老师的赞赏。大一下学期,他成功通过了大学英语六级考试,各门课程均排名第一。每次期末考试结束后,绝大多数同学回家,或去网吧,他却收起书包,继续前往综合楼。因为他对无机化学里面的电子自旋轨道还不是特别清楚,自己一个人关在教室,默默地自学起来,直到工作人员告诉他,该下班关门了,他才走出教室。就这样,度过了他的大一。

2006 年,他们搬往了榆中新校区。看着整齐漂亮的宿舍楼和教学楼,他内心愈发开心,学习的动力也更加充足了。很快,他就通过了计算机二级考试,并参加了化工学院的英语演讲比赛,拿下了第二名。这时,他遇到了罗兴平老师。彼时的罗老师刚从中科院来到民大,承担仪器分析课程的教学。

罗老师很赏识他，认为他能独立思考，爱动脑筋，学习灵活，并鼓励他自学达世禄的《色谱学导论》。而担任化工原理课程教学的王爱军老师，则发现他善于一题多解，显然对课本知识烂熟于心方能达到。王老师对他亦是器重有加，课堂上经常展开热烈的探讨。师生间的教与学，极大地鼓舞了他。估计也鼓舞了王老师，让他觉得课堂很有生机。这种学习的态度和敢于质疑权威的勇气，也为他后来的探索奠定了根基。

大二下学期一开始，他就定下了考研的计划。彼时的线性代数才刚刚开课，而他已经自学完了，并在教室里给大三复习考研的学长学姐们答疑。学习之余也不忘锻炼身体。为了节约家里的开支，也为了锻炼自己的勇气，他在清真食堂勤工俭学，打扫卫生，拖地，端盘子。迎着同学们异样的目光，他心里都觉得很舒坦。凭付出挣饭吃，有什么丢脸的呢？

他甚至参加了外语学院举办的外文歌手大赛，平时也跟同班好友郭民学玩吉他，跟班里的库都斯、道来提玩电吉他。一首《真的爱你》被他弹得有模有样。渐渐地，他成了学院的风云人物，并参加了甘肃省挑战杯，在鲜亮老师的指点下，做出了两个酰基硫脲单晶，荣获甘肃省二等奖。在2007年的本科教学评估中，化工学院向每个班级抽调前两名，向专家组展示了优秀民大学子的扎实过硬的实验技能。全校高等数学教学质量检测中，他成为当年民大唯一的高数考试满分的学生。

最终，他以优秀毕业生、优秀毕业论文身份，于2009年从西北民族大学顺利毕业，并以优异的成绩考入化工领域知名高校——华东理工大学，荣获一等奖学金。

扬帆远航

坐落在上海徐汇区梅陇路的华东理工大学，此刻正春意盎然。

刚刚从化工学院传来消息，"在新一轮提前攻读博士筛选中，张传芳位列专业第一。"这使得他的导师乔文明教授高兴极了，就好像NBA球员获得了总冠军戒指一样。

2010年上海世博会园区的超级电容公交车,让他对这一新能源器件产生了极大的兴趣。2011年3月中旬,他顺利提前攻读博士,方向是过渡金属氧化物用于超级电容器。没有基础,没有人带,那就自己来。阅读过很多文献后,发觉Yury Gogotsi教授在这个领域发过很多顶级论文。抱着不迷信权威、勇于探索的精神,主动跟Yury Gogotsi教授发邮件,表达对教授论文的一些疑惑。而正是多次的邮件反复探讨,使得Yury Gogotsi教授记住了他,并于2012年初向他发出邀请,做教授的联合培养博士研究生。

机会是留给有准备的人,留给善于思考、敢于发问的人。

就这样,2012年他飞到美国费城,加入了国际知名教授Yury Gogotsi研究团队,从事层状氧化物、碳化物用作储能器件方向的研究。得益于本科期间刻苦的英语学习,他既可以流利地做组会报告,也可以跟美国同事针锋相对地吵架。2014年12月底,顺利通过答辩,完成华东理工大学和美国德雷塞尔大学联合博士学业,标志着学生生涯的结束,开启了探索未知世界的大门。

2015年4月,他加入了爱尔兰都柏林圣三一学院,开始了博士后生涯。得益于一贯的勤奋努力和扎实的英语口语、写作能力,他迅速在三一学院站稳了脚跟,并开始接二连三地发表高水平论文。三年的博士后时间很快过去,他培养了来自多个国家的访问学生。2018年,张传芳被提拔为ERC高级研究员,独立指导博士研究生。同年以访问教授的身份,回到美国的课题组,从事了2个月的研究。2019年5月开始,以高级科学家的身份,加盟世界顶级的瑞士联邦理工学院,在下属的瑞士联邦材料研究所独立展开工作。

毕业的十年内,他获得了一系列奖励:2019年欧洲华人十大科技领军人才;2016年、2018年入围爱尔兰年度青年领军人物、年度实验科学家和年度实验研究员;2014年Drexel University Books & Bagels系列杰出报告奖及图书馆奖。

他所取得的学术成果有:获国际顶尖杂志 *Nano Energy*,*Energy Storage Materials* 杰出审稿人荣誉称号;共担任37个国际知名期刊审稿人,如 *Nature Comm.*、*JACS*、*Joule*、*Adv. Mater.*、*Adv. Energy Mater.*、*Adv. Funct. Mater.*、*ACS Nano* 等杂志;美国化学会、美国材料学会、美国电化学会、国际先进材

料研究学会会员；受邀在国际国内做学术报告75余次，如普林斯顿、瑞士联邦理工学院、圣三一大学、德雷塞尔大学、复旦大学、华中科技大学、中山大学等；数次担任国际顶级会议分会主席，如Graphene 2019，MXene 2020，二维材料国际会议；在国际会议做邀请报告和其他口头报告15次；共发表55篇SCI论文，其中以第一作者或通讯作者发表34篇论文，影响因子>10的18篇，包括 *Nature Comm.*（2篇），*Adv. Mater.*（VIP，3篇），*Adv. Funct. Mater.*（VIP，3篇），*ACS Nano*（1篇），*Adv. Sci.*（1篇），*Nano Energy*（2篇），*Small*（1篇），*Chem. Mater.*（2篇），其中ESI热点论文2篇，ESI高被引用论文13篇，H-因子为32，i-10因子为41，被*Science*，*Nature*等SCI杂志引用4000余次；研究工作受到诸多媒体的广泛报道，如AAAS Science旗下的*EurekAlert!*，*THE TIMES*，*Science Daily*，*Irish Times*，*Irish Tech News*，*Siliconrepublic*，*TechXplore*，*7thSpace*，*Irish Examiner*，*AZOM*，*BreakingNews*等。

他所开发的技术影响力：率先开发了MXene超导墨汁用于电池、电容打印技术，发表在*Nature Comm.*；率先开发了MXene墨汁用于长续航锂离子电池技术，发表在*Nature Comm.*；由于在二维MXene领域的突出贡献，受邀为*Nature*撰写专著；开发的超导二维MXene墨汁技术获得欧洲专利；开发的高载量、高容量用二维柔性导电添加剂技术获得欧洲专利；开发的原位氧化碳化物以制备能源催化材料技术（中国专利），被世界主流课题组广泛采用。

他坦言，这些成绩，都离不开西北民大老师们的留意栽培，离不开同行对他的支持，离不开恩师对他的严格要求。倘若没有凌乔二老对他的鞭策，就不会努力去证明自己，而会安于现状；如果没有当初在恩师Yury Gogotsi对他支持到如今，他就不会进入二维材料世界，更不会领略到克服科研难题，啃下硬骨头所带来的骄傲感和自我价值实现感。

感恩母校

时间犹如白驹过隙，一晃而过。转眼间，西北民族大学迎来了70华诞。民大筚路褴缕，一路披荆斩棘，方有今天的成绩。作为民大毕业生，他自豪，他骄傲。张传芳自 2009 年毕业后，其实回来过两次了。2014 年 10 月，受化工学院老师邀请，回母校做了两场报告，并见到了昔日恩师。2018 年 10 月，受学院再次邀请，又一次回到母校，依旧做了两场报告，为民大师生带去了一位昔日学长的经历。此时的民大，已经有越来越多的保送外校的学子，越来越多拿到自然科学基金的老师，学科发展越来越好。看到民大建设得越来越好，他感慨良多。其实，他一直都在关注民大，浏览器里的网页痕迹便是证明。为何如此？因为，他对母校爱得深沉。

学校建校 70 周年之际，他衷心祝愿西北民族大学越走越稳，越办越好，为国家培养更多栋梁之才。

祝福民大 70 华诞，生日快乐！

文学艺术篇

心泉喷出千首歌　唱尽人间乐和愁

——记原西北民族学院前身"革大三部"校友朱仲禄

朱仲禄（1922—2007），毕业于原西北民族学院前身"革大三部"。驰名西北的著名"花儿"演唱艺术家，杰出的一代中国"花儿"传承大师，2007年9月，中国文联、中国民间文艺家协会联合授予他"中国民歌杰出传承人"称号。他一生集演唱、编创、研究和授徒于一身，虽然演艺道路非常曲折，但其艺术成就十分辉煌，是用毕生心血和生命浇灌西北"花儿"文化奇葩的一代宗师。生前曾担任中国民间文艺家协会"花儿"文化专业委员会顾问、中国民间文艺研究会青海分会副主席、青海音乐家协会副主席、青海省"花儿"学术研究会会长等职。

朱仲禄生于1922年，祖籍地是甘肃临夏县北塬朱家墩。1895年发生了"河湟事变"，后举家迁到青海省同仁县保安镇。其父亲是当地有名的花儿"唱把式"，他从七八岁起，就跟着父亲放牛，学到了许多的传统"花儿"。上私塾读书时，还搜集了许多"花儿"唱词。隆务河畔乡亲们对唱"花儿"的情景，使他幼小的心灵里扎下了歌唱"花儿"的根子，练就了一副银铃般的好嗓子。

1950年春节后，朱仲禄听说中国人民革命大学三分部（简称"革大三部")正在甘肃甘南州的夏河拉卜楞地区招生,就冒着漫天飞雪,只身前往,如愿考入了"革大三部"。"革大三部"的学员由于都是少数民族或少数民族地区的汉族同学,大多能歌善舞,各具才艺,这使"革大三部"的校园里常常充满了欢歌笑语。尤其是每到了周末,学校会常常举办各种文艺晚会,民族歌舞精彩纷呈,优美旋律齐奏共鸣。每逢此时,朱仲禄就会亮出他的拿手戏节目——西北"花儿",常常是唱完一首,同学们喝彩鼓掌要他唱第二首、第三首。一时间,"'革大三部'有个'花儿'演唱家朱仲禄"的说法在兰州传开了。刚成立不久的甘肃广播电台派专人请他去电台进行演唱直播(当时尚无录音设备),他随即演唱了许多首传统"花儿",其中也包括自己即兴编创、歌颂党和新社会的新编"花儿":

> 共产党好比红太阳,
> 照亮了全国的地方;
> 出土的花苗求成长,
> 红太阳就把它看上。

悠扬的"花儿"歌声伴着电波传向四面八方,引起了听众的热烈反响,电台特地赠送了一幅镜框,上面写着"民族山歌,载波远扬,心声结合,高唱解放"。

1950年8月,他在毕业联欢晚会上大展歌喉,博得了满堂喝彩。没想到,在座的听众中竟有来自西安"西北文协采风团"的成员,他们被朱仲禄原汁原味、声情并茂的演唱所震撼。联欢会结束后,西北文协采风团的成员、著名音乐家关鹤岩一行对他演唱的西北"花儿"以及其他民间歌曲进行了大量的挖掘记谱,著名的河州大令《上去高山望平川》就是在这次合作中被首次记录成谱、广为流传的,至今仍然是中国西北"花儿"中的代表性经典曲令。关鹤岩先生慧眼识珠,对朱仲禄进行了全面摸底考察,在关鹤岩的帮助引导下,朱仲禄对"花儿"这一民间艺术有了全新的认识。

1950年,他应邀参加了在北京举行的庆祝国庆联欢会,首次将西北"花儿"献给了首都的各界人民。1953年,他参加在北京举办的"第一届全国民间音乐舞蹈会演",受到了热烈欢迎,并灌制了唱片《河州大令》,从此饮誉国内外。北京会演回来后,在关鹤岩的推荐下,朱仲禄进入西北文工团,成为一名正式的独唱演员,专门演唱甘、青民歌。朱仲禄和著名音乐家关鹤岩合作的大部分成果,后来收录到他在1954年出版的第一本书籍《花儿选》中。音乐家关鹤岩还热情相邀朱仲禄到古城西安工作,从此他开始了专业演唱生涯。为了保持"花儿"的演唱乡土特色,他定期回到家乡进行实地考察和采风。在那个年代,关鹤岩对朱仲禄的关心和保护,充分体现了年轻音乐家对民歌歌手的栽培之情。关鹤岩是发现和成就朱仲禄的伯乐,也是成就他的有力推手。"没有关鹤岩就没有我朱仲禄。"朱仲禄常常对人们这样说,从中不难看出他虚怀若谷、感恩知恩的高尚品格。

从1953年8月开始,仅用三个月时间,朱仲禄就从少年时代的"花儿"《少年簿》中精选出800余首编成《花儿选》,于年底交付西北人民出版社出版。据悉,这是新中国成立后第一部有关"花儿"的选集,开创了我国"花儿"搜集与整理的新篇章。1956年,为参加"聂耳音乐周"演出,他和作曲家刘烽共同创作了大合唱《下四川》并大获成功,这是一首缠绵委婉,以西部山歌为基本素材而创作的"花儿"曲令,至今传唱不衰。1957年参加全国专业音乐舞蹈会演后,朱仲禄随团赴全国各地巡回演出,将西北"花儿"的歌声撒向了大江南北、黄河上下,使全国各地的观众有幸第一次耳闻目睹了西北"花儿"的风韵和魅力。

1962年,朱仲禄应邀赴上海中国声乐研究所学习。在林俊卿指导下,他深入学习了西洋的声乐理论和科学发声方法,也认真总结了演唱"花儿"的经验和技巧。经过刻苦努力,将两者的优势贯穿到自己的"花儿"歌声中。他发出的假声高音,由于气息、共鸣掌握得好,声音浑厚透亮,特别富有光彩。著名歌唱家胡松华、董振厚等都曾向他求教过"花儿"的演唱技巧,并将他誉为西北"花儿王"。

朱仲禄之所以能被称为"花儿王",与他所做的许多"花儿"之最的事密不可分,也和他对"花儿"进行的一系列整理工作密不可分。在关鹤岩等人的大力支持下,他对"花儿"中流传最广、变体最多、影响最大的"河州令"进行了分类。在朱仲禄改编创作的众多"花儿"曲调中,《下四川》和《花儿与少年》最引人注目。1964年,朱仲禄调到甘肃省歌舞团工作,他填词编曲,先后演唱出了热情奔放、富有时代气息的《六六儿三令·拴下个太阳唱吧》《河州三令·辣辣地吃一碗搅团》等新编"花儿",并在全国及西北各省区的广播电台经常播放。为了很好地体验民间音乐生活,他还经常深入到西北"花儿"盛行区采风,掌握了近百个"花儿"曲令,还应邀到中央音乐学院、西安音乐学院、母校西北民族学院、甘肃师范大学等高等院校讲授"花儿"的歌唱艺术。正当其歌唱生涯进入黄金时期,"十年浩劫"开始了,朱仲禄遭到多次批斗并遣返回乡。1978年朱仲禄得到平反昭雪,之后调到青海省群艺馆工作。

在朱仲禄一生创作、演唱的众多作品中,给他带来最大声誉的是他与作曲家吕冰、舞蹈编导章新民等联手创作的誉满神州大地的歌舞《花儿与少年》。该曲自诞生半个多世纪以来,一直盛演不衰,成为中国民族民间音乐的精品。1986年,由甘肃音像出版社发行了《"花儿王"朱仲禄演唱专集》和《续集》,之后又出版了他最新演唱的传统"花儿"《尕妹给了我半个心》《三拳两胜喝干了》等立体声盒带,使他早期、近期演唱的六十多首"花儿"精华荟萃,大放光彩。

多年来,朱仲禄十分重视传授"花儿"及其演唱技巧,致力于培养中国西北"花儿"传人。早在1959年就指导过著名歌唱家胡松华、董振厚等演唱《河州大令·上去高山望平川》《六六儿三令·铁青骡子大红马》等,胡松华将中国西北"花儿"传唱到了亚、非、拉十多个国家和地区。1978年后,他先后辅导十多名"花儿"新秀。如今其弟子们多已成著名"花儿"歌手及重要的"花儿"传承人。此外,他还连续在《中国音乐》等刊物上发表了多篇学术论文,不仅深入研究了西北"花儿"理论,也奠定了西北"花儿"演唱的理论基础。2002年出版了极具艺术和学术价值的《爱情花儿》一书,为中国西北"花儿"文化的创新、传承、发展做出了新的贡献。其作品和剧目荣获省级、国家级奖8项,被授予我国文艺事业繁荣发展做出优异贡献荣誉奖。几十年来，曾多次被中央和地方媒体邀请制作专题节目，其业绩先后收录《中国当代名人录》《中国艺术家传》等。像朱老这样，集演唱、创作与研究为一体的"花儿"学家是非常难能可贵的。毕业于福建师大的博士生、年轻"花儿"学者张君仁还以朱仲禄的传奇人生经历和艺术生涯为选题，作为他的博士论文专题研究，撰写了30万字的学术专著《花儿王朱仲禄——人类学情境中的民间歌手》。

2017年7月，央视纪录片频道播出了由央视著名导演赵伟东执导，兰州市广播电视中心历时三年摄制的纪录片《西北花儿王朱仲禄》。纪录片以大量的珍贵资料生动再现了朱仲禄先生坎坷的人生、精彩的故事，全方位、多层面地呈现了"花儿"作为人类非物质文化遗产的独特艺术魅力。2017年12月，青海省文化和新闻出版厅成功举办了"纪念花儿王朱仲禄先生诞辰95周年经典花儿演唱会"。演唱会以"传承民间经典、繁荣群众文化"为主题，集青海省老、中、青三代著名歌手，融民族、美声、通俗之美，采取独唱、对唱、联唱、混声合唱，并由交响乐团助阵的多种艺术形式，演绎以朱仲禄先生原创为主的经典"花儿"，以此缅怀先生。

豪情抒壮志　妙手著华章

——记原西北民族学院文工队校友赵之洵

赵之洵（1934—2009），男，回族，生于黑龙江省哈尔滨市，剧作家、诗人，舞剧《丝路花雨》执笔人。1949年初入北京华北人民革命大学学习，曾在西北民族学院深造并工作。

艺界名人的履痕

1952年他到西北民族学院文工队（敦煌艺术剧院前身）工作，先为演员，后任编剧。曾写过歌剧《尕召回来了》、舞剧《一首古老的情歌》、舞蹈文学台本《拉卜楞节日》，并参与创作和执笔了《红旗》《雷锋》《焦裕禄之歌》等大型舞剧及花儿剧《牡丹月里来》。

1978年赵之洵先生当了领导，也入了党。曾任甘肃作家协会副主席，甘肃舞蹈家协会会员，中国戏剧协会会员，省政协第五、六、七届委员，中国作家协会会员。由他执笔的大型《丝路花雨》，获文化部创作一等奖及"20世纪华人舞蹈经典作品"金奖。

离休后他给敦煌艺术剧院写过一个舞剧，叫《伏羲和女娲》，但没有排演。他还给西北民大艺术系当过两年客座教授，讲授中国舞蹈史。

当时74岁高龄的赵先生，曾感慨地对笔者说，西北民院出了好多人才，有些已不在世了，他很怀念他们呀！

1996年的盛夏，赵之洵先生回到了阔别五十个春秋的故乡——哈尔滨，当他走下飞机的舷梯，深深地扑向黑土地的时候，无言的泪水滴进了无边的平原。辽阔而神奇的东北平原和西北高原给了赵先生豁达而豪爽的性格、坚韧而顽强的品质以及聪颖而机敏的才情。

艺界奇葩的风采

《丝路花雨》是赵之洵先生执笔，甘肃敦煌艺术剧院排演的大型民族舞剧，它是一部以中国大唐盛世为背景，以举世闻名的丝绸之路为素材，以蔚为壮观的敦煌艺术为文化底蕴，以复活的敦煌壁画舞姿为主要语言的大型民族剧。

剧中描写神笔张观看英娘舞蹈，从而创造反弹琵琶壁画的一场戏，生动地表现了古代艺术创造与生活的密切关系，对生活、历史、艺术三者之间关系处理得很好。这证明了毛泽东主席的正确论断："我们决不可拒绝继承和借鉴古人和外国人，哪怕是封建阶级和资产阶级的东西。"《丝路花雨》正是创造性地继承和借鉴古代艺术的成功之作，它来源于生活，与生活是统一的整体。

《丝路花雨》是一首礼赞中国人民与世界各国人民友谊的诗篇，也是一幅劳动人民创造中华民族灿烂文化的历史画卷，重现了一千多年以前的舞蹈艺术形象。特别是"反弹琵琶伎乐天"的造型，拓宽了中国民族舞剧创作的路子，激发了"敦煌舞"这一舞种的产生，丰富了中国的艺术宝库。《丝路花雨》是一部艺术性、思想性都很高的经典剧目，虽取材于敦煌莫高窟壁画艺术，但博采了各地民间歌舞之长。自1979年5月3日在兰州上演以来，至今已在世界各地演出1400多场次。所到之处，盛况空前，成为东方艺术的奇葩，是亚洲第一个进入世界最高艺术殿堂的舞剧。被称为中国舞剧里程碑的大型民族舞剧《丝路花雨》，以"演出年轮、场次最多"，成功入选上海大世界吉尼斯，成为"中国舞剧之最"，并作为20世纪中国舞蹈经典剧之作，载入中华民族艺术史册。

激情澎湃的诗歌

赵之洵先生早在20世纪50年代初就开始了诗歌创作,他在"文化大革命"以前的诗作大部分收录《星花集》中。这些作品以热烈奔放的激情,风华正茂的气韵,讴歌新中国成立初期激情澎湃的生活情景,特别是反映草原牧区和山区农村的新人新事新面貌,吟咏美好纯朴的友谊和爱情。其代表作组诗《情歌会即景:灯火·酒·羞》3首,收录人民文学出版社为庆祝新中国成立10周年而出版的全国兄弟民族作家诗歌合集《我握着毛主席的手》中,这是进入这部献礼诗集的唯一的回族诗人作品。虽然在其后一个较长的时期,诗人在政治风暴中屡遭不测,但这并未泯灭他对党对人民对祖国的一往情深。

他怀着对理想信念和美好人生的执着追求,终于迎来了自己灿烂的金秋。新时期以来,他随着《丝路花雨》的成功,走遍了国内外许多地方,更加触发了热爱生活追求美好的激情,使他的诗歌创作在题材、主题、技巧、风格等方面都得到了拓展和深化。除了《敦煌纪事》《金城速写》等反映大西北自然和人文景观、历史积淀和现实巨变的诗作之外,还有《旅途思绪》《域外掠影》等反映国内外见闻和观感的诗作,更有《喜歌与挽歌》《乡情等痴情》等抒发个人情怀的篇章。

诗人将大西北这块神奇土地上千百年的风雨沧桑和兴衰际遇尽遣笔端,凭借对历史的观照呼唤着民族的崛起和祖国的振兴;诗人又以鲜活灵动的艺术形象礼赞改革开放的新时代,传递出中华大地的前进步履和时代变革的崭新面貌;诗人由衷地赞叹世界和平发展两大主题,赞叹西方国家高度的物质文明和科技进步,同时又让我们看到了繁华世界背后种种光怪陆离的畸形现象;诗人的思绪纵横驰骋,贯通古今中外,揭示出种种历史规律和人生哲理,甚至直抒胸臆地引吭高歌。

如果说他早期的作品大都是捕捉富有特征的生活场景或人物行动,在叙述和描写中完成特定情感抒发的话,那么他新时期的诗作则更注重对内心情感的投入和对生活哲理的揭示,当然这种投入和揭示,是与意象或意境的创造水乳交融的。《莫高窟的婚宴》中,作为大自然杰作的鸣沙山,成了中华民族精神的一种象征,成了一种有继承性绵延性的具象,表现出中华民族特别是西部汉子坚忍不拔、百折不挠的精神,给人以昂扬向上、永远进取的鼓舞。又如诗人在《榆林窟》中写道:"可为什么要藏在地下/饱经永世的清冷与寂寞/也许从古到今/一切纯真和至美/都在狭窄的夹缝中生活。"《相思树》则是对真善美总是在与假恶丑的斗争中生存,历史的任何进步都要付出沉重的代价的生活哲理的形象揭示。如果说诗人早期更多地在具有共性的"我们"的情感世界进行创作,缺少了某些属于自己的情感体验的话,那么新时期以来在改革开放的宽松环境里,诗人的创作则更注重富有个性特征的"我"的细微情感的抒发,这特别表现在他的那些表现友谊和爱情的诗篇里。比如他在《挽丹正贡布》中写道:"往后,我只能/在浸着泪水的愁梦里/和你对酒当歌了/但愿,在将来/我们能在天国中重见,/或者靠着地狱碰杯。"《相思树》情真意切,哀婉动人,这只有讲义气、重交情的诗人才能写出。又如《J城豪雨》:"今夜有雨/今夜有雨/瓢瓢泼泼/为我泣诉着别离/多么遥远呵/相隔何止千里万里/沙漠的天宽下/星星点点尽是思念的泪滴。"

赵之洵有着浑厚的民歌和古典诗歌的修养和造诣,也不乏对外国诗歌的学习和借鉴。他的诗呈现出瑰丽多姿的风采,有的阳刚豪放,有的阴柔婉约。他的诗大都短小精悍,简洁凝练,清新明朗而不晦涩朦胧,语言通俗而又典雅,形式自由而不散漫。"我是一只东北虎/我是一条西北老狼／不!我更像桦湖的水獭/无论在戈壁/无论在湖荡/我都奔突着,去追求生命的辉煌。"(《相思树:致松花江》)

这是赵之洵先生豪情壮志的自白书。

他说到了,也做到了!

他脚下的那一串闪光足迹就是最好的证明!

五十多年来,他虽屡遭厄运,身处逆境,但满怀豪情,勤奋耕耘,先后创作过数百首诗和歌词、两部歌剧、十多部歌舞剧和舞剧,特别是执笔创作了大型民族舞剧《丝路花雨》的文学脚本,成为蜚声海内外的文化名人。而在他功成名就、光荣离休以后，依然激情不减，笔耕不辍，把主要精力投入诗歌创作，继 1982 年出版诗集《星花集》后，近 10 年来先后出版《莫高窟的婚宴》《相思树》《赵之洵短诗选》等七部诗集和一部歌词集《月亮树》、一本散文集《兰山草》。

功夫不负苦心人

——记原语文系 1978 届校友乔旦德尔

乔旦德尔，男，蒙古族，1947 年 10 月生于内蒙古阿拉善盟。1974 年就读于西北民族学院蒙古语言文学专业；1978—1979 年，他前往中央民族大学民语系进修蒙古族当代文学；1991—1993 年留学蒙古国科学院，师从著名学者 C.巴达木哈腾教授读研究生，完成 6 万字的学位论文《阿拉善和硕特蒙古民俗研究》，获得博士学位。回国后在西北民族学院任教至今。现任中国蒙古学学会常务理事、卫拉特历史文化工作委员会名誉会长、中国民俗学会会员。

求知欲成就了他

由于家庭、社会的各种原因，乔旦德尔在青少年时期没上过一天学，一直到 12 岁还目不识丁。然而，时间的天平是公正的，幸运之神会眷顾每一个勤奋的人。1959 年，当地开办了一个"牧民扫盲班"，进行扫盲活动，乔旦德尔家就请邻居的一位叫杜古尔的牧民老师，10 天一次教他学习蒙古文，这样一边放牧一边学习，两个月后竟然就能写信读书了。可能是读书晚的原因，乔旦德尔异常珍惜宝贵的读书时间,对学习表现出了一种非同寻常的渴望。正是这种强烈的求知欲引导着他一步一个脚印地大踏步向前走。1965年,19岁的乔旦德尔由于表现出色,被批准加入了中国共产党,并任大队团支部书记、民兵连长、党支部委员。

生活的道路有时并不是一帆风顺的。"文化大革命"中乔旦德尔被戴上了"资本主义道路当权派培养的狗腿子"的帽子,紧接着就和母亲一起被揪斗批判劳动改造达7年之久,并被"开除"了党籍。

时间可以证明一切,也可以改变一切。乔旦德尔说:"我入了党,不管做什么事就要像个党员,尽最大努力干好;不论遇到什么曲折,对党和毛主席的信念从来没有动摇过。"1972年,国家开始平反冤假错案,乔旦德尔洗刷了自己所背的罪名,不仅恢复了党籍,还担任了大队党支部副书记、队长。之后一个难得的机遇又悄然改变了乔旦德尔人生的轨迹。

1974年,西北民院语文系的华德文老师来到了额济纳旗招收工农兵学员,当时很多人都推荐乔旦德尔前去应试。西北民院在内蒙古的名气一直都很大,特别是那几年,一提到西北民族学院,人人无不向而往之。他很早就仰慕这所学校了,很想在那样的一个高等学府学习深造,所以,听到民院招生的消息后,他从50多公里外骑骆驼去报名。面试的时候,乔旦德尔信手拿来一支笔,洋洋洒洒地写了五六页的文字,充分表达了自己对西北民族学院的仰慕之情,对学习的渴望之请。华德文老师被他非同寻常的求知欲震住了,很满意地招收了这个学生。

他由于刚开始听不懂汉语,蒙古文字基础也不扎实,在学习上碰到了很多难题,别人花一个小时来学习,乔旦德尔就花两个甚至三个小时来学,常常都是学习到深夜一两点才罢休。当时的熬力布和特图克两位教授发现他如此好学上进,求知欲强,就经常鼓励引导他学好专业课基础理论和写作实践,这对他以后走上学术道路起到十分重要的作用。

天道酬勤,刻苦的努力学习终于换来了回报。在校学习期间,乔旦德尔受到老师和领导的好评,连续两年被评为"三好学生",毕业时以全班第二名的成绩留校任教。迄今为止,乔旦德尔在西北民族学院从事高校科学研究工作 40 余年。主要承担蒙古族现当代文学、民俗学与蒙古民俗、蒙古文书法等本科专业课和基础课程，承担硕士研究生导师工作。

学术上他注重语言与文学、语言与民俗、传统文化与语言文学三结合的研究和学习方法，取得了显著成绩，受到了学术界的好评。先后在国内外刊物上发表了《民俗学与蒙古民俗研究的有关问题》《20世纪肃北蒙古文学概述》《论20世纪卫拉特蒙古文学有关学术问题》《额济纳土尔扈特方言词语在文学语言中的应用问题》《初探喀尔喀蒙古婚礼中的摔碟仪式》《祁连山地区喀尔喀长调民歌中反映的民俗文化》等70多篇论文，出版了《蒙古语言文化与文学研究》《蒙古族现当代文学》《雪域喀尔喀蒙古民俗研究》《蒙古民俗研究》《肃北蒙古民间文学》《蒙古族传统家庭教育》等14部学术著作和高校教材。除了承担蒙古族现当代文学课程的教学研究以外，他在西北民族学院蒙古语文专业首先提出并开创、亲自讲授日本语入门、民俗学与蒙古民俗、蒙古文书法3门新课程。这3门课程都是在专业历史上首次开设的。在1996年、1998年、2001年曾3次策划、筹备中国蒙古文学学会第四届年会和学术研讨会并在西北民族大学召开。

乔旦德尔教授历年来凭借着兢兢业业的工作赢得了社会各界的赞赏。1990年他作为在西北民族学院蒙古语文专业史上的第一位学者应蒙古国科学院的正式邀请，前往乌兰巴托参加《蒙古秘史》成书750周年国际学术讨论会，宣读了《中国西北蒙古有关习俗与〈蒙古秘史〉》论文，得到国外学者的热烈反响。

摄影艺术丰富了他

在家乡的时候，他曾看过《美丽富饶的台湾》一书，当时就迷恋台湾了。2001年，受台湾东吴大学著名学者洪泉湖先生邀请，乔旦德尔赴台湾参加了为期12天的学术讨论会。那次台湾之行，乔旦德尔教授携带相机，拍了很多漂亮的照片。从此，乔旦德尔迷上了摄影，开始将摄影作为一种爱好，作为一种休闲方式，每当看书写作累了，他就背着相机四处去拍照。

提到摄影作品,就不得不提乔旦德尔的56朵花摄影展。他在自己的"56个民族56朵花摄影展"前言中提道:"2006年对我的工作和生活来说都是不平凡的一年。2006年也恰好是国际蒙古族当代文学之父达·那楚克道尔基诞辰100周年、中国蒙古族当代说唱艺术大师毛依汗诞辰100周年。同时,2006年也是我的母校西北民族大学诞辰56周年,恰好和我国的56个民族的数字吻合。为了纪念这个特别吉祥喜庆的日子,本人从2000年至2006年10月拍摄了校园花卉和青海、新疆、内蒙古等地野花数百张,从中选出56朵花卉照片作展览以此献给母校诞辰56周年。祝愿母校事业兴旺,各族学子和睦相处学业有成。"2006年12月26日在伟人毛泽东诞辰纪念日时,他又在西北民族大学举办了"乔旦德尔56朵花摄影展",寓意母校56周岁,56个民族56朵花。

感恩之心完美了他

乔旦德尔说:"我本是一个在偏僻戈壁上没上过学的牧民,是我的母校西北民族大学和我的老师将我培养成大学教授,改变了我的一生,我要做一些有益的事情报答母校。"怀着一颗感恩的心,他努力工作;怀着一颗感恩的心,他硕果累累。

1980年,乔旦德尔创办了本专业历史上第一部学生文学刊物《雪莲》(现《银镫》刊物的前身),并于1987年5月成立了本专业学生卫拉特民俗学社,组织学生在假期搜集采访民俗文化资料,创办《卫拉特民俗》内部刊物,这在全国同类专业中属首次。

2006年9月24日,经乔旦德尔一年多的协调和筹备策划,由西北民族大学和内蒙古阿拉善盟合作主办的全国第五次卫拉特蒙古历史文化学术研讨会在额济纳旗顺利召开,由他担任主编,收录本次会议论文108篇组成70余万字的《卫拉特蒙古历史文化研究》,于2007年8月出版。

由乔旦德尔创意、策划并担任主编的本系第一套集体科研选题"卫拉特蒙古文化学术丛书"(共13卷),被列入校级学科项目。他通过组稿、审稿、邀请专家审定、筹措经费等10年的辛勤劳动，于2019年完成出版此丛书的任务，得到国内学术界的高度评价。

乔旦德尔一生善于帮助他人，重视带领并培养事业接班人，用一颗感恩的心积极扶植年轻人。

余热回报给母校

2014年，乔旦德尔教授所带的最后一届硕士研究生毕业，圆满完成近40年的教学生涯后正式退休。

他通过回顾反思一生中的得失调整心态，重新学习蒙古族传统智慧学，继续为学校和社会做出有益之事。2015年开始帮助学院做实习指导讲座、带领指导实习生到牧区工作，调查传统文化。同时根据目前面临的实际问题着手研究蒙古族传统家庭教育，于2017年出版《蒙古族传统民俗——传统家训》，得到社会广泛关注，应邀前往西北民族地区学校进行团体教学法、传统智慧学、家庭教育等方面的30多场演讲，受到高度评价。

经过三年多的努力，他曾经指导过的13位硕士研究生合作的《20世纪卫拉特蒙古小说研究》一套五卷科研成果于2018年出版发行。

夕阳下的奋蹄驽马

——记原干训部 1975 届校友马自祥

马自祥,男,东乡族,1949 年出生于甘肃省临夏回族自治州东乡族自治县,1966 年参加工作,在本县大树、五家公社学校当老师;1973 年 3 月入党,1973 年 10 月进入西北民族学院干训部学习,1975 年 10 月毕业留校,在政治部宣传组工作。1981 年 3 月,调入甘肃省民族研究所,1998 年调入甘肃省文化艺术研究所,长期从事民族学、民族文化研究工作;1984 年起,先后担任研究室主任、副所长、所长、助研、副研究员、研究员。2002 年重返母校西北民大,在民族学社会学学院从事教学和科研工作,2003 年被聘为教授、硕士生导师。

默默耕耘者

马自祥教授是文坛上的一位辛勤耕耘者,他自小酷爱文学,从 20 世纪 70 年代开始,他用充满诗性的笔源源不断地倾吐着对民族、对故乡、对母校的爱恋,用最真诚的笔调流露出他永远年轻的心,先后出版《踱步集》《山情》《阿干歌》《东乡秋雨》等 33 部文学作品集和学术著作,发表论文 200 多篇,共计 1000 多万字,获国家、省部级奖励二十余次。1988 年加入中国作家协会,先后被推举为中国民族学学会理事、中国民族语言学会理事、中国民间文艺家协会理事；2000年当选为甘肃省文联副主席，后任甘肃省民间文艺家协会主席、甘肃省作协民族文学委员会主任、甘肃省民间文化遗产抢救保护工程专家委员会委员、甘肃省社科联委员、中国民间文艺家协会花儿文化专业委员会主任等许多社会职务。此外，他还曾担任甘肃省第七届和第八届政协委员以及政协民族宗教委员会委员，是第七届、第八届、第九届全国文代会代表。

科研领域里的马自祥教授更是取得了学术界广泛认可的成就。他关注的重点是民族民间文学，长期立足于民族研究的基点，涉猎于政治、经济、文化诸多领域，取得了丰硕的成果，撰写、发表论文、论著达200多万字。近年来，他独立承担国家"八五"哲学社会科学重点课题子课题"东乡族文学史"、国家民委重点课题"中国少数民族古籍要目·东乡族卷"、国家艺术科学"十五"规划课题"东乡族文学艺术研究"和国家民委《中国少数民族民间史·东乡族简史》的重版、修订，承担着"甘肃民族志""甘肃省文化志""甘肃省特有民族作家研究"等多项课题，先后获得国家级学术类奖项近10次。因成就突出，1999年9月，他被授予"全国民族团结进步事业模范"荣誉称号，受到了国务院嘉奖。同时，他还被中国民间文艺家协会、甘肃省文联分别授予"德艺双馨民间文艺家"称号。2003年初，中央民族大学文学院、甘肃省文联在北京联合举办了"马自祥作品研讨会"，与会的六十多位著名专家、学者、教授在发言中对他的文学创作和学术研究给予充分的肯定和褒扬。在联合国教科文组织的"中国少数民族无形文化遗产保护项目·民歌保护行动"考察采访中，因他做出了突出贡献，受到了联合国教科文组织驻京办事处和中国民间文艺家协会的好评。

《东乡族文学史》被誉为"开山之作"的学术论著，全书共计24万字，是东乡族民族文化史上第一部全面、系统、科学地总结、分析、评价近七百年来东乡族口头文学和书面文学的著作。它的问世不仅使东乡族史的研究走在了全省的前列，而且在全国各民族文学史研究领域影响颇大，该著作于20世纪90年代末获得中国北方民间文学一等奖、中国民间文学"山花奖"和学术著作优秀奖；他的另一部学术专著《东乡族文化形态研究及古籍文存》获得了中国民间文学"山花奖"及甘肃省敦煌文艺荣誉奖。2005年，他的新作《甘肃少数民族民俗文化概论》和参与编著的《阿尔泰语系民间文学概论》两书顺利出版，受到了学术界的高度评价。同年，鉴于马自祥教授在文化艺术领域取得的艺术成就和做出的突出贡献，国际中华文化艺术协会经严格审查，决定授予他"优秀中华文艺家"荣誉称号。同时，国际中华文化艺术协会授予入选《中华文艺家大辞典》的他为"杰出荣誉功勋会员"称号。

马自祥教授在学术研究中十分重视田野作业调查，尤其重视第一手资料的搜集、记录和整理。他跑遍了东乡族自治县的山梁沟岔，长期以来深入实地进行考察、访谈、采写，获取了大量的第一手原始资料。在确保立论准确客观的基础上，进行整理、归类、研究，在对东乡族民俗风情、古今典故系统考察后，开创性地将东乡族文学史划分为古代、近代、现当代三个时期，内容分为口头文学和书面文学，从文学形式、重点作品和分析评点三个方面展开深刻的论述，大致摸清了东乡族文学史的纹脉，也基本上理清了东乡族社会历史发展和文学发展的普遍规律。《东乡族文学史》被誉为"东乡族文学史上的里程碑"。此外，他的另一部学术专著《甘肃少数民族民俗文化概论》一书获得甘肃省高校社科成果奖，由他承担完成的国家"十五"期间艺术学课题《东乡族文化艺术研究》1996年由民族出版社出版。由于他严谨的学术态度和丰硕的科研成果，受到了联合国教科文组织驻京办事处的表彰和奖励。

园丁苦乐歌

马自祥教授在教书育人的岗位上兢兢业业，具有高尚的师德和丰富的教学经验。他先后承担本科生的民俗学、宗教社会学，硕士点的宗教学概论，博士点的民间文艺学、非物质文化导论以及影视艺术硕士点的艺术实践、民族艺术等课程的授课任务。教学工作中，他以丰富的学科知识、浓厚的文化积累、风趣幽默的讲授、深入浅出的分析赢得了师生的一致好评。作为民俗学（含民间文学）学科特有民族方向带头人，马自祥教授在学科建设中尽职尽责，不遗余力，取得了丰厚的成果。

2001年12月，他作为甘肃省文学艺术界代表，出席了第七次中国文学艺术界联合会全国代表大会，受到了党和国家领导人的亲切接见，是甘肃省高校系统唯一的文化界代表。此外，他还曾连续出席第八次、第九次中国文联全国代表大会。

由他主持完成的国家民委重大课题成果《中国少数民族古籍总目·东乡族卷》和《中国少数民族古籍总目·保安族卷》《中国少数民族古籍总目·裕固族卷》同时由中国大百科全书出版社出版，2006年11月10日，在兰州西北宾馆举行首发式。国家民委副主任丹珠昂本和甘肃省领导参加了首发式，对这三个民族的古籍整理出版工作给予了很高的评价。马自祥作为课题的主持人之一，表达了一个少数民族学人守望民族文化之根脉的决心和信心。

砚田翰墨浓

业余之时，马自祥教授还常常钟情于丹青书画，临池不辍。十多年来，他已在10多家报刊，如《甘肃日报》《民族日报》《兰州晨报》等发表了100多幅书法美术作品，数家报纸专栏做了评价。他的作品涵载着主体的心性修养和知识积淀，包蕴着主体的审美诉求和精神皈依，更有着书法语言的精熟和个体自身学识的精深。深厚的文化修养决定着他的节制与持守，决定着他作品的深度与内蕴。其作品中显在的"格格不入"与"难以进入"，沉淀出他独有的"文"质与"古"格，折射出一种独立于现实情境的他者视角和避世心理。他还发表过一些书画评论作品，如《戴凌云的油画世界》《调色板上的探索》等。目前，他已被聘为中国书画学会名誉主席。此外，他还是甘肃省美术协会会员，并担任中国工艺美术家协会理事。

他的诗歌集《踱步集》、报告文学《从东乡孤儿到都市企业家》、文学论著《东乡族文学史》、短篇小说集《山情》、中短篇小说集《鸽子飞了》、散文《东乡秋雨》、儿童文学《陆夫人斩蟒》、长篇历史小说《阿干歌》、长篇小说《阿娜的憨墩墩》被中国现代文学馆珍藏，将传之永世。这是他为中国当代民族文学千秋事业所做出的贡献。

2007年6月26日,他当选为甘肃省第一届中华民族文化促进会副主席。甘肃省中华民族文化促进会的成立是甘肃文化发展史上的一件大事,对于弘扬和传播甘肃地域文化,让更多的人了解甘肃地域文化,让世界了解甘肃地域文化,必将发挥重要和积极的作用。此文化促进会汇集了省内近300名优秀的文艺家、理论家、文化活动家,以及热衷于文化事业的企业家,他们遍布于全省各地和不同的行业,是一支具有广泛代表性和创作实力的文化队伍,是促进甘肃省文化建设的一个重要民间团体。

根植西部抒胸臆,是他不磨的足迹。瑰丽的篇章、文化的宝库、翰墨的画廊,引来茫茫九派百川水,汇成浩渺的文学海洋。他字里行间的深情、力透纸背的思想、掷地如金石的语言,永远在放射正能量,筑成不朽的精神殿堂。可以毫不夸张地说:他是一座活动着的火山,一个生长着的矿藏,向世界向众人展示着一位东乡族学者、作家的拳拳民族心。

无穷的远方

2011年7月退休以后,除了做好大学本科督导工作,在新校区做好听课、查课、巡考工作之余,他还承担了许多社会文化工作,以一个普通民间文艺工作者的身份,深入民族地区进行非遗讲座和学术交流,他常以家乡的一句民谚"能叫牛挣死,莫叫车翻过"来激励自己。2019年6月中旬,他作为甘肃少数民族文化教育促进会的代表,与本校马成良教授一起,提交论文,应邀出席了由中国—印度尼西亚共同举办的"丝路一家亲——印尼站系列活动仪式"的两国民间社团的学术交流活动。全国人大常委会副委员长吉炳轩亲临会场致开幕词,对这次活动给予极高评价。

"犹道晚霞无限好,奋蹄驽马奔夕照。"这是马自祥先生给自己写的一副对联,挂在墙上,时而抬头自赏,以期自勉自励。有人说,学者的学术生涯是没有歇脚年轮的,马自祥教授已从西北民族大学退休多年,但他依然孜孜苦苦、笔耕不辍、发挥余热。仅从他退休以后所取得的学术成果来看,其数量和质量都让人感佩不已。自从2011年7月退休以后,马自祥教授出版了多部著作,比如《走进东乡族》由民族出版社2015年出版,该书系原国家民委副主任丹珠昂本任主编的少数民族丛书之一,曾获国家第六届优秀图书奖;《阿干歌》32集影视剧本2012年发表于《中国剧本》,2013年获得中国第一届戏剧"文华奖";《阿娜的憨墩墩》2015年由甘肃民族出版社出版,次年获甘肃省"黄河文学奖";合作大型歌剧剧本《花儿与少年》;《祁连彩魂——裕固族服饰艺术》2020年由民族出版社出版。他还在《光明日报》《中国地理杂志》《甘肃日报》等报刊发表多篇文章。退休以后获得的奖项有:2013年获得省委省政府颁发的"甘肃省文艺终身成就奖";2014年获得甘肃省委宣传部颁发"振兴戏剧大省突出贡献奖";2015年马自祥创作的两幅美术作品获得第三届全国少数民族美术展优秀作品奖,并由民族文化宫永久收藏。其他如甘肃省老教授协会授予的"老教授贡献奖"等奖项较多,就不在这里一一介绍了。马自祥由于成就突出,影响广泛,2013年被英国皇家艺术研究院聘请为该院荣誉院士;2015年又被瑞典皇家艺术学院学位委员会严格评审全票通过授予瑞典皇家艺术学院荣誉博士,并授予瑞典皇家北极星勋章一枚,以表彰他为促进瑞中文化交流所做出的贡献。2019年9月,马自祥又获得庆祝中华人民共和国成立70周年纪念章一枚。

马自祥教授始终遵循的人生格言是:守望民间就是守望民族文化的生命之根。他自参加工作55年以来,选择了对民间文化优秀本质及其传承的坚定守望,正是这种执着的情怀,促使着他在文学创作和学术研究中孜孜不倦地探求着、创造着,在讲坛上默默地奉献着对教育事业的赤胆忠心。退休以后,依然承担着许多民间的社会职务:甘肃省非物质文化遗产专家委员会顾问,甘肃省民间文艺家协会名誉主席,甘肃省东乡族文化研究会会长,西北民族大学本科教育督导委员会副主任、社科组长,依然为祖国大家庭的美美与共的文化交流工作、弘扬优秀的传统文化以及党的民族教育事业竭尽所能,有一分热,发一分光,且尤乐此不疲,如饮甘醇。

紫气东来,花香一路。马自祥教授相信母校一定会成为神州大地上特色显著的一流学府。

《不忘初心》新时代 《丢羊》华表奖风采

——记原汉语系 1981 届校友汪小平

汪小平,男,东乡族,中共党员,1960 年 9 月出生,1981 年毕业于西北民族学院汉语言文学系。现任兰州市文联二级巡视员,著名导演。

追逐梦想

汪小平入校前在东乡族自治县达板大队插队锻炼。在校学习四年,他学习成绩始终位列全系前三名。初入校园时他刚过 17 岁生日,对大学生活充满了好奇,充满了渴望。几个月前还在农田挥汗如雨,突然进入无数学子梦寐以求的象牙塔、少数民族青年的精神家园,感觉就像做梦一样。在他看来,西北民族学院是世界上最好的大学,没有一所院校能像她那样雄浑与婉约相融、知性与狂野并存。学生们永远不用为生活学习苦恼,学校为学生准备好了一切,食宿全免每月还有 5 块钱零花钱。天哪!简直就是那个时代学生中的大款,讲义、稿纸、笔记本、钢笔全部配齐、一应俱全。每当春暖花开,丁香、牡丹等各种花卉竞相开放、争奇斗艳,各民族学子就沐浴在芬芳里学习、生活。汪小平至今仍然认为,在那个年代,西北民族学院的学生是世界上最幸福的,在母校求学的经历也成为他一生永远珍存的记忆。当时学校没有足球场,学校就组织从各民族学生中选出的足球爱好者,在大礼堂前一个篮球场训练,在全省高校比赛中夺得第三名。而他有幸成为队长,和队友们在绿茵场追逐梦想,为校争光。今年他虽60岁,但仍然驰骋绿茵场。因为,他是民大人。1980年,学校会演,汪小平得知学校历史上没有演出过话剧,由他牵头和金慧、马树军等同学用很短时间改编、演出了话剧《炮兵司令的儿子》。民大历史上第一部独幕话剧诞生了。

不断创新

1981年汪小平以优异的成绩毕业进入兰州市电视台工作,先后担任记者、编辑、编导、主持人,兰州市广电总台大型活动部主任,副总台长;后担任兰州市文联党组书记、主席;现任甘肃省文联副主席、二级巡视员。曾荣获第二届甘肃省"德艺双馨电视艺术家"、第七届全国"德艺双馨电视艺术工作者"荣誉称号。他创造了兰州电视发展史上很多个"第一",诸如至今仍然脍炙人口的兰州首档电视民生新闻节目《兰州零距离》,开电视问政节目先河的《一把手上电视》,省内第一个交通电视节目《警花说交通》等,策划指导了国家、省市级大型晚会百余场,多次荣获国家级行业奖项、"金鹰奖"、甘肃广播影视大奖等。

2012年至2019年担任兰州市文联党组书记、主席期间,兰州市文联每年被省文联表彰为先进集体,先后荣获第十届"星星火炬"中国青少年艺术英才推选活动全国总决赛优秀组织奖、第23届中国金鸡百花电影节活动先进单位,首创的"传承繁荣兰州文艺、扶持优秀艺术人才工程"项目荣获全省基层文联特色工作奖。2012年,被省文联授予先进个人;2016年,入选兰州市首批"金城文化名家";2017年,荣获兰州市"四个一批"人才称号,并荣获省委、省政府表彰的"甘肃省文艺突出贡献奖"。2018年,由他主导创作的电影《丢羊》《丢心》、歌曲《不忘初心》,荣获甘肃省第九届"敦煌文艺奖";电影《丢羊》获得国家电影最高奖"华表奖",获得兰州市委市政府贺信表彰。2019年,获兰州市委授予"首席专家"称号。

2012年以来,由他负责相继举办了"黄河之都·金城兰州——兰州市美术书法摄影作品巡展""不忘初心红色足迹——大型电影海报精品珍藏展"、"一带一路"中国网络文学高峰论坛、"2017百名摄影家拍兰州"大型采风系列活动、"壮美黄河·诗意兰州"全国百名书法家写兰州、"2017相约兰州"全国大型航拍活动、"舞动金城"——国际街舞挑战赛等一系列全国性的活动。开辟"文联风采"专栏和《兰州文艺》周刊，创办"兰州本土文学作品大赏""兰州本土音乐大赏"等系列文艺活动。2018年策划组织了喜迎党的十九大系列活动和庆祝改革开放40周年等系列活动。2019年策划组织了庆祝中华人民共和国成立70周年系列活动。做客"金城讲堂"主讲"《丢羊》那些事儿"主题活动，深入各个区县进行宣讲，主要讲述如何将本土文艺创作与提升文化自信、助力扶贫攻坚相结合。

主导创作的多部微电影和数字电影获得国内外奖项。2014年，微电影《飘去的白丝巾》获第23届中国金鸡百花电影节二等奖；2015年，联合创作的以关爱未成年人健康成长为主题的数字电影《正月》，荣获"全国检察机关第二届微电影专题片展播活动优秀作品"二等奖；微电影《姐妹》获得亚洲微电影节金海棠奖一等奖，获得中国第二届国际微电影展映盛典优秀作品奖。

硕果累累

倾力打造的本土丢系列电影，连续荣获多项国际国内大奖，《丢羊》作为兰州乃至甘肃历史上第一部荣获中国电影界最高荣誉奖——第17届华表奖的本土原创电影，实现了兰州本土电影创作向着"中国电影兰州制造"宏伟目标的飞跃式发展。电影《丢羊》先后获得2016金鸡百花电影节最佳新片奖，中美国际电视节最佳电影原创剧本奖、最佳剧情片奖，俄罗斯罗斯托夫国际电影节最佳影片提名，北京青年影展最佳导演提名、最佳编剧提名、最佳男主角提名奖，中国第三届"禾雀花杯"电影大赛优秀影片奖、最佳女演员奖，第三届巫山神女杯艺术电影周优秀故事影片奖。在CCTV电影频道黄金时段播出40余次，并成为甘肃兰州首部登陆院线的电影，入选2017年国家广电总局"迎接十九大献礼影片"，2018年斩获第17届电影"华表奖"，并获得市委市政府贺信表彰。

2017年，电影《丢心》获第74届威尼斯电影节聚焦中国最佳影片奖。《丢心》在全国46部参评电影中以3413714票遥遥领先的成绩，荣获第74届威尼斯电影节"聚焦中国·青年电影人计划"最佳影片奖。电影《丢人》作为甘肃首部缉毒警察片，奠定了打造中国特色西部类型片的基调，获得业内人士的充分肯定，2018年7月获得国家广电总局公映许可证（电审故字[2018]第680号），即将通过央视和各大院线与观众见面。

创意并指导的25集大型纪录片《二十四节气》在中央电视台纪录频道、国际频道《中华民族》栏目播出。创意并指导的10集大型纪录片《兰州匠人》，在甘肃电视台播出。以校园励志为主题的电影《足球少年》已完成拍摄，即将投放全国院线。

汪小平倾力打造的新时代红色歌曲《不忘初心》，中央人民广播电台连续播出数月，在多个卫视频道春晚演出；撰写的《扎根现实心系人民》被特邀编入大型文献《中国思想政治工作与"两学一做"学习教育全书》；积极引领党内外文艺工作者，创作倡导社会主义核心价值观、反映社会主义新时代特色的优秀作品，本人创作的《下雨了》《春来了》《用积极的心态应对灾害》《兰州2019，从精致开始》等时论，为营造良好舆论氛围、凝聚社会发展力量、推进社会经济发展发挥了积极作用。

祝福母校

风雨兼程70载，弦歌不辍奏华章，在母校即将迎来70华诞之际，汪小平祝福母校能以70周年校庆为契机，百尺竿头，更进一步。通过共同努力，使民族教育这个百年大计、千秋大业始终沿着正确方向前进，始终保持旺盛的活力，形成少数民族优秀人才不断涌现、民族团结进步不断发展巩固的可喜局面，为圆好中华民族一家亲的"团结梦"，各民族共同繁荣进步的"发展梦"，实现中华民族伟大复兴的"中国梦"，提供人才保障，凝聚强大合力，做出新的更大的贡献。

踏踏实实做事　坦坦荡荡为人

——记原少语系1982届校友包图雅

包图雅，女，蒙古族，中共党员，1955年生，译审（正高职称）。1982年毕业于西北民族学院少语系。毕业分配到内蒙古人民广播电台从事采访、编译工作，1993年1月1日开始从事《蒙古语会话》《企业之光》《文艺编排》《健康广场》蒙汉双语节目主持人工作，是内蒙古人民广播电台第一任双语节目主持人。曾任内蒙古翻译协会常务理事、副秘书长，内蒙古戏剧学院、德德玛艺术学院等院校客座教授。

一波三折的求学之路

28岁大学毕业的包图雅在求学的道路上可谓一波三折，知识青年上山下乡时，在内蒙古赤峰市巴林左旗查干哈达苏木接受贫下中农再教育。在下乡的6年期间她当过民办教师、拖拉机手、代课教师。"文化大革命"结束后，1977年考取中央民族学院历史系，但由于父母政审没结论而被改录到赤峰师范大专班，出身于书香世家的她很不甘心，毅然决定第二年重考。1978年再次参加高考，同样报了中央民族学院历史系，但由于招生指标撤回而未能如愿，辗转被西北民院录取，这就是她和母校的不解之缘。

是金子到哪里都能发光，只要肯坚持、肯努力，就可以实现自己的人生理想。她用心地学习，成绩优异，现代汉语的功课考到满分。还曾凭借全年级毕业生第一名的成绩被学校选中作为学生代表在毕业典礼上讲话。站在台上的那一刻，她觉得那是一种荣耀，是对她大学四年不断努力的肯定，同时也是让她奋力迈向未来的动力。回忆起那段时光她说："我深深地感激和怀念在大学的这段时光，是母校培养了我，让我在事业的征程上稳健而有力地迈出每一步。"

对事业的忠诚与坚守

采、编、播是她做了一辈子的工作，她的一生都奉献给了自己所热爱的新闻传播事业。虽然这并不是她所学的专业，可幸运的是她在大学中所修的语言文学专业在工作中得到应用并与之紧密结合。在重大场合，面对庞杂的翻译工作乃至全国性大会的现场翻译，她都可以处理得游刃有余，有超强的临场应变能力。同时，她还敢于尝试开辟新的道路，做了11年少儿节目的她，不惧风险，挑战教学、文艺、健康等蒙古、汉双语节目的主持和翻译。

30多年的工作经历使她经验丰富，也获得了诸多的成果和荣誉。由她完成并获奖的主要作品有：《小鹿》《绿色的梦》1988年获自治区广播剧三等奖，入选1991年内蒙古人民出版社出版的广播剧集；《少儿周末专题节目》在1989年获全国少儿节目一等奖，获八省区蒙古语广播节目二等奖；录音采访节目《冠军得主》在1992年获全国蒙古语广播节目一等奖。论文《如何调动农村牧区少年儿童的参与意识》获1991年全国少儿广播理论研讨会三等奖；《论口译语言的规范化》获中国译协民族语文翻译委员会荣誉证书，内蒙古自治区蒙古文翻译学科优秀成果一等奖，发表论文《英雄长篇史诗〈江格尔〉民族特色初探》等，出版书籍《蒙古语会话广播教材》《新编蒙古语会话广播教材》《学说蒙古语》等。退休后应内蒙古教育出版社约稿，编写出版《蒙古语会话教程》初、中、高级教材。她入选《世界优秀专家人才名典》《中国当代播音员主持人大典》《中国当代翻译工作者大典》，被评为内蒙古广播电视局文明职工、突出贡献者、优秀共产党员。

2010年本应退休的她又被返聘。作为对直属单位的增援专家，在完成单位本职工作的同时，2009年至今她仍在呼和浩特市电视台播讲主持蒙古语会话节目和网上教学，还担负着汉语播音指导工作。由她教出来的学生都很出色，有些还获得"全国校园之星主持人大赛"金奖。包图雅目前依然在为社会贡献她的力量。她说："到这个年纪还能被社会需要是我的荣幸，这就是我的人生价值，也是为回报母校而做的点滴事情吧。"

乐观豁达的人生态度

用北宋文学家范仲淹《岳阳楼记》中的"不以物喜，不以己悲"来形容她最合适了，不因外物之优和个人之得而喜，也不因外物之劣和个人之失而悲。保持一种积极健康的心态很重要，每天开开心心的多好，年轻是不需要整容、修饰，健康的心态是最好的化妆品。

包图雅说："西北民大，我的母校，教会我很多，也在未来给予我很多。在母校建校70周年之际，祝愿母校越来越好。"她还对母校的部分建设和教学提出了一点建议，希望我们民大一定要拥有我们民族学校自己的办学特色，蒙古语、藏语、维吾尔语等语言专业，尤其是新闻传播学院，可以开设一些不同语言（少语系）的学习课程或作为选修，培养一专多能的人才，不同地区、不同民族的学生可以根据自己未来的去向选择一门少语课程，以适应未来的工作需要和发展。

每个人的一生都注定要跨过各种沟沟坎坎，品尝苦涩与无奈，经历挫折与失意。不要幻想生活总是圆圆满满，学会豁达，就要学会淡泊，甘于宁静，甘于平凡。不以物喜，不以己悲，踏踏实实自自在在做事，诚诚恳恳坦坦荡荡为人。

现在您若在网上搜索"蒙古语课堂"让世界了解蒙古语就可以找到她的节目；您若打开收音机每天6：10分在内蒙古新闻频道和内蒙古新闻综合频

道，都可以听到并机播出她的教学节目。您若到呼和浩特市，就请您打开电视机，在呼和浩特新闻频道和都市生活频道每天都可以一睹这位校友的风采。包图雅，刻着西北民院的烙印，肩负着母校的期望，65岁的她仍然在岗。

绘天山南北　展边疆风情

——记原艺术系1983届校友亚里昆·哈孜

亚里昆·哈孜，男，维吾尔族，1958年生于新疆乌鲁木齐。1983年毕业于西北民族学院艺术系，1991年赴哈萨克斯坦等中亚四国和俄罗斯研修学习。现为新疆画院专业画家、国家一级美术师、中国美术家协会会员、新疆维吾尔自治区美术协会副主席、中国油画学会会员、新疆美术家协会油画艺术委员会副主任，兼任新疆维吾尔自治区文史馆书画院理事等职。

用油画言说独特的民族民俗

亚里昆·哈孜的父亲哈孜·艾买提曾任新疆维吾尔自治区文联主席，是著名的油画家。从小受父亲影响，他酷爱画画，加上父亲的严格要求，使得亚里昆对艺术的理解有他的独到之处。纵观亚里昆·哈孜的作品，以反映新疆各民族生活与风情为主要题材，具有独特的西域风格。他的油画作品曾多次参加国内外大型美术展览，并在各类专业刊物和画集上发表，在《美术》《中国美术》《中国油画》《中国民族博览》《民族画报》《美术关注》《塔里木》《新疆艺术》《新疆画报》等刊物上，我们都看到了他的画作，部分作品在港、澳、台等地区展览，并在日本、美国、哈萨克斯坦、土库曼斯坦、叙利亚、俄罗斯及海湾国家展出过。

他的美术作品代表作有油画《村落》《百花》《龟兹姑娘》《舞会》《土峪沟》《刀郎》等。其作品曾获1994年中国画、油画精品展优秀奖；中国少数民族美展、全国五自治区美展、中国文联美展铜奖以及新疆维吾尔自治区迎国庆50周年美术大展一等奖；纪念"讲话"发表60周年全国美展新疆区银奖；首届新疆油画展优秀作品；2004年全国第二届少数民族美术展作品大展铜奖；全国首届风情、风景小幅油画展览优秀作品奖；第三届新疆油画展艺术奖；2009年中国文化部工会美展二等奖；此外还有作品入选第八届全国美展，第三届全国油画展，第一、二届全国风景画展，中国油画大展、第十一届全国美展等大型展览。

母校情怀牵引一生画艺

1979年考入西北民族学院艺术系的亚里昆·哈孜，对未来充满了希望和憧憬。母校所在地甘肃省历史悠久，文化底蕴深厚，也是美术资源大省，这使得他们那一代人尽情地投入到专业学习中。

他认为民族院校不同于其他院校，生源来源广，民族成分众多，在校园的每一角落里都有各个民族的同学和不同民族文化交融的景致。而他所在的艺术系更是荟萃了各民族文化艺术的精髓。他回忆道："著名油画家周大正老师造诣深厚，心地也很善良，他总是希望学生在学习过程中有所顿悟。但在课堂上他对学生的要求非常严格，甚至有点苛刻。然而，正是因为这样，长期的反复练习，提高了我们对事物以及色彩的观察认知能力，我现在的成就可以说是当时逼出来的。特别是在练习绘画的时候，他让我们大胆练习水彩，锻炼整体把握能力，以至于现在画水彩的时候用色千真万确。"提起恩师周大正等，他有许多感慨。

1983年毕业之后，从部队来到高校的亚里昆·哈孜再次回到部队，在新疆军区总医院从事宣传工作。然而，热爱绘画的他，转业后毅然到新疆画院从事专业艺术创作。多年来他关注民族艺术的发展，感到收获很大。每当有人问他是不是中央美院毕业的时候,他自豪地回答:"不是的,我是西北民族学院毕业的。西北民族学院的绘画艺术是一个多民族文化艺术融合的综合体。在西北民族学院艺术系学习,对我未来的创作影响最为深刻。"

手执妙笔绘著丹青

他说:"我喜欢绘画过程自然,不随流入俗。作品能处处流露出对生活中美的事物的深刻感受与真挚情操。追求画面展示一种简朴而利落的新境地。多方向探索,保持中国的、民族的艺术气息,尤其喜爱优美简练的线条。在画面构思上追求自然自由、轻松自信和独立;讲究笔法无拘无束,笔触排列富于变化;突出黑白对比度,造成强烈视觉刺激和肌理效果。"每一位艺术家都有自己的风格,而对于艺术家而言,每一个作品都是他个人艺术的一种崭新境界,融入了他生于斯长于斯的炽热情怀。亚里昆·哈孜一直在追求他的绘画境界:以维吾尔族木卡姆和民族歌舞为题材,融入民族的精神中。那些形神兼备、活跃在他心里的画面就像是他的精神营养,不断在他的内心酝酿升华。

他是新疆少数民族绘画艺术家的代表,他的作品极力表现具有独特风韵的新疆少数民族文化精髓。无论是西域风格、舞动的红裙"沙漠舞女",还是形神兼备、忘乎一切的眼神里世代相承、藐视困难的"刀郎"弹唱者,都表达出了作者倾注的深厚感情。那乐观的态度,那顽强的精神都会对人的心灵产生强烈的冲击力。与画家谈画,常会说到景,这景不像照相机或者摄像机下的景,而是出自作者内心的情感升发,由心境而生出的景象。"画画要认识背景、认识思想、认识本质,也就是要对生活有真挚的感情,创作是发自作者本人内心的表达,这才是艺术的真正表达形式。它是一个先了解、再感观、再冲动、再深入认识的过程。只有真正产生感情共鸣的时候,作品才能长存。"这是他一直在追寻的。他的作品不是生活的简单的再翻版,不是简单的"再现",而是"表现",是再创造;不是临摹事物的表象,而是从一定的审美理想出发,去用心感受,用想象去重新构筑无拘无束的笔法,使得作品具有强烈的视觉效果以及肌理效果,达到艺术源自生活又高于生活的较高境界。

多年来，亚里昆·哈孜充满艺术天赋，不断地为少数民族绘画艺术追求着；扎根西北，致力于油画事业而孜孜不倦。在他的画室里，他的油画作品《百花》，极力表现各个少数民族丰富的民族文化以及乐观向上的精神面貌，形成了以红色为主调的特色，极富感染力。在他的画集里，在《喀什老巷》古老而清晰、深沉而明丽，外饰恬静而内蕴激荡的画幅里，我们看到作为一名民族画家最深沉的赞叹。至此，我们不难理解他的画作不局限于自然景观，不拘泥于人物表面，而是重在自然传达主观愿望和主观情感，在大似与神似之间、再现与表现之间追求理想，力图挖掘出深刻的内涵，表示出当代民族的文化特征。

从画家亚里昆·哈孜校友身上，我们看到了艺术家的风范，我们坚信，这是一个画家的智慧，更是一个民族画家的真正智慧。

不负韶华勇向前　桃李芬芳舞新篇

——记原艺术系 1985 届校友白金峰

白金峰，男，蒙古族，1967 年 9 月出生，1985 年毕业于西北民族学院艺术系舞蹈专业，后获得韩国世翰大学硕士学位。现任海南大学音乐与舞蹈学院教授，是海南省舞蹈家协会副主席，教育部国培专家库专家、海南省教学名师。主要从事舞蹈与教学工作，偏爱舞蹈编导，尤其注重基训与民间舞课程的研究。

懵懂少年　苦尽甘来终成才

白金峰出生在一个蒙古族干部家庭，父亲在政府部门工作，母亲是一名教育工作者，工作兢兢业业、勤勤恳恳。父母虽然都没接触过舞蹈，但是他们为孩子创造了良好的成长环境，父母教育他，长大以后一定要成为一名对社会、对国家有贡献的人，努力实现自己的人生价值。

1979 年的春天，他还在上小学的时候，一堂课上，被西北民大走访宣传招生的老师偶尔看到，随后把他叫到教室门口，看了他的五官和四肢条件，告诉他，他的腰腿比例非常适合搞舞蹈。随即给他开了个便条，让他父母带他去招生办报名，报考西北民族学院艺术系舞蹈班。因为祖辈没有从事舞蹈事业的人，当即遭到了父母的坚决反对，父母认为跳舞是女孩子的事业，男孩跳舞是没出息。推荐他的音乐老师发现他没去参加考试，多次家访做他父母的工作，告诉他父亲，孩子就是学舞蹈的料，一定要让他去试试，最终做通了他父亲的工作，带他去银川参加考试。当时有2000多人报考，20多人进入复试，最终民大录取5男5女，他很幸运地被录取了。

有人说学校是纯真的代名词，是青春的激扬，是个性的飞扬；也有人说，学校是造梦的工厂，跨进校门，前途和事业就有了保障……而他认为学校是一幅空白画卷，等着用智慧和双手描绘属于自己的七彩青春。1979年那个秋天，他以优异的成绩考入西北民族大学艺术系舞蹈班。与众多学子一样，带着青春的激扬，怀揣前途与事业的梦想，走进舞蹈专业的课堂，开始了自己的舞蹈学习生涯。懵懂少年的他刚进学校完全就是白丁。不到一学期，他利用课间加紧学习，课余时间向各科老师求教，老师的严格训练再加上自身条件，他的专业突飞猛进。1981年，民大的范上佳老师接到了北京舞蹈学院同学来信，告知北京舞蹈学校（现在的北京舞蹈学院）补招学生，范老师立即带上他和另外一名女学生去北京，参加北京舞蹈学院的考试，他得以进入北京舞蹈学院学习和深造。北京舞蹈学院学习结束，他又回到西北民族大学，得到学校范老师、李老师们的精心栽培。范上佳老师尤其对他严格要求，专业上精益求精。上课时老师的眼睛始终离不开他，这还使得班里同学"吃醋"。正是在各位老师严格的教学、严谨的态度以及老师们的无私奉献和精心教诲之下，他以优异的成绩毕业于西北民族大学。

一分耕耘　收获着学习的果实

在民大求学的那几年，他始终以父母"好好学习，天天向上"的嘱托要求自己。在校期间制订了自己人生的第一份规划，即实现完美的过渡，适应舞蹈专业的学习生活；夯实基础，参加活动锻炼自己，结交朋友，积累社会经验；要努力开始实践，思考自己今后的去向，为今后求职面试找工作打基础；要完成自己对舞蹈专业认识的转变。对自己提出三个要求：一是摆正位置，做一名品学兼优的好学生；二是认真配合各位老师的教学，全面提升自己的能力；三是坚决摒弃知识无用论的思想，积极参加社会实践活动，多角度培养自己的能力。

有了规划和目标，在西北民大期间，他勤奋学习，开始挖掘知识的金山。上学时期的课程在老师的严厉要求下，给他带来更多的压力，但他并没有耍性子，而是积极配合老师。从此，争取优秀、严谨成为他的信念。正是凭着这一信念，他以优异成绩圆满完成了在西北民族大学舞蹈专业的学习生涯。上学时，他就非常感谢老师们对自己的谆谆教诲，也非常感谢老师们在学习上对他的严格要求。40多年过去了，昔日各位恩师在课堂上的笑貌、举手投足，至今仍历历在目。各位老师渊博的知识让他受益匪浅，影响他一生。同时，他还感谢与自己同窗的同学们，谢谢他们的鼓励和帮助，与他们相处使自己增长了见识，开阔了视野，积累了人生的财富。所以，不论毕业多久，他自己心里永远都说自己是"西北民大"人。

毕业后他主动要求去了宁夏歌舞团工作。期间，担任了教员兼演员，并且还在省艺校教中专的基训、民间舞课程，还在宁夏大学兼课。在工作中他坚持不断学习，也走访了许多国家，此后他又报考了北京舞蹈学院编导专业，本科毕业后赴韩国深造，取得韩国世翰大学硕士学位。2000年他调到海南省琼台师范高等专科学校（现琼台师范学院）工作，历任教师、音乐舞蹈系副主任、教研室主任、艺术团团长、学科带头人。2015年调入海南大学艺术学院（现海南大学音乐与舞蹈学院）任教。他在从艺到从事教育的这40多年里，当过教师、教员、编导……在这漫长的艺术创作道路上，艰辛却快乐着，创作出了很多贴近民族生活的艺术作品。教书期间任劳任怨、勤勤恳恳，他指导的学生作品多次获得海南省大学生舞蹈比赛、中国蒙古舞大赛等多项奖项。

潜心创作　优秀作品层出不穷

作为大学教授，在为学生传道授业解惑的同时，白金峰始终坚持舞蹈创作。在他看来，舞蹈作品的创作不仅是舞蹈工作者的责任，更是一种历史的记录和传承。每个舞蹈作品的呈现，都是创作者思想与艺术实践相结合的过程。

一个优秀作品的创作过程很煎熬，在不断的否定自我中实现完美，这个过程无异于脱胎换骨的过程。虽然艰辛，但他还是始终坚持。一分耕耘，一分收获，多年的潜心创作，迎来了硕果累累的今天。他创作的舞蹈作品多次参加中国文化艺术政府奖"文华奖"、中国文化艺术政府奖"群星奖"、中国文联举办的舞蹈最高奖"中国舞蹈荷花奖"角逐。同时，申报舞蹈类研究课题，做舞蹈精品课程，并获得了省级优质核心课程等荣誉。舞蹈作品《阿色俩目》获中国文联第九届"荷花奖"作品银奖、文化部第十届全国舞蹈比赛优秀创作奖、第三届回族舞蹈大赛作品金奖；《花帽子》获中国文化艺术政府奖"群星奖"、第九届中国舞蹈"荷花奖"编导铜奖、入围文化部第十届舞蹈作品展演；群舞《苗染》获文化部第九届全国舞蹈比赛创作铜获、第八届中国舞蹈"荷花奖"编导银奖；三人舞《静净觐》获第六届中国舞蹈"荷花奖"校园舞蹈"荷花奖"编导铜奖、第六届"荷花奖"十佳编导奖十佳表演、首届全国回族舞蹈大赛编导二等奖；群舞《那年那月那日》入围第九届全国舞蹈比赛决赛，第六届校园舞蹈"荷花奖"黄河十佳奖，获第六届中国舞蹈荷花奖现当代舞十佳作品称号；群舞《新吉勒赛》获第六届中国舞蹈荷花奖校园舞蹈优秀表演奖；双人舞作品《庭院里的女人》获第五届中国舞蹈荷花奖现当代舞十佳作品奖、"荷花新秀"称号，第九届北京市舞蹈比赛专业组编导三等奖、表演三等奖；舞蹈作品群舞《花花儿》荣获第十一届中国舞蹈荷花奖民族民间舞获奖提名，2018年入选中央电视台"舞蹈盛典——2018国庆精品舞蹈作品展演"；群舞《走了走了吧》荣获第十一届中国舞蹈荷花奖现当代舞评奖；群舞《踏别的腔子热着呢》入围第十二届中国舞蹈荷花奖民族民间舞评奖；群舞《鹭之路》入围第十二届"桃李杯"舞蹈教育教学成果展演等。

感恩栽培　回馈母校人才培养

离开母校后的他，依然密切关注母校发展以及舞蹈专业的建设。西北民族大学自1951年开办舞蹈专业以来，历经艺术科、艺术系、音舞系、音舞学院的渐次发展过程，2008年7月独立建院。他切实地感受到母校舞蹈专业的蓬勃发展，无论是在师资建设还是硬件设施上都为舞蹈教学提供了有力的保障。2015年受舞蹈学院与学校社科处邀请，他回到学校，为舞蹈学院研究生及部分青年教师作了"我的舞蹈创作体会"主题讲座，结合自己的求学经历及舞蹈创作体验，畅谈研究生教育存在的问题，讨论了课程设置、基础教学、科研项目的重要性，鼓励研究生做高学历高技能的尖端人才。他通过多年来对舞蹈艺术的钻研和理解，深入浅出，引导学生进行现场互动，亲切地称自己为"大师兄"，对研究生在学习生活中遇到的问题和困难进行了解答，引用有趣而引人思考的案例，给师弟师妹们上了一堂有趣而又深刻的舞蹈课。此外，他在投资单位的许可下，将自己许多获奖作品无偿提供给西北民大舞蹈学院使用，成为学校舞蹈学院学生实习课作品。他始终认为，毕业后自己取得的成绩受益于西北民族大学各位老师的栽培和教诲，没有西北民族大学就没有他的今天，学校不仅培养了他，同时还有无数的师弟师妹们，他们更需要一个机会、一方展现自我的舞台，而他就是那个愿意给予他们机会，帮助他们实现理想的"大师哥"。

  时光如炬，岁月如梭。悄然间，母校已迎来70华诞。母校度过的70个年头，校园中的树大了，草茂盛了，学子们更加年轻了，更加有才，更富有朝气。祝福母校越办越好，70载辛勤汗水结硕果，跨世纪芬芳桃李满天下。

丝路绽放的雪莲花

——记原艺术系1985届校友燕娅娅

燕娅娅,女,满族,生于古城西安。1985年毕业于西北民族学院艺术系,后就读于中央美术学院,获得硕士学位,著名油画家。

母校的情谊

2019年5月中旬,在西北民族大学北京校友联谊会上,燕娅娅与多年不见的好友齐聚在一起,聊着当年难忘的时光,更让多年在外顽强拼搏的她,怀念起大学里那段轻松快乐的时光。

燕娅娅回忆在母校的四年,是她一生中最快乐的时光,至今她还清晰地记得母校图书馆旁的丁香园;记得在5号公寓楼内和室友的趣事;记得学生食堂四毛钱一份的土豆烧牛肉;更记得母校里给予过她启迪帮助的恩师。四年的大学生活,匆匆而逝,美好的回忆却珍藏在心中,成为日后难忘的记忆,一切的一切,虽然过去这么多年,但是依然却历历在目,难以忘怀。

追梦的女孩

1985年大学毕业后,燕娅娅被分配到了甘肃省博物馆工作,临摹敦煌壁画、复制马踏飞燕都成了她美好的回忆。而这个不甘于现状的女孩，在改革开放初期也曾是先富起来的大学毕业生之一。然而这一切不是她想要的，1993年，燕娅娅做出了一个惊人的决定：放弃一切北上深造，寻找真正属于自己的梦。"在那个时候，我断绝了所有的后路，并告诉自己不许失败，找回自己！"回忆起那个时候，燕娅娅深有感触地说道。

燕娅娅来到中央美术学院。抱着一种坚定的信念，在中央美院攻读研究生的三年时间里，她努力地探索着油画。几乎每天都是戴着耳机，听着自己喜欢的音乐，翱翔在画布上，享受着久违的梦想，认真刻苦地画着。现在或许有人仍然记得那个不善言语，却非常认真执着天天画画的女生。所以说她的成功是必然的……

心中的牵挂

在新疆有这样一个地方，美丽得像神话中的天堂，人们祖祖辈辈以放牧为生，他们会用一颗纯真的心接纳你，会用他们的淳朴感动你。这个民族叫作塔吉克族，这个地方叫作帕米尔高原。"帕米尔"在塔吉克语是"世界屋脊"的意思，海拔4000～7700米，拥有世界上许多雄伟壮观的高峰。二十多年的时间里，燕娅娅曾先后20多次来到了这儿，寻找她画笔下的生命力。

那时候有人认为燕娅娅大色块的绘画语言、肆意豪放的笔触和她独有的色彩与阳光下的帕米尔风格相吻合。1987年燕娅娅第一次山上行，她带着梦想拥抱了帕米尔，第一次接受了雪域圣景的洗礼……她被眼前的画面所震撼，湛蓝的天空、洁白的云朵、葱翠的草原，质朴的塔吉克牧民令她目眩神迷。那一瞬间，那一幅幅画面，激起了她的"生命底蕴"，从此她和帕米尔结下了不解之缘。

从此以后，燕娅娅一次又一次登上那座"世界屋脊"——帕米尔高原，去寻找她梦幻般的光影之旅，去寻找她生命底蕴中的艺术灵感。在海拔4000米的帕米尔高原上，燕娅娅特别喜欢和孩子们在一起。有一段日子里，她没有选择写生和拍照，而是选择和孩子们在绿色的草滩上踢足球，享受和孩子们之间的快乐。塔吉克孩童是她绘画作品中的主角,孩子们的快乐与忧伤洒满画布尽情绽放。对那群塔吉克孩子,燕老师有一种难以言表的感情。每次上山,她都会带去孩子们需要的学习用品和生活小礼物,当孩子们背上新书包,穿上新衣服,拿着糖果嬉笑奔跑在草原上时,那种幸福和温暖感是她得到的最大"回报"。

2006年冬季,燕娅娅再次奔赴帕米尔高原。从1987年初登帕米尔高原开始,那些可爱稚气的小精灵就开始跃上她的画布。这次上山,燕老师特意为孩子带去了笔头有动物形状的小铅笔,还有绣着小动物的羊毛手套。当看到一双双生满冻疮的小手,第一次戴上充满童趣的小手套时,她的眼睛湿润了……孩子们围拢在她身边,兴高采烈地指着手中的铅笔,说着动物的名字,此情此景无比温暖着她……

绘画——生命的灵魂

"绘画,是我生命的一部分。"燕娅娅这样认定绘画在她生命中的位置。从6岁就开始学画画的她,这么多年来,一直坚持着,奋斗着。曾经,为了梦想,放弃了"小资"生活,考入中央美术学院深造,为了追寻画笔下的生命力,多次不顾艰难险阻走进帕米尔,成为第二个在中国美术馆举办个展的女性。

一分耕耘一分收获,1993年,她的油画作品入选"全国少数民族艺术展"并获优秀奖;1997年,她的油画作品入选"中国油画新人新作展"并获佳作奖;1998年,她应邀赴伊朗参加艺术交流展获友谊奖;2000年,她应邀赴土耳其参加"国际美术邀请展";2003年,她在中国美术馆举办了她的第一个油画作品个展"燕娅娅——阳光·天使";2004年,她的油画作品《盼》入选"第十届全国美展",同年获CCTV中央电视台本年度"最精彩女性奖";2005年,新加坡"客艺廊"艺术机构与法国国际艺术交流协会联合承办"燕娅娅——阳光·天使"亚洲巡回个展,获得成功;2007年,香港抱趣堂当代美术馆为她在维多利亚港湾举办"娅娅·山上山下的故事"油画展;2008年,油画作品《看着我的眼睛》入选"第三届中国北京国际美术双年展";2009年,该油画作品又入选"中国当代美术精品世界行——赴法展",同年她再次在中国美术馆成功举办了她的"山上山下——燕娅娅油画作品"巡回北京展,当年该展部分油画作品,又荣幸入选中国油画学会主办的"研究与超越——第二届中国小幅油画展";2010年成功在马来西亚举办"寻找蓝眼睛和绿眼睛——燕娅娅油画作品展";2014年,时任国务院副总理的汪洋同志参观"新疆燕娅娅野马艺术馆",阿里巴巴集团董事局主席马云参观燕娅娅美术馆时题词"永不放弃",还受吉尔吉斯斯坦共和国总统奥通巴耶娃邀请,在比什凯克市进行了12天的艺术访问及学术专题演讲;2016年,"燕娅娅油画展"在上海合作组织秘书处举办;2018年,丝路盛装·上海合作组织秘书处又举办"燕娅娅油画作品展",为上合组织创作的《上合一家亲》巨幅油画悬挂总部。她的作品多次被美国、德国、加拿大、新加坡、印度、土耳其、日本等国及中国香港、台湾地区美术馆、画廊及个人收藏。

2020年,她响应中国美协号召,积极拿起手中的画笔,用艺术的力量"加油武汉",火线创作《2020·决胜火神山》《用艺术向英雄致敬》《松山芭蕾·祈福武汉》《刺藤百灵葬瘟神》四幅油画佳作,纷纷入选"同心勠力 共克时艰——北京双年展'用爱一起抗'防疫专题系列展"并作为封面作品,著名老艺术家刘文西先生曾为她题词"人民的艺术家"。

看过油画家燕娅娅作品的人,都会被她画面中的人物形象所打动。那一双双大眼睛的塔吉克儿童,无不触动着人们的心弦,每一幅画面仿佛都在诉说着一个动人的故事。眼睛是心灵的窗口,燕娅娅想通过眼睛来表述人物内心的真实感情。细心的她发现,因海拔高日照强的缘故,牧民们的眼睛多充血,红色的血丝显现在白色的眼球上,用油画的语言表现,会更加富有冲击力。于是,燕娅娅摒弃了学院派的理念,用浪漫的新写实主义风格,表现帕米尔的故事。

燕娅娅曾经自述道,最初在高原作画全凭一股原始的激情,平铺直叙人物风景,画面虽不失艳丽,但触及的也只是帕米尔的表面,远没有了解他们。四上高原后,她放下画笔、调色板、相机,真正进入到塔吉克人的生活里,从灵魂深处感受和读懂他们。"帕米尔"那种纯粹本真的底色，才是她创作的灵魂。蓝天白云光与影的奇妙变幻，缤纷纱衣暗紫肤色的塔吉克儿童，纯真与清新不断呈现在她的画布上。

在燕老师的作品中，她省略人物的背景，竭力营造帕米尔高原上风沙撩人的感觉，有一种澄碧清明空气流动的效果。你会感觉画面上的人物离天空很近，离尘世则很远。她是画界的精灵，多年来穿梭在北京和帕米尔高原之间，努力寻找着她"生命的底蕴"；她是坚强的女性，用一颗执着的心和一种坚持的精神，追寻着她的梦想；她是感恩的学子，离校多年后仍不忘母校的恩泽和培育。

春风化雨育英才，躬耕杏坛铸歌魂

——记原艺术系 1986 届校友黄金中

黄金中，男，1986 年毕业于西北民族学院艺术系。著名男高音歌唱家，国家一级演员，声乐教育家，博士生导师，二级教授，中国音乐家协会会员。现任四川巴蜀石窟乐舞艺术研究院院长，四川师范大学嗓音研究中心主任，西部民族音乐研究院院长，教育部学位中心专业学位水平评估专家等十余个专兼职职务。

执着坚定　攀登艺术高峰

黄金中出生在人杰地灵的羲皇故里天水，1982 年他以优异的成绩考入西北民族学院艺术系。在这座神圣的艺术殿堂里，黄金中如鱼得水，处处可见他勤奋学习的身影。他努力钻研民族声乐艺术，积极探索，博采众长，从美声唱法的发音技巧、通俗唱法的气声运用、戏曲唱腔的抑扬顿挫乃至车户村夫的假声中汲取营养。他把别人喝咖啡、看电影的时间都用在了琴房练声练琴的学习上。辛勤的耕耘终于换来了丰盈的收获，在首届"海峡同乐杯"全国优秀民歌演唱电视大奖赛上，黄金中以一曲《翻山越岭走秦州》，为甘肃夺得了国家级声乐比赛的最高奖。

1986 年毕业后他被甘肃省歌剧团选中并担任男高音独唱演员。他金属般的音色和精湛的演唱技艺得到了越来越多专业人士的认可，他深厚的演唱功力，感动了无数观众。在追逐梦想的旅途中，黄金中从没有因荣誉而自满。他一次又一次超越自己，向更大的舞台进发。这期间，他在声乐艺术的探求之路上也取得了一个又一个傲人成绩，担任过《咫尺天涯》《魂兮魂兮》等多部歌剧的男主角。他相继推出了《九十九支曲，九十九道湾》《西北汉子》《牧人》《再见了，大别山》等一系列脍炙人口的歌曲，由中国唱片总公司出版发行了《西北汉子》《黄金中演唱专辑》《大西北之恋》《黄金中——遥远的拜年》《情牵西部铸歌魂》等CD、DVD光碟，还为《魂归母亲河》《望子成龙》《电影人之歌》等30余部影视剧录配主题歌和插曲。这些歌曲在数千场为观众的演出中反响热烈，黄金中也因此被歌迷们亲切地称为"西部歌王"。

从歌者到师者

在观众的记忆里，他是心怀铁骨豪情，声震四方的西部金嗓；在师生的心目中，他是情牵莘莘学子，鞠躬尽瘁的慧眼伯乐。他致力于民族声乐，时时不忘将优秀的音乐文化传承发扬；他专注于科研教学，继往开来敢为人先，不断探索声乐教育新主张。

从豪迈的西部歌王，到甘为人梯的辛勤园丁，黄金中完美地诠释了从歌者到师者的角色转变。几十年的岁月磨砺，几十年的执着严谨，不仅成就了他的歌唱事业，更培育了无数优秀学子。如今，让我们再度回味那充满西部风情的嘹亮歌声和累累硕果，寻访一代西部歌王的光辉足迹。在学术界，他被誉为德艺双馨的学者型歌唱艺术家，在本职工作之外的众多团体和比赛中，黄金中教授都担纲重任，所有的成就都见证着黄金中对艺术的执着和艰辛付出。

倾注心血　传承艺术

从20世纪90年代开始，黄金中在从事舞台实践的同时把更多的精力放到声乐教育上来。他认为，在当今社会，新一代文艺工作者应该更多地意识到我国民族声乐优秀文化的重要意义，深入挖掘我国民间音乐艺术，做好传承与推广，不遗余力地为推动民族声乐事业的发展做出贡献。作为一名西部民族声乐的实践者，黄金中在教学中立足实际，苦心钻研，不仅培养出了一批优秀的声乐人才，更著有《大西北之恋·声乐作品选集》等作品，为西部音乐的继承和发扬做出了突出贡献。为了更好地开展教育事业，黄金中还专程到中央音乐学院进修深造，师从著名声乐教育家王秉锐教授。1998年，在西北民族学院马麒麟院长的动员下，黄金中带着对民族声乐教学事业的热爱之情重返母校，后来学院升格为西北民族大学，他又担任了音乐舞蹈学院院长，为学院的发展做出了巨大贡献。2008年12月，甘肃省教育厅、文化厅和省文联为他举办了纪念中国改革开放30周年大型个人音乐会，音乐会获得中国音协主席傅庚辰将军的高度赞扬和社会各界的极高赞誉，为甘肃人民和业界留下了难忘的记忆。

2009年，黄金中因四川师范大学引进高端人才政策调入成都，成为四川师范大学音乐学术方面的领军人物；2010年10月，参加上海世博会开幕式演出及上海大型慈善义演活动，担任独唱；2011年9月，在北京人民大会堂参加"中国首届原生态民歌盛典"新闻发布会，担任嘉宾及演唱；2013年8月，应邀赴美国参加美国明尼苏达大学及麦克纳利史密斯音乐学院的学术交流活动，举办了音乐专业学术讲座，参加了专场音乐会的独唱演出；2014年5月，组织、策划并主持了美国麦克纳利史密斯音乐学院校长 Harui 一行回访中国四川的学术交流活动，同时对外举办了中美联合参演的大型音乐晚会，他担任晚会总导演；2015年2月新春文艺走基层，黄金中任活动总导演并率团赴甘肃为家乡人民献艺，在甘肃大剧院举行了首场"'中国心·故土情'走进甘肃，回报家乡2015新春音乐会"。

2015年8月，应邀赴意大利参加欧洲国际泛嗓音会议及米兰世博会活动。2016年6月，为四川师范大学70周年校庆担任总导演，策划、创编了"音·诗·画'青蓝同心，师道传承'"大型交响音乐会，获得省市相关领导及学校全体党政领导的高度评价。同年10月，学院合唱团110人代表四川参加了"纪念长征胜利80周年"交响音乐会，并取得了圆满成功，中央电视台、《人民日报》《光明日报》等多个媒体均进行了跟踪报道和大力宣传。

2017年5月，黄金中应成都市罗强市长邀请，参加了在天府新城会议中心举办的"构建音乐之都座谈会"，会上与廖昌永、李丹阳、谭维维、降央卓玛及相关部门领导为挖掘本土音乐、原创音乐及构建音乐之都献言献策。2017年12月由黄金中作曲的《放歌新丝路》（领唱、合唱版）获中共四川省委宣传部第十四届精神文明建设"五个一工程"优秀作品奖。同年，《放歌新丝路》（独唱版）在中欧（意大利）国际艺术节上获金奖。2018年7月，由他担任总导演创作、编排的"助力精准扶贫、振兴乡村发展"大型送文化艺术下乡文艺晚会获得圆满成功，他荣获优秀个人奖项。2019年2月，获批主持国家艺术基金"裕固族民歌表演人才培养"项目。2020年2月，由韩万斋作词作曲，黄金中策划、组织并演唱的新创作品《疫情是命令，人民是天》由中央电视台央视栏目展演并播出，同时获得央视"爱心公益奖"，并由《人民日报》海外版官网发表刊登并播出，由人民音乐出版社颁发"抗'疫'战歌，音乐助力"原创音乐作品征集纪念证书。

业精于勤　执着求索

15年耕耘，15年收获。如今，他仍然执着耕耘在西部民族音乐这片沃土中，他培养的学生在全国及省、市大赛中出类拔萃，频频获奖，这是黄金中近几十年来在艺术教学上的成就。不仅如此，近些年，黄金中主持完成了国家艺术基金"裕固族民歌表演人才培养"项目，四川省教育厅及四川师范大学"西部民歌传承与研究科研创新团队"的各项课题；在《人民日报》《人民音乐》《中国音乐》《新世纪教育教学论丛》等核心刊物发表30余篇论文，并获得了2003年国际优秀论文奖。先后应中南大学、武汉大学、中南民族大学等多所高校的邀请举办专题讲座及个人专场音乐会。中国唱片总公司先后出版发行他的个人演唱专辑《西北汉子》《遥远的拜年》《情牵西部铸歌魂》等盒带、CD、光碟。曾为电视连续剧《望子成龙》、电视剧《魂归母亲河》和电视专题片《陇上风光》等30余部影视作品演唱主题歌及插曲。他参加中央电视台及上海、四川、陕西、宁夏、甘肃等省市电视台的春晚演出及山东卫视讲演等。在人民大会堂、北京音乐厅、宁波音乐厅等国家级大剧院独唱,并在武汉大学、中南民族大学和中南大学等高等院校成功举办个人、师生音乐会和学术讲座近20余场。出访了美国、德国、法国、意大利、芬兰、比利时等20多个国家和地区,进行国际艺术节演出及学术交流。他被媒体誉为"西部歌王""学术型歌唱艺术家"。

特别是在2012年,黄金中教授应宁波市邀请,成功举办了"西部神韵——黄金中独唱音乐会"和"今夜星光灿烂——黄金中师生音乐会",音乐会现场可谓盛况空前。2017年7月,应意大利政府邀请,参加了2017中欧(意大利)国际艺术节活动,并在艺术节开幕式上进行了演出。黄金中还担任了国际声乐大赛评委,由他指导的四川大学生代表团在这次比赛中荣获大学生合唱一等奖,演唱的《康定情歌》《太阳出来喜洋洋》等作品,让美国观众从听觉到视觉上又一次感受到了四川的迷人风采。2011年至2015年,由他主持的第二届至第五届中国民族声乐"敦煌奖"西南赛区赛事在成都成功举办,这项赛事是由中国国际声乐艺术研究会、中共甘肃省委宣传部、甘肃省文化厅主办的。他把这项赛事引进到四川举办,为选拔、推荐、打造四川音乐人才并推向全国起到了积极的促进作用,为四川的音乐发展、音乐教育和推出人才做出了突出的贡献。

黄金中用执着写就理想,用饱含真情的歌声为大众带来美的享受,他更用毕生心血,为更多追梦青年铺就通往理想的桥梁。如今,黄金中教授桃李遍地,花开四方,还将有越来越多的青年艺术家紧随其后,继续为传承民族优秀音乐文化,为繁荣我国民族声乐事业而贡献出青春和能量!他在回顾这些年走过的路程时感慨地说:大大小小的收获和喜悦都和母校有着密切的关联,母校给予他的滋养是无可替代的积淀,这是基因,基因越强大,他走得越高越远!在母校迎来70周岁的大喜日子里,黄金中衷心地祝愿母校生日快乐,希望母校越办越好,并为祖国建设培养出更多的优秀人才。

用声音礼赞人生 以执着挑战梦想

——记原音乐舞蹈系 1987 届校友多吉次仁

多吉次仁,男,藏族,著名男高音歌唱家,1987年毕业于西北民族学院音乐舞蹈系,现任西藏大学艺术学院教授。

执着的音乐梦想

"在音乐的世界里,我就是个理想主义者。"每当多吉次仁谈到自己的专业的时候,内心的激动之情溢于言表。20世纪70年代,年仅十几岁的多吉次仁被当时所在的县文工团选中,成为毛泽东思想宣传队中的一名主力队员。多吉次仁用"每天都能把自己的声音传递给他人的感觉让人兴奋"来形容当时的心情。

1983年,19岁的多吉次仁进入西北民族大学音乐舞蹈系学习声乐及音乐理论专业知识。尽管在四年的学习过程中,掌握声乐及理论知识的积累和学习非常枯燥,但年轻的多吉次仁并没有被枯燥的理论知识和艰苦的学习环境击败。他通过不懈努力和刻苦钻研,在自己的专业方面打下了坚实的底子。同时,根据自己的兴趣爱好,在学习后期,他对声乐演唱有了进一步的研究。

1990年,多吉次仁在西藏大学任教三年之后,选择继续深造,进入中国音乐学院学习,师从时任中国音乐学院副院长的王秉锐教授,专门学习声乐演唱知识。其间参加了第五届央视青年歌手大奖赛，获得专业美声组的三等奖。这让多吉次仁更加坚定了自己在声乐方面发展的信心。

走在音乐的大道上

在电视歌手大奖赛获奖后，解放军空政歌舞团看中了多吉次仁，1995年初的一天，空政歌舞团仅用了半天时间，就办好了多吉次仁的调京手续，多吉次仁顺利地从一名大学老师转行为一名专业歌唱演员。这对于多吉来说，无疑是一次命运的转折。

空政歌舞团向来就是明星汇集之处，佟铁心、杭天琪、郑莉……面对早已成名成家的强大阵容，多吉次仁压力很大，但同时，这也更加激励他勤学苦练，向主力演员挺进。

1995年11月，第第二届全国"聂耳、冼星海声乐比赛"中，经过三轮的激烈角逐，多吉次仁荣获男子组三等奖，得到国内声乐界的普遍认可。

几个月后，中央音乐学院著名声乐教育家蒋英老师爽快地答应了多吉次仁的拜师请求，当时的蒋英老师已是77岁的高龄，本来已经退休在家的她被这位藏族青年的求学决心所打动，他扎实的美声功底和良好的可塑性得到了蒋英老师的肯定。在蒋英老师门下学习，多吉次仁表现出对音乐前所未有的激情。两年时间里，已经小有名气的他静下心来，尽量谢绝所有的商业演出，学习了演唱歌剧和艺术歌曲方面的专业知识和技能。由于语言上的差异，歌剧的学习异常复杂和艰辛，他反复练习意大利语、德语及其他外语的吐字和语音特点及规律，力求抓准每一个音节。他的苦练换来了丰厚的回报。1997年，多吉次仁赴法国参加第六届马赛国际歌剧演唱大赛。在决赛中，他用意大利语演唱了歌剧《艺术家的生涯》中的男高音咏叹调《冰凉的小手》和歌剧《卡门》中的咏叹调《花之歌》，这两首极具抒情和戏剧色彩的咏叹调，被多吉演唱得激情四溢。那纯美、极富穿透力的嗓音以及对欧洲古典歌剧的领悟力与表现力，深深震撼了观众和评委，最终夺得男子组第一名。之后，他又在文化部每两年举办的国际声乐比赛国内选拔赛中获得第一名。

多吉次仁在法国及国内的成功，令年近八十的蒋英老师非常兴奋。尽管多吉次仁在国际上获得声誉，但赞扬声和鼓励并没有让他迷失自己，在他的心里，有更加坚定的方向。他从站在舞台上歌唱的那一刻开始，就早已下定决心朝人生的顶峰迈进。1998年，多吉次仁赴美国科罗拉多歌剧院学习和演出。在此期间，他出演了古诺的歌剧《罗密欧与朱丽叶》、普契尼的独幕歌剧《外套》以及歌剧《蝴蝶夫人》等剧目中的男主角，赢得了美国观众的一致好评。2000年，多吉次仁获得曼哈坦尼斯音乐学院的全额奖学金并到纽约进修。在进修的两年时间里，他参加了美国国内最好的比赛，先后获得了7个第一名。

在号称世界"艺术之都"的纽约，多吉共在十多个歌剧院饰演了十多个角色。他先后在美国科罗拉多歌剧院、达拉斯歌剧院、佛特沃斯歌剧院、内华达歌剧院、肯塔基歌剧院、底特律歌剧院、意大利罗马歌剧院、维罗那歌剧院、加拿大魁北克歌剧院、温哥华大剧院、新加坡国家歌剧院等机构合作演出歌剧并在剧中担任主角。同时，还在纽约卡内基音乐厅、林肯中心爱尔费舍等音乐殿堂作为莫扎特《安魂曲》、威尔第《安魂曲》、贝多芬《第九交响曲》的男高音领唱。2006年，在音乐剧《魅》中担任男主角，在加拿大各地演出达70余场，博得一致好评。

对于取得的这些荣誉，多吉次仁非常谦虚，他表示："荣誉只是对自己付出的肯定，值得庆幸的是，自己没有因为这些荣誉迷失方向，反而更加坚定了自己的选择。"

人生的转折

"人的一生会经历很多的巅峰，譬如身体，在三十多岁的时候达到巅峰，但在巅峰之后，会开始走下坡，直到生命消亡，事业也是一样。所以每个生命都会在上上下下、起起伏伏中度过，因此，当自己在歌唱的道路上走到顶峰的时候，开始另一番事业是明智的选择。"多吉凭借这样的信念，离开了他挥洒过汗水，赢得过掌声的表演舞台。在正值事业巅峰的时刻毅然选择了回国，回到条件艰苦的青藏高原，继续他之前从事的教育事业。他认为，藏族是一个能歌善舞的民族，在青藏高原上，有许许多多的年轻人喜欢唱歌，却没有条件接受专业的声乐指导训练，要让这些年轻人走出高原，把雪山高原的歌声唱给祖国，唱给世界。他把帮助这些拥有天籁之声的年轻人实现人生梦想当作自己的职责，要将自己的专业知识和所见所闻无私地传授给他们。

多吉次仁回国以后在教学之余，联合国际顶级的华人歌唱家在国内主要舞台上与中国爱乐乐团、国家交响乐团、深圳交响乐团、广州交响乐团、北京交响乐团、上海交响乐团合作举办系列音乐会，在国内乐坛上取得很好的声誉并博得一致好评。

岁月如白驹过隙，但总能记录下华美壮丽的人生乐章。如今，多吉次仁已经成为西藏大学艺术学院最受同学们喜爱的老师，他的桃李已经在中国的声乐圈子里崭露头角。在他的带领下，西藏大学声乐专业本科生教育水平得到了显著提高。这些年，他作为学科带头人，一直致力于学科硕士点的建设工作，培养了一大批拥有专业声乐知识和扎实表演功底的人才。这些人才陆续在全国各类重要声乐比赛上获奖，为西藏声乐事业的繁荣和发展起到了积极影响。同时，为了更好地将藏族的音乐文化传播到世界，他与中国藏学出版社合作主持出版了《藏族传统歌曲精选》及《藏族传统歌曲精选附钢琴伴奏》两本专著，又与其他出版社合作主持出版了《朗玛》《堆谐》《卡鲁》三本传统歌曲集。撰写了多篇与藏族音乐相关的学术论文。先后在全国众多音乐院校举办大师班和讲座，博得了广泛的认可和好评。

关于以后的人生，多吉次仁已经做好了规划：利用时常赴美国表演的机会，多学习外国声乐教育的经验，为学生们制订与国际接轨的培养方案，请一些内地有名望的声乐指导老师赴西藏大学开讲座，有可能的话还要多请一些外国的老师前来指导。这就是多吉次仁，总能以在外人看来近乎苛刻的目标来要求自己，他时常告诫自己的学生："凡事不能给自己留退路，人一旦有了退路，惰性会占据上风。"对于母校的校友，他也有一些自己的建议：趁着年轻，一定要多做一些自己认为有意义的事情，多琢磨一下自己需要走怎样的人生道路，并要想好以怎样的方式去实现它，做一个为梦想奋斗的理想主义者。

"在所处的位置上干好自己的本职工作,并力求把它干好,尽可能追求完美。"这是多吉次仁的人生准则,正是这样的执着信念,让其在有限的生命道路上,到达一个又一个巅峰。也许岁月会染白他的双鬓,但我们相信,只要生命继续,他还将按照这个准则继续坚定不移地前行下去。

精雕巧琢　天下神功

——记原历史系1990届校友包英志

包英志，男，蒙古族，中国工艺美术大师。1967年5月出生于内蒙古自治区巴林左旗林东镇，1990年毕业于西北民族学院历史系。

包英志少时受父亲包文洲的影响，对书法特别喜爱，凡是能找来的碑帖总是翻来覆去地琢磨、临习。父母订阅的文学、艺术期刊开阔了他的眼界，印象最深的是《旅行家》，那里面有丰富的知识，大量奇闻逸事和艺术作品照片，尤其石窟造像和壁画更令他心驰神往，先贤的艺术造型深深地震撼了他，他就用黄泥和巴林石不断摹刻，乐此不疲。

1986年包英志考入西北民族学院历史系。他所在的86级历史学班，有39名同学，有回族、蒙古族、藏族、东乡族、土族、维吾尔族、满族、锡伯族、汉族（1名同学）9个民族，生源来自甘肃、陕西、青海、宁夏、内蒙古、新疆等6个省区，班主任是邓文科老师。在这个多民族的班集里，大家关系融洽，在皋兰山下鲜花翠柏掩映雕梁画栋的校园中，度过了美好的大学时光。

除了校园美如园林，当年给他留下深刻印象的还有民大的食堂和足球。那时学校给每位同学每月发菜票和面票，男生够吃，女生有余。民大的食堂分清真食堂和非清真食堂，各有两个，还有教工食堂，满足了各民族师生的饮食需要。每个食堂都有自己的独到之处，各有各的秘方。早餐的花样多，大家忙着去上课，不难选择，中午和晚上的主餐味美样多，价格还便宜，6毛钱就能买一份红焖羊肉或是一份红烧肉。外校的同学都愿意来民大会老乡，民大的同学都热情地以美景加美食相待，那时民大同学的口碑是极好的。

在民大最狂热的体育运动就是足球了，各系有系队，有的还有班队，球场上总是热闹火爆，下雪天依然有队拼杀，关键是还有同学在雪中围观。球迷是民院亮丽的风景，每年甘肃省高校足球联赛开始时，民院球迷比队员都要早地进入状态。当主场比赛时，球迷把场边围得满满的，侧面石壁高坡上站一层，依皋兰山腰建的宿舍楼的窗户也探出球迷，呐喊助威之声山鸣谷应，气势恢宏。民院球员自是血脉贲张，勇往直前。当踢客场时，主教练史永利都会答应球迷的要求，额外安排几辆大巴车拉着球迷随队出征，球迷自称后备队。这支后备队所到之处，颇有阵势，民族服装绚丽多姿，藏语维语蒙语方言交杂，所到之处很快就客场变主场，让其他院校的同学目瞪口呆。包英志是1987年民院组建足球队时入选的，每每回忆起来，高兴的是参加了那几年高校联赛的每一场比赛，身为后卫还攻入对方一球，遗憾的是球队与冠军失之交臂。

除了学业，包英志还用业余时间去博物馆、书店，去看展览，去学习。1986年他参加了当地的书法、篆刻学习班，1987年又参加中国书画函授大学的学习，利用各种机会向当地一些老书画家、篆刻家请教。当时每天吃完晚饭，他就匆匆地乘公共汽车到黄河边的白云观参加学习，学习结束时，开往学校的公共汽车早已收车了，就徒步一个半小时返回学校。在路上，一边走一边仔细回顾教师所讲的内容。深秋的兰州天气很凉，而他走回宿舍却是一身汗。

包英志微刻创作源于大一时看到的一份材料，说是陕西周原出土的西周甲骨文中有一枚卜甲，上面刻有30多个甲骨文，个别小字不足毫米，笔画细如发丝，钽锲刻精致。这件事对他触动很大，三千多年前的先民是如何进行锲刻呢？他当时就用篆刻刀在巴林石上进行试验，效果并不理想。后来他试着磨制了不同的刀具，反复试验，慢慢地他可以刻出当时认为很满意的小字。他就用这种小字进行篆刻边款创作。慢慢地刻的字越来越小，并能刻出不同的书体，还模仿中国画的形式刻画山水、人物并配以诗文，在印章、片石的方寸之中，刻诗作画，乐在其中。

四年的大学生活，对他来说丰富了知识，增长了阅历，开阔了眼界，结识了许多好朋友。

1990年参加工作后包英志一直未间断过对雕刻艺术的探索和创作，也饱尝了其中的甘苦。为了能达到入静，他雕刻时一坐就是一两个小时，甚至更长的时间。为达到心手合一，学古人习字之法，在冬天将手冻麻之后微刻，以求心发手应，神会贯通。长期的磨炼使他右手中指关节处磨出一个厚厚的老茧。他知道成功是要经过充分的准备和耐心的等待，还要经得住寂寞和失败的考验。

1996年，包英志在一个偶然的机会见到了苏州人氏朱云青先生的一件微雕作品，这件作品给他的感觉是雍容华贵、刀法多变、浑厚有力，极富金石韵味，一见之下他心悦诚服，经多方联系有幸与朱先生见面并拜师。在以后的几年里，他在朱老师的悉心教诲下，正本清源，全身心地学习这门传承了百年的吴氏金石微雕技艺。那几年他一直处于阶段性提高的状态中，探索—苦闷—在老师的指导下突破—提升作品层次。在朱老师倾囊相授下，经过几年的苦练，他的作品终于有了质的飞跃，多次获全国大奖，在社会上崭露头角。

1999年8月23日，第22届万国邮联大会在北京隆重召开，在大会主会场北京国际会议中心的一个展厅里，展出了为这次大会而在全国征集的各类艺术品。包英志的一套巴林石微雕作品《孙子兵法》获得了民间工艺类唯一的一等奖而格外引人注目。在北京国际会议中心，包英志为部分会议领导进行现场微雕表演。大会中国组委会副主席刘平源先生仔细观看了他的作品后，称赞他的微雕"工整、遒劲、流畅，有深厚的书法和石刻韵味，很具功力"，并当场挥毫写下"精雕巧琢，天下神功"的赠语，鼓励他再接再厉，为弘扬中华民族的传统艺术而努力。

2000年7月，朱云青老师莅临赤峰，郑重地把传承了百年的"缥缃馆美术社"的匾额传给包志英，谆谆教导他要不辱使命，把金石微雕艺术传承下去，发扬光大。那一刻他在欢欣鼓舞的同时，也深深地感受到了老师那传播中华民族文化的强烈责任意识,他的使命感骤然而起。

2005年5月22日,全国人大常委会副委员长李铁映在视察巴林左旗时,亲切接见了朱云青老师和包英志。李铁映谆谆教导他说:"要大力弘扬民族民间文化,把金石微雕这门传统艺术传承下去,要培养更多的年轻人学习优秀的传统艺术。"

中国新闻工作者协会原主席邵华泽先生在百忙之中多次鼓励他并题词:"名家嫡传,金石微雕,刻意求新,再创佳绩。"当知道包英志获得中国工艺美术大师称号后,亲自给他打来电话表示祝贺,鼓励他要继承传统,德艺双修,勇于创新。

中国文联原主席周巍峙先生观看了包英志的作品后,赞许之余,欣然挥毫赠他"巧夺天工"四个大字。

中央工艺美术学院原院长、国画大师张仃先生为包英志题词"包英志微雕艺术:尽精微,至广大",以示肯定。

为了进一步提高自己的艺术修养,包志英加强了雕刻以外的艺术门类学习,以求能融会贯通。2003年,包英志参加了中央民族大学口头与非物质文化遗产研究生班的学习,并于2008年获得中央民族大学文学硕士学位。他对中国传统民间文化有了全面的认识,同时更清醒地看到中国民间文化面临的严重危机,这让他有了在传统传承方法之外探索新的传播民间文化途径的思考。2003年,赤峰学院院长席永杰先生把包英志调入赤峰学院美术系授课,支持他探索民间传承与现代教学方法相结合的新途径。

包英志30多年的艺术探索,经历了太多的磨砺,也结出了丰硕的果实。他的雕刻作品技艺精湛、题材广泛、内容丰富,集文学、书法、雕刻、篆刻、微刻于一体,多次获得"山花奖""天工奖"等国家级和省级奖励,《光明日报》、《人民日报》海外版、《中国日报》、中央电台、内蒙古电视台、《赤峰日报》等媒体都作了报道;他被评为第五届中国工艺美术大师(截至目前7届中国工艺美术大师中唯一的蒙古族)、享受国务院政府特殊津贴专家、第六届中国工艺美术大师评审专家、首届内蒙古自治区工艺美术大师、内蒙古自治区工艺美术大师评审专家、内蒙古自治区非遗项目(玉石微雕)代表性传承人；当选为内蒙古自治区第十届、第十一届政协委员，内蒙古工艺美术协会第一届、第二届副会长，内蒙古民间文艺家协会第七届、第八届副主席，中国工艺美术学会鼻烟壶研究会副会长、中国工艺美术协会理事、中国宝玉石协会理事、中国宝玉石协会印石专业委员会副主任等。

如今，他将继续在艺术道路上不懈努力，在追求个人艺术提高的同时，更要肩负起社会责任，在当前传统文化、民间艺术面临前所未有的危急时刻，他要为中华文化的传播、民间艺术的传承与发展尽自己的微薄之力，尽自己应有之责。

兰州这座古城开阔了他的视野，西北民族大学校园生活增长了他的见识。如今，他对西北民族大学日新月异的发展由衷地赞叹！衷心祝愿母校一切都美好！

以梦为马 不负韶华

——记原音乐舞蹈系 1995 届校友琼雪卓玛

琼雪卓玛，藏族，出生于青海省海南藏族自治州，1995 年毕业于西北民族学院音乐舞蹈系。内地知名的藏族流行音乐领军歌手，成名作为《走出喜马拉雅》。

琼雪卓玛自幼受从事文艺工作父母的熏陶，从小便喜欢上了唱歌跳舞。在学生时代，她表现出唱歌方面的天赋，1992 年第一次登台参加校园歌手比赛就获得了一等奖，崭露头角。在西北民族大学学习舞蹈的经历，不仅为她打好了坚实的舞蹈功底，还为她打开了音乐演唱的大门。1997 年，毕业后的琼雪卓玛来到北京，进入中国音乐学院进修声乐，在那里她接触到了欧美的流行音乐并产生了浓厚的学习兴趣，她开始慢慢琢磨，不停地练习。在借鉴欧美歌手演唱风格技巧的同时，加入藏族歌手特有的声音表现力，琼雪卓玛找到了最适合自己的演唱风格。她的出现引领了民族流行音乐的新潮流，她以具有爆发力、高亢嘹亮略带沙哑的嗓音，自然洒脱的台风，扎实精湛的唱功，成为华语乐坛代表性的少数民族流行女歌手！她自己创作并演唱的歌曲在藏区和内地深受广大观众的喜爱，影响力十分广泛，被誉为"藏音流行天后"。

从《走出喜马拉雅》受到很多听众的喜欢到 2006 年荣获"中国金唱片"

最佳新人奖，从 2012 年 CCTV-15 音乐频道个人专场演唱会到 2019 年受邀参加北京电视台扶贫文艺晚会、2014 年受邀参加北京卫视双拥春晚、2019 年参加人民大会堂艺术界文联春晚，十几年来，她一直在音乐的道路上坚持着自己的梦想，也被越来越多的人接受和喜爱。她通过自己的努力再次证明了藏族流行歌曲的魅力和影响力。2003 年她的第一首单曲也是成名作《走出喜马拉雅》问世，2006 年获得中国金唱片奖的最佳新人奖。在音乐表演获得肯定的同时，她还始终坚持音乐创作，多年来已有百余首原创歌曲。这对于一个歌手而言，不仅是对自己音乐素养和能力的肯定，更是一笔宝贵的财富。也正是多年来不懈的努力和坚持，琼雪卓玛通过众多的歌曲让更多的人了解了新藏族流行音乐的唱法与元素。现在，《走出喜马拉雅》也被收录到大学音乐教学素材里。这对于她来说，是一种对坚持梦想的回报。

琼雪卓玛对母校充满感情，她认为，母校是一个人灵魂深处的港湾，这是一个有着蔚蓝天空、书声琅琅，充满智慧、爱与善良的世界，也是一个人厚积薄发，梦想起飞的地方。她经常回忆起当年入校刚开始学习舞蹈专业时的情景，由于专业性质需要很小的年纪就离开家进行学习，那个时候离开父母、离开家，对新的环境非常不适应，经常哭鼻子。是老师们悉心的照顾和爱与责任教会了她成长，教会了她和同学们奋斗与拼搏。母校是她长出梦想翅膀的起点，也是她在未来的日子中翱翔的起点。毕业后的琼雪卓玛始终关注母校的发展。2010 年 9 月，时隔 15 年后，她作为演出嘉宾受邀返回母校，出席西北民族大学建校 60 周年庆典，献歌《走出喜马拉雅》，受到全校师生的热烈欢迎。2011 年 5 月 27 日再次回到学校，举办了个人演唱会，演唱歌曲十余首，为母校师生献上了一台精彩的演出。

2020 年是母校 70 华诞。在西北民族大学建校 70 周年之际，琼雪卓玛感恩母校的培养，感谢老师们对她倾注的心血；希望学弟、学妹们学会感恩他人、珍惜情谊、坚守梦想。感恩在人生道路中帮助过你的人们，让感恩成为一种生活态度，成为一种社会责任。珍惜所有的情谊，朋友是亲密的永久伙伴，请用最真挚的心去对待。坚守梦想，以梦为马，让梦想指引前进的方向，让你的青春绽放不一样的光彩。最后祝母校桃李满天下，再创新辉煌！

闪耀在民大上空的裕固之星

——记原音乐舞蹈学院 2002 届校友萨尔

萨尔（妥应杰），男，裕固族。2002 年毕业于西北民族大学音乐舞蹈学院。组建裕固族的五兄妹演唱组合——萨尔组合。

走出草原　刻苦求学

萨尔 1978 年出生于肃南裕固族自治县明花乡，四个妹妹：阿尔、玛尔、雅尔、娜尔也都先后在音乐舞蹈学院进修声乐。萨尔从小喜欢歌唱，喜欢放声于蓝天白云、草原牧场。裕固族是一个能歌善舞的民族，连血液里都流淌着音乐和舞蹈的因子，他们的牧场在哪里，歌声就在哪里。他们生长在雄伟的祁连山北麓，扎根在草原，奔腾在马背，歌唱在高原，舞动在蓝天下，那个放牧激情与热情的地方，就是"萨尔"兄妹走出来的地方，一个美丽的故乡，传奇的故乡。

萨尔高中毕业后，领着两个妹妹离开草原走到兰州，在一家酒店当起了歌手，每当客人们问起他会不会识谱时，他总是惭愧地低下头，心中暗自发誓一定要走进专业院校学习音乐理论。也是偶然的机会，萨尔得知肃南民族歌舞团的一名独唱演员因为突发状况要放弃去西北民族大学音乐舞蹈学院开办的第一届自考班学习的名额，他苦苦哀求，最后在多方努力下，他终于以

"替身"的身份走进了梦寐以求的西北民大音乐舞蹈学院，成为98级音乐自考A班的一名学生，阴差阳错地开启了自己的音乐之路。

入校后萨尔格外珍惜来之不易的学习机会。班里的同学都是各个歌舞团体的"台柱子"，自己什么都不懂，普通话也说得不好，老师说什么也听不懂，起初对自己非常失望。因为家境贫穷，萨尔在民大的全部学费都是自己勤工俭学挣来的，开学借钱，放假还钱，第二年再借再还，这样的日子持续了好几年。白天他要付出比常人两倍的努力学习，晚上同学们都在各自琴房练习的时候，他却要背起服装去酒吧唱歌，当夜深人静回到宿舍时，同学们都在酣睡，他又要拿起书本去图书馆前面的路灯下背书。功夫不负有心人，萨尔是唯一一个全部课程一次性过关的学生，因此还得到了学校的奖学金。在校期间，音乐舞蹈学院的老师们也都非常关心萨尔，声乐启蒙老师魏志章先生主动找萨尔加课，他觉得这是一张白纸，是裕固族难得的声乐表演人才，所以非常看好自己收的这位裕固族学生；萨尔的音乐理论老师赛音在课余时间为他悉心讲解乐理知识，同样是少数民族的赛老师非常关心这位裕固族学生。萨尔也非常争气，几乎学校所有的大中型演出都有他的身影，在接待外宾的演出中，当主持人说到甘肃特有民族裕固族歌曲时，他别提有多开心，自己在学校默默地勤学苦练，在舞台上得到了肯定，这是萨尔最开心的事情。走在学习专业音乐理论道路上的萨尔，一刻也没有忘记还在酒店唱歌的妹妹们，他给妹妹们都找了声乐老师，从微薄的工资中扣下了学费。妹妹们从起初的十万个不愿意，也慢慢地被哥哥带上了道，也会把123唱成do、re、mi了。可以说，在民大四年的学习经历，为萨尔组合的组建奠基了一定的基础，没有这段学习经历，或许就没有今天的萨尔组合。

成立萨尔组合　唱响世界舞台

2005年，在一次甘肃省举办的歌唱比赛中，哥哥萨尔的独唱和妹妹们的裕固美组合都进入了决赛，评委当场建议他们合二为一，因为都是裕固族，也都是兄妹，当时组合没有名字，就以哥哥萨尔的名字命名为萨尔组合。也是当年,他们参加了中央电视台举办的《梦想中国》节目,从甘肃赛区脱颖而出,进入了全国总决赛,在CCTV-2播出后,大家都被兄妹高亢嘹亮的歌声和憨态可掬的笑容吸引了。那年,萨尔组合正式组建。他们通过自己的努力,将人口只有一万多且只有语言没有文字的裕固族的歌舞带到了全国舞台乃至世界舞台,他们是甘肃裕固族文化的传承者和传播者。从2005年参加中央电视台《梦想中国》栏目到《星光大道》,从《民歌中国》裕固族专场到《中华情》的舞台,他们一次又一次在国家级顶尖舞台上唱响了一万多名裕固族儿女的心声,很多知名品牌栏目都是在电视上看到萨尔组合的演出而走进肃南做专题专访节目的,裕固族也在各大媒体平台中频频亮相,可以说他们默默地为自己的家乡做着贡献。更值得一提的是萨尔组合先后两次随"聆听中国——中国民间文化友好代表团"赴法国、德国、瑞士、韩国演出,将小少民族裕固族民歌唱响在了世界舞台,萨尔组合让裕固族民歌与世界音乐结合,让更多人了解裕固文化。在2015首尔·中日文化交流舞台上,萨尔组合演唱了《裕固族姑娘就是我》等裕固族传统民歌,裕固族姑娘们绚丽独特的服饰更是博得了韩国民众的喝彩。中央电视台《直通春晚》的舞台上,裕固族萨尔组合代表甘肃代表队演唱《裕固迎宾曲》,当董卿介绍到裕固族总人口只有一万多人时,现场100多名知名评审伸出了大拇指。CCTV-9纪实栏目《新青年》走进甘肃肃南为裕固族萨尔组合做了专题报道《裕固·萨尔》,用最真实的镜头记录下了祁连山下裕固族人的生活,也讲述了萨尔组合近些年如何用自己的行动保护民族文化的故事。同样是央视《民族民间歌舞乐盛典》晚会录制现场,萨尔组合和白族人兄弟组合弹起天鹅琴,吹起竹笛,载歌载舞,共同演绎了裕固族欢歌热舞;央视《向幸福出发》的舞台上,萨尔组合和父母身穿裕固族盛装接受访谈,讲述了裕固族人的民风民俗和传统文化。

为庆祝肃南裕固族自治县成立60周年,在县政府的支持下,萨尔组合历时两年时间推出了诠释肃南新形象歌曲MV《爱在肃南》,在县庆期间经腾讯首页推出后,得到近百家知名媒体的转发和支持,让更多人再一次了解了甘肃肃南,走进了裕固民族。在肃南60周年县庆期间,萨尔组合还召集从肃南走出去的文艺工作者回家乡,为家乡父老们献上了一台精品晚会"爱在肃南"，通过演出视频在网络上宣传，将发展中的肃南新面貌唱进歌里，跳到舞里，提升了肃南的旅游品牌形象。近十年，萨尔组合先后出版发行了《唱响裕固》《牵梦故乡》《爱在肃南》《尧熬尔啦》四张演唱专辑，创作了《裕固欢歌》《裕固味道》《爱在肃南》《唱乡》《裕固妈妈》《草原兄妹》《舞动吉祥》《草原上的云》《生命赞歌》《裕固迎宾曲》《裕固族人儿就是我》《再唱萨娜玛珂》《我是肃南人》《裕固天鹅琴》《尧熬尔啦》等几十首裕固人民非常喜爱及传唱度颇高的歌曲。

传承文化　热心公益

萨尔组合不仅致力于裕固族的文化传承，还热心做公益慈善。2008年5月，参加了汶川大型赈灾义演晚会；2010年9月，参加了甘肃舟曲大型赈灾义演晚会；2011年10月，在兰州肃南籍艺术工作者走进童鹤养老院献爱心；2015年9月，参加云丹九美"爱心100"慈善公益活动；2015年，还在爱心衣橱的拍卖会上做了义演。他们还一直致力于帮助孤儿院和病残儿童，走进甘肃孤残儿童福利院。萨尔组合认为自己是受到长辈们的熏陶，受到整个民族文化的熏陶，现在有能力了就要回报社会，默默地去帮助那些需要帮助的人，将慈善放在心底，做力所能及的事情，用行动影响更多人。他们认为作为民族歌手，首先是要有善心，有爱心，只有这样才能将这个民族的文化发扬光大。

从西北民族大学走出来的萨尔组合，这一路走来没有忘记自己的母校，也没有忘记自己永远是民大人。他们时常会回到母校，回到梦开始的地方；他们也时常会和民大的学生们一起做公益活动；只要关于裕固族音乐方面的课题，学弟学妹们都会找到萨尔组合，萨尔组合也会尽自己所能帮助学弟学妹们。在母校70周年校庆之际，萨尔组合用自己的力量，想用心为母校唱一首祝福歌曲，愿母校越来越好，吉祥如意！

从民大始梦走向世界的影视奇才

——记原藏语系 2003 届校友万玛才旦

万玛才旦，男，藏族，电影导演，编剧，作家。1969 年 12 月生，1995 年毕业于西北民族学院藏语言文学系。

作为一名藏族导演，万玛才旦在许多人眼里是那个撤去传奇化、猎奇化的泡沫，将真实、日常的西藏带进大众视野中的人。他的"藏地三部曲"《静静的嘛呢石》《寻找智美更登》和《老狗》更是获誉无数，斩获多个国内外电影节奖项。导演、编剧、制作人、评委，万玛才旦身上存在多重的标签与身份，但其最重要的特点，还是专注于藏族题材的文学创作和影视创作。藏族著名作家扎西达娃称赞"万玛才旦创造了藏族的电影和小说双子座的高峰"。

"如果我告诉你我的梦，你也许会遗忘它"

时光回溯，1969 年 12 月，万玛才旦出生于青海省海南藏族自治州贵德县，于 1991 年进入西北民族大学学习，跟他的大部分同学一样，到大学后只有藏语言文学系可选。回忆起这次人生中的关键选择，他觉得也是偶然中的必然。这四年的大学生活对于他来说是一个提升自我的过程，也可以说从此改变了他的人生。他系统地学习了藏族古代、近代以及现当代文学作品、文学史、文学理论等知识，还学习了优秀传统文化基础知识。

　　他倍加珍惜这样的学习机会，几乎是如饥似渴地阅读了大量的文学作品。随着阅读的不断深入，对知识的渴求也更加强烈，除了本系本专业的课程之外，他还经常跑到汉语系听课。四年下来，也基本上系统地学习了汉语言文学系的主要课程。"记得索绍武老师讲外国文学史很生动"，这对他以后系统地阅读外国文学作品帮助很大。在此，他说除了要感谢藏语言文学系的各位老师的辛勤栽培，也要感谢汉语言文学系的许多老师，这些人生之师开阔了他的文学眼界。

　　"回想自己最初的写作，真是有点懵懵懂懂的意思。那时候写下的文字，不是为了交语文老师的差，也不是为了拿到杂志社去发表，想想其实就是为了内心的一种需求。我的处女作——小说《人与狗》写于中等师范学校毕业之后。那时候，我被分到一个乡村当小学老师。这个学校就那么两三个老师，语文、数学、历史、地理、政治你都得教，每天的作业堆得就跟个小山似的，看着心里都有点累。白天学生们吵吵嚷嚷的，很热闹，你不会感到寂寞，你也没有时间去孤独。可是到了晚上，整个学校就你一个人，批改完那堆作业本，一个人闲下来，内心就会时常被一种排遣不掉的孤独和寂寞包围。那时候也没有电视机，唯一的消遣就是看看书，然后写写东西。写下来的都是自己当时的感受。写完之后也就忘了，扔到抽屉里，偶尔想起来就拿出来看看，但从来没有想过拿到什么杂志上去发表。那时候，其实也不知道写了东西还可以拿到杂志上发表。"

　　在民大读书时，他的文学课老师是德拉加。德拉加老师会让他们做很多的写作练习。万玛才旦说那时候班上的文学气氛很好，大家都在老师的指导下做大量的阅读和写作训练。他就把这篇《人与狗》拿给老师看，老师觉得不错，说可以投稿试试。他做了一些修改之后，就寄到了《西藏文学》杂志社。没想到学期快结束时收到了《西藏文学》杂志社寄来的样刊和稿费。这在班里还引起了一阵小小的轰动。这也给了他很大的信心。而这个关于忠诚和被遗弃的故事里面有很浓重的忧郁和悲伤，万玛才旦也提及，这个小说似乎奠定了他之后整个创作的基调。以此为契机，大学四年，发表了不少藏汉文的小说作品。

万玛才旦的家在黄河边上，那里有高原草原、喇嘛、经幡和白塔。小时候露天放映的卓别林默片，在县城里看的第四代导演作品，潜移默化中形成了他对电影的热爱。他曾说求学期间让人难忘的还有每周在学校礼堂的电影放映。学校的礼堂是那种苏式建筑，很漂亮。学校大礼堂每周的大银幕观影经验，他想那对以后自己慢慢走上电影创作的道路一定起到了潜移默化的作用。

"如果我让你进入我的梦，那也会成为你的梦"

本科毕业之后，万玛才旦当了三年小学老师。2000年，他又回到了母校读硕士，还是藏语言文学系，读的是藏汉文学翻译专业。他说再次回到母校感觉很亲切，就像回到家里一样。在这段学习期间他翻译了藏族经典民间故事集《西藏：说不完故事》，后来被青海人民出版社出版，多次重印，成为畅销书。在读硕士期间，他也把很多藏文的小说翻译成汉文，介绍给广大的汉文读者。后来他也提到自己写作上面比较集中的一个时期大概就在2000年至2002年左右，因为那时候还没有学习电影，以写作为主，然后也做一些翻译的工作。

硕士毕业后，万玛才旦回海南藏族自治州成为一名公务员，虽然公务员的工作和自己所学的专业没有多大关系，但他一直保持着对文学的热情，工作期间也发表了不少的文学作品。后来，万玛才旦写下辞职信，离开青海当地教育系统的公务员体制，到北京电影学院学习电影。这在很多人看来，是很蠢的决定。

"我的想法很简单，想用镜头展示藏族的真实的生活风貌。北京是文化中心，几乎最好的影视人才和机构都在这里，回到老家我将一事无成。"

一个偶然的机会促使万玛才旦去了北京电影学院学习电影，从此开启了他的电影之路，也获得了业界的诸多肯定。他在2004年拍摄了短片处女作《草原》，时任北京电影学院导演系教授谢飞说："这部作品证明了，不懂藏语、不是藏族人,就不会拍出真正的藏族电影。"

缘于自己的文学功底,万玛在电影学院的文学系扎下了根。第一学期的寒假作业就是用 DV 拍一个短片,开学后万玛交上了 30 分钟的短片《静静的嘛呢石》。就是这部片子,获得了大学生电影节第四届短片竞赛单元专业组剧情类优秀奖等一系列奖项,万玛大受鼓舞。2019 年 10 月,万玛才旦导演的《气球》在平遥影展中展播。放映厅里座无虚席,作为国内首映的第一站,《气球》在这里接受了影评人和第一批观众的热烈喝彩。

在很多场合接受采访时他也一直在强调,能在某个领域,尤其在电影创作方面取得一些成绩,肯定是和很多因素分不开的。这些因素当中,在母校西北民族大学本科和硕士的这段学习经历肯定是最重要的,这些奠定了他人生的很多基础的东西。"很多时候,回忆在母校度过的那段时光,总是有一种很亲切的感觉。想起母校老师们的敬业,想起他们的付出,真的让人感动!"

这些年万玛才旦的电影作品先后获得上海国际电影节金爵奖评委会大奖、海南岛国际电影节金椰奖最佳影片奖、最佳女演员奖、台湾金马奖最佳改编剧本奖,还屡获美国、意大利、日本、韩国、印度等各大国际电影节奖项。王家卫说:"万玛才旦电影的迷人之处,在于可以浅看,也可以深看。浅看,是宿命;深看,是解脱。"是的,就像我们从他的电影里看到那样,无论是在传统与现代的边界摇摆,还是在真实与梦境中寻觅,万玛才旦总能用他独特的笔调,使他的人物故事在平常中幻化出奇异的光彩。

生于斯,长与斯,故乡总是给人最强烈的印象,但把这一印象转变为影像,或者文字,却不是每个人都能做到的。足够幸运,足够渴望,足够热情,足够理解自己的精神意义上的"故乡",才会将其搬上大荧幕。所谓"越是民族的越是世界的",这句话如果放在这里,才有着"悠远"的意境和真实的存在意义。他拥有的绝对不是所谓"猎奇"的小趣味,而是一些更深层的力量在作用其中。那是他的故乡,西风烈烈,有真实无比的野性和自我救赎的人之欲求。

当他从故乡来到民大,从民大走向世界。民大,也是万玛才旦梦开始的地方……

一朝民大人　一生民大情

——记医学院 2007 届校友杨安

杨安，男，锡伯族，1983 年 7 月出生，陕西西安人，中共党员。2001 年，就读于西北民族大学预科部；2002 年，就读于西北民族大学医学院；2007 年就读于西北民族大学马克思主义学院。在校期间，曾担任校广播台台长、医学院学生会主席，曾获教育部、共青团中央"全国优秀学生干部"和校级"优秀毕业生""三好学生"等荣誉称号。现任兰州市广播电视台综艺体育频道总监，获评"金城文化名家""兰州市青年专家""中国电视城市台 60 年 60 人""十佳电视主持新星"等荣誉称号，主任播音员，法学博士。

2001 年，杨安考入西北民族大学预科部，也就是从那一年起，结下了他的民大情缘。在完成好预科阶段的各项学习任务之余，他考入了校园广播站，一个清新的声音从此回荡在校园内。同年，他还代表预科部辩论队参加了校园辩论赛，虽然队伍没有取得好名次，但是他个人的辩才给大家留下了深刻的印象。2002 年，杨安升入民大医学院就读，已经逐渐在校园舞台崭露头角的他，作为大一新生主持了医学院迎新晚会，并广受好评。从此他开始活跃在校园各院系的晚会中。2003 年，已成为校园内大型活动首选主持人的他荣幸主持了学校更名为西北民族大学和获批博士学位授予单位的庆典晚会，见证了学校发展的里程碑时刻。就在这一年，杨安报名参加了央视《挑战主持人》节目在全国范围内的选拔，并成功入围赴北京参与节目录制，在全国电视观众面前展现了民大学子的风采。2004年，已经在学校辩论圈成为风云人物的他，和队友们代表学校参加了首届金城大专辩论赛，并以黑马姿态一路过关斩将杀入决赛，在决赛中与对手兰州大学辩论队围绕"缩小东西部差距更新观念更重要还是资金投入更重要"的辩题展开精彩辩论，最终杨安和队友以绝对的优势战胜兰州大学斩获桂冠，从此开启了金城辩坛"民大时代"。2005年、2006年，由杨安领衔的西北民族大学辩论队所向披靡，先后战胜了兰州大学、西北师范大学、兰州交通大学、甘肃政法大学等高校辩队，连续三年蝉联金城大专辩论赛冠军，而杨安也以犀利的辩风、睿智的表达和敏捷的临场应变连续两届蝉联大赛全程"最佳辩手""最具人气辩手"，成为了金城辩坛当之无愧的明星辩手。2006年12月，杨安再度亮相央视，在王牌综艺节目《幸运52》的全国选拔中，脱颖而出，登上央视舞台与名嘴李咏"斗智斗勇"，也让很多电视观众记住了这个锡伯族小伙子的热情和开朗，再一次将民大学子的风采与素养展现在全国电视观众面前。2006年，临床医学专业大四的杨安，即将离校入院实习，在医学院党总支和校团委的大力支持下，杨安还成功举办了"沸点乐流感"个人演唱会，演出当晚民大礼堂座无虚席，无论是晚会的整体创意还是现场的灯光舞美效果都创造了民大校园晚会演出水准的新高。当然，杨安在民大校园的高光时刻，不仅局限于舞台上的成绩，由他担任站长的民大广播站打造了多档深受大学生听众喜爱的校园广播节目，由他担任学生会主席的医学院学生会也在全校团委工作中取得了优异的成绩，杨安本人也多次荣获校级"三好学生""优秀学生干部"，还被教育部、共青团中央授予"全国优秀学生干部"荣誉称号。2007年，杨安以优秀毕业生的身份完成了本科阶段的学习。同年，他以专业第一名的成绩考取了本校马克思主义学院马克思主义基本原理专业的硕士，开启了民大情缘的新篇。

2007年，对于杨安是很特别的一年，一方面他刻苦攻读硕士学位，与此同时，他将自己的主持天赋不断延伸，在兰州广播电视台举办的主持人大赛中，杨安从千余名选手中脱颖而出，坐上了"零距离"主播的位子，从此开始成为兰州市民家喻户晓的名主播。由他担任主播的甘肃省内首档电视民生新闻《兰州零距离》，不仅是传递政声的桥梁，更是倾听民意的纽带，杨安作为节目的标志性人物凭借着"说真话、办好事、用服务创造认可"的宗旨，很短时间内就取得了较高的知名度和社会美誉度。凭借着扎实的业务功底，杨安在全国范围内的专业竞赛中取得了优秀的成绩，2009年杨安荣获中国电视艺术家协会主持人专业委员会评选的"中国城市电视台60年60人"荣誉称号，这是一项极高的荣誉，而杨安更是该次表彰中最年轻的获奖者。2010年，在母校迎来六十载华诞的喜庆时刻，杨安非常荣幸地作为主持人与全校民大师生一起为母校庆生。就在同年，杨安也以出色的成绩完成了硕士阶段的攻读，并成功地考取了兰州大学的博士，继续深造。

一面抓学业，一面干工作，在常人眼里，这种"双肩挑"难度不小，可是在杨安的成长轨迹中，压力就等同于动力，奋斗才能成就精彩人生！作为一名党的新闻舆论工作者，杨安在学习中成长，在历练中成熟。通过不断努力，杨安于2014年成功获得兰州大学法学博士学位，成为目前甘肃省播音员主持人队伍中唯一具备博士学历的主持人和省内晋升主任播音员副高职称最年轻的主持人。在2014—2019年度的专业评比中，杨安五次获得甘肃广播影视奖播音主持作品一等奖。于2018年被中共兰州市宣传部授予首批次"金城文化名家"称号，2019年被中共兰州市委人才工作领导小组授予"兰州市青年专家"荣誉称号。成立于2018年的杨安工作室，也凭借专业性、权威性的内容生产，打破传统媒体传播平台的固化壁垒，在融媒体空前发展的环境下大胆试水，并最终实现融媒体产品的市场效益，获评"金城文化名家工作室"和"兰州市青年专家工作室"。多年来，杨安已经成为兰州这座城市代表性的知名媒体人，由他主播的《兰州零距离》节目多次荣获全国城市台十佳栏目，连续多年被评为省市级"青年文明号"，在国家广电总局的考核中，获得"全国广播影视系统先进集体""全国广播电视民生影响力60强栏目"和"全国地面频道民生新闻10强"等殊荣。杨安还多次担任兰州国际马拉松赛、金鸡百花电影节、中国车联网大会、中国机器人公开赛等全国和省市大型活动的主持人，都取得了良好的社会反响。近年来，杨安在行政领导岗位上也充分展现了指挥才能，先后于 2017、2018 年作为首席运营官策划实施了由甘肃省教育厅、中共甘肃省高校工委、中共兰州市委宣传部主办的"金城大专辩论赛"项目；于 2016、2017 年策划实施了由兰州广播电视台主办的"中国兰州主持人大赛"项目；于 2017、2018 年策划实施了由兰州市教育局、兰州广播电视台主办的"国学少年强"国学知识竞赛项目，上述活动都取得了良好的社会反响并成功打造了兰州本土 IP。

一朝民大人，一生民大情！毕业之后，杨安经常回到母校参加活动、看望老师，时常作为校友代表参加学校各院系举办的辩论赛、主持人大赛、诗歌朗诵、文艺晚会等，也主动利用自己新闻媒体的宣传平台积极报道母校的辉煌成就，多次将母校的动态新闻推送至甘肃卫视和央视新闻播出。"人的一生，没有很多个十年，在民大学习生活的十年，是我人生中最难忘和最宝贵的经历。"杨安经常这样和别人分享自己的民大时光。他也饱含深情地说，时至今日，他依然清晰地记得那句话——"今天我以民大为荣，明天民大以我为傲！祝福母校！"并以此作为自己的座右铭。

企业管理篇

行业的翘楚　撒拉的骄傲

——记原数理化系 1985 届校友陈喆

陈喆，女，撒拉族，1963 年生于青海省循化撒拉族自治县，1985 年毕业于原西北民族学院数理化系。现任珠海汇金科技股份有限公司董事长。

在国内金融界，"汇金科技"具有很高的知名度。她不仅是一家应用物联网、人工智能及区块链技术为银行提供运营内控整体解决方案的高科技企业，而且是国家高新技术企业、新兴产业骨干企业和国家规划布局内重点软件企业。汇金科技的方案和产品已应用于国内 300 余家中外资银行和 13 万多个银行网点。汇金科技高超的技术能力、严谨的工作作风和优质的售后服务，为陈喆赢得了信誉、口碑和各类光荣称号。

大学校花走上创业之路

陈喆出生在青海，生长在兰州，家庭条件比较优越，从小学习绘画、小提琴，大学时却考入了许多女生望而生畏的数学系。

在西北民族大学，陈喆长得漂亮，又多才多艺，是校花级别的人物。大一时恰逢学校 30 周年校庆，陈喆代表数学系演奏了一曲小提琴独奏。由于演奏特别出色，这一曲目被学校广播站选中每天中午播放。

音乐系的老师听见后认为陈喆很有天分，跑到数学系要人，劝她转入音乐系。然而，对逻辑思维感兴趣的她仍然坚持高深的数学，并且取得不错的成绩。

那个年代，学校伙食不好，食堂的面条很抢手，慢一点就没了，经常有男生抢走饭盒给陈喆打面条。回忆起校园生活，这位经战商场十余年的董事长有点羞涩地说："那真是一段特别单纯、美好的青春时光。"

5年的校园生活给陈喆留下了美好的回忆，一般来说，对于一个酷爱艺术的女同学来讲，数学专业是比较枯燥乏味的，但是陈喆却偏偏对数学理学很感兴趣，每次考试都取得不错成绩。正是这几年大学学习，培养和训练了陈喆的逻辑思维方法，为日后的工作打下了坚实的基础。

1985年，陈喆大学毕业，先后在青海省统计局、中国银行甘肃分行从事业务和管理工作。1997年，勇于挑战自我的陈喆来到如火如荼地推进改革开放的南粤大地，进入中国银行广东省珠海分行。凭借自身开朗、诚信、勤劳和坚忍不拔的个性，以及过往在青海省统计局、中国银行工作中历练的严谨思维、高敏感度、强行动力等特点，陈喆迅速崭露头角。翌年，35岁的陈喆已是中国银行广东省珠海支行行长，35岁，对于一个女人来说，意味着很多。此时她已经完成了恋爱、结婚、生儿育女的必经过程，事业也小有成就，生活基本定型。

也许是机缘巧合，也许是长时间储备的知识在潜滋暗长中遇到了燃点，在告别青春岁月的分水岭上，她迎来了人生中一次非同寻常的转机。

一切行动背后的推动力就是市场

陈喆基于对银行工作多年的亲身实践，对银行系统的业务运行状况和管理模式熟稔于心，对国内银行业现状和未来改革路径投入了更多更深的思考：当时，银行现金、票据等重控实物流转内部风险控制体系基本上都靠制度约束，用人工记录痕迹来管控风险，银行内部操作风险时有发生。随着经济的快速发展，银行业务迅速扩大，大大小小的银行网点在全国遍地开花，这也是意味着银行内部操作风险点正在大幅度增加。旧的银行现金、票据等重控实物流转内部风险控制体系已经不能满足需要，银行迫切需要新的内部运营风险管控方式。

陈喆敏锐地意识到这是一个潜在的、很大规模的风险隐患点，必须要用现代的管理模式、先进的技术手段系统化地解决，即把银行制度约束、人工留痕的管理方式改变成一种电子化全流程痕迹化管理系统。其实陈喆没有技术背景，更不懂软件、硬件，但是她认为这是银行迫切需要解决的问题，既然自己已经意识到了，就应该想办法去解决，这是她的责任。

想好了就行动！她不顾亲友们的好意劝阻，毅然辞去了在很多人看来已经功成名就的行长职务，离开营造多年的舒适环境，在一双双惊讶的目光中下海创业。

2005年1月，珠海汇金科技有限公司成立。公司主营业务是基于银行现金、票据、印章等实物流转内控风险管理整体解决方案及相关应用产品研发、生产和销售。通过软件系统、硬件设备和产品将银行运营板块的实物流转全过程进行信息化管理，从管理系统、控制系统、操作系统三个维度将银行的大运营实现电子化、痕迹化、系统化，整个银行业内控管理将迎来革命性变化。

从银行管理者转型到创业者的陈喆以身作则，每天的工作时间都是十五六个小时，无论开会、加班到多晚，第二天都会准时出现在公司。汇金科技上下秉承着陈喆一究到底、止于至善的做事风格。

天道酬勤，2005年10月，汇金科技首创、具有自主知识产权的"卡封"系列软硬件产品正式推出，先后在中国银行总行、交通银行总行部署实施，获得了一致好评，继而迅速在工商银行、农业银行、建设银行、邮政储蓄银行等银行广泛应用。"卡封"系列产品的问世，改变了新中国成立后各专业银行现金管理、实物流转一直沿用的管理制度和产品，是一次革命性的变革。2011年，汇金科技自主研发出了银行自助设备集中加配钞业务管理改革的解决方案和卡钉系列产品，其中动态密码锁及远程密码锁设备获得了美国及欧盟发明专利。凭借该解决方案和产品的技术优势和适用性，在成功开拓了农业银行全国市场后，汇金科技卡钉系列产品又先后拓展了工商银行、建设银行、中国银行和交通银行等主要国有银行和股份制银行。

陈喆和她的汇金科技持之以恒的努力得到了丰厚的回报。由于项目品质独特，售后服务全面，汇金科技赢得了银行客户的广泛认可，在银行业内积累了很好的口碑，业务也在全国各地健康地铺展开来。截至2016年6月末，汇金科技的银行客户达到200余家，涵盖国内国有大型商业银行、股份制商业银行、城市商业银行、农村商业银行、农村信用社及外资银行等，在银行客户覆盖面以及同类产品在营业网点、自助设备终端覆盖率上均处于国内领先地位。

不忘初心，永远是创业型科技公司

2016年11月17日，汇金科技在深圳股票交易所创业板挂牌上市，这是公司发展历程中的一个里程碑，标志着汇金科技跨入了全国优秀企业的行列，也标志着汇金科技迈入了新的发展阶段。但陈喆并不满足于此。在公司全体员工的庆祝会上，陈喆董事长十分冷静地告诉大家：汇金科技上市说明了资本市场对我们的认可，可喜可贺。但是我们要清醒地认识到，上市只是新的起点，而非终点，我们还有很长的路要走，还要迎接很多新的挑战。

汇金科技的发展与金融及泛金融业密切相关，对此陈喆早已警觉于心。提及公司未来的规划，陈喆表示："要同心多元化，内生增长，外延发展。"在服务银行的同时，我们的核心技术完完全全可以辐射到泛金融行业。

上市之后，陈喆顺应银行业改革发展的潮流，继续带领汇金科技紧跟技术发展趋势、银行业转型方向，相继研发成功金融AI、互联网金融、智慧网点重控等解决方案及产品，为金融行业客户提供"云+端"整体解决方案。公司拥有150多人的专业研发团队，建设有广东省企业工程中心、广东省企业技术研究中心、珠海市物联网技术研究开发中心等高水平研发平台。公司坚持自主研发、持续创新，形成了系统解决方案、软件和硬件产品、关键部件和模块等多层面的核心技术体系。每年研发投入占比都在12%以上，参与制定国家和行业标准 3 项，拥有 100 余项知识产权，被国家知识产权局评为知识产权优势企业，在行业内具有明显的技术优势。

卓越是强者毫厘之间的差距

汇金科技的经营理念是"追求卓越、创造价值"，立志建设成为卓越的民族品牌。追求卓越不仅是一种理念，更是一种行动。

"汇金之所以方方面面都有一些高的标准，是因为我希望大家都能够追求卓越。卓越往往是强者毫厘之间的差距，我称之为是头发丝之间的竞争。你每天、每做一件事，都以这么一种标准要求自己，过一段时间回头看，你一定比别人更有内涵一些，更进步一些。"她说。

巾帼的翘楚，撒拉的骄傲

几年以前，循化人很少知道陈喆这个不常见的名字，现在，坊间以不知道陈喆其人其事即为孤陋寡闻了。人们知道陈喆是循化人，是个很富有的知识女性，而且还是撒拉族，一提起她的名字，众人脸上洋溢着半分自豪、半分骄傲的神情。

高科技、上市公司、女企业家，陈喆用自己的睿智和勤奋证明了少数民族未来发展的多种可能性——我们不只会种田放羊，也不只做低端加工业，只要努力，完全有可能问鼎高科技行业。面对个人成就，她总是谦虚地说，是改革开放的好政策和这个伟大时代给了她展示才华的机遇；企业做到这个程度，个人对金钱已经看得很淡了，内心的追求就是要将企业做强做好，丰盛员工，健康企业，回馈社会。她始终坚信："你每天、每做一件事，都以这么一种标准要求自己，过一段时间回头看，你一定比别人更有内涵一些，更进步一些。"

陈喆受过高等教育，有在银行任职的丰富经历，这就注定她与改革开放初期成长起来的众多乡土企业家有着不一样的价值理念。汇金科技一直致力于社会公益事业，成立了非公募社会慈善基金，设立专项援助项目，筹募善款，帮助残疾儿童。她挂怀西北贫困地区，每年以个人名义捐助许多贫困大学生和留学生。

陈喆从西北高原到南海之滨，从银行行长到企业家，不断追求卓越，挑战自我，挖掘潜能，厚积而薄发，努力实现人生价值！

对于在母校的莘莘学子，陈喆希望他们始终保持旺盛的学习力，勤于思考、勇于挑战、拥抱变化、持续成长……只要这样坚持、努力，就一定能在日后的职场上做出一番事业！

促团结发展　树清风正气

——记原民贸系1985届校友卓玛才让

卓玛才让，男，藏族，中共党员，青海湟中人。1985年毕业于西北民族学院民族贸易系。现任中国贵州茅台酒厂（集团）有限责任公司党委委员、纪委书记，贵州省监委驻茅台集团监察专员。

刻苦努力的求学者

1963年7月，卓玛才让出生于青海湟中县。他从小就是名懂事的孩子，深知只有通过知识才能改变家乡和家庭的面貌。作为农村学生，在求学的历程中除了认真学习，还要力所能及地帮助家长做一些农活和家务活，深得乡亲邻里的好评。通过不懈努力，卓玛才让如愿考入西北民族学院民族贸易系。当时的民族贸易专业是国家新开的一个专业，学校的师资和办学经验不足。为了办好这个仅有40人的班，学校高度重视，邀请的老师既有本校的老师，还有中国人民大学、陕西财经学院等名校的名师和具有丰富实践经验的专家；既安排在教室给大家传授知识，又安排到北京、天津、青海、甘肃等地的政府机关、商业企业实习增长才干。在学校，卓玛才让是一位品学兼优的学生，学习认真、善于思考、乐于助人，先后担任过班上的学习委员、团支部书记、团总支组织委员等职务，他也是学校在学生中发展的最早的一批共产党员。在学校获得的丰富知识和担任学生干部积累的管理经验,为卓玛才让走向社会奠定了扎实的基础。

民族工作的推动者

1985年7月卓玛才让被分配到贵州省工作,先后担任贵州省民委经济处副处长、办公室主任,中共贵州省统计局党组成员、纪检组长,中共贵州省政协机关党组成员,省纪委派驻省政协机关纪检组组长,中国贵州茅台酒厂(集团)有限责任公司党委委员、纪委书记,贵州省监委驻茅台集团监察专员。

卓玛才让作为西北民族学院最早分配到贵州工作的同志之一,利用在学校学习的专业知识,注重抓好党和国家民族政策的贯彻实施,长期致力于贵州民族地区的发展,先后组织实施了民族贸易民族用品生产优惠政策的贯彻落实、扶持人口较少民族发展工作和民族地区的扶贫帮扶工作。在深入调查研究的基础上,多次参与国务院关于民族贸易民族用品生产相关优惠政策的起草工作。2011年参与了《国务院关于促进贵州经济社会又好又快发展的意见》(国发〔2012〕2号文件)的前期文稿起草工作和贵州省委、省政府关于贵州民族工作方面多个文件的起草工作;牵头起草了多篇贵州省委、省政府主要领导、分管领导关于民族工作方面讲话稿;参与过包括全国第九届少数民族传统体育运动会在内的各类大型活动的组织。他深入研究民族地区的发展,会同爱人吕海梅(西北民族学院大学同班同学)先后承担了国家民委委托的民族乡行政工作条例完善研究、民族地区工业园区发展研究、少数民族传统手工艺传承发展研究等课题,撰写了民族工作和民族地区发展方面的论文调研报告上百篇,多数研究成果得到相关部门的采纳,为推动贵州民族工作和民族地区的发展做出了积极的贡献。

清风正气的守护者

在纪检监察工作岗位上,卓玛才让同志忠于职守勇于担当,认真履行监督执纪问责的职责，充分发挥监督作用，创造性提出了构建四个机制推动两个责任落实等工作思路，推动了贵州省统计系统、贵州省政协机关党风廉政建设和反腐败工作取得新的成效。2018年7月，卓玛才让调到茅台集团这个营收过千亿、市值达一万六千亿、员工达4万人的贵州省大型国有骨干企业任职以来，为维护好茅台酒这个国家的民族品牌，确保国有资产的保值增值，维护好国有企业风清气正的良好政治生态，坚决按照中央和贵州省委的决策部署，认真履行监督执纪问责和监督调查处置职责，深入开展专项整治，坚决惩治违法违纪行为，确保了茅台集团健康稳定持续发展，使茅台的酒更香，风更正，人更和。

　　卓玛才让认真负责、开拓创新、任劳任怨的工作精神得到了贵州各级领导和干部群众的肯定和好评，先后两次受到三等功嘉奖，被评为省直机关优秀共产党员，2011年在贵州省承办全国第九届少数民族传统体育运动会中因贡献突出受到贵州省委、省政府的通报嘉奖。

踏马扬鞭　挥斥方遒

——记原医疗系 1987 届校友沙靖轶

沙靖轶，原名沙景毅，回族，陕西西安人。1987年毕业于西北民族学院医疗系临床医学专业。曾任西安杨森制药有限公司销售经理，长安信息产业集团股份公司总经理，步长集团常务副总裁、葵花药业战略合伙人，万隆集团独立董事等职务。现任步长投资集团董事长、重庆中邦药业集团公司董事长、黄河企业集团首席顾问。

不走寻常路　爱拼才会赢

在医药行业，沙靖轶被誉为"西邪"。这个"邪"字即沙靖轶策划管理的不守常规，用大手笔加小细节为企业发展出谋划策。他所实施的营销案例是医药界精彩纷呈的江湖掌故。诚如沙靖轶所言："我不是一个因循守旧的人，我想体验各种不同的东西和更多的人生感受，不断尝试商海风云中新的乐趣。我也不怕失败，失败了大不了重来。办法总比困难多。人对自己要有坚强的信念。心灵的支持、精神的强大才是最重要的。我一直在战胜和超越自己。"

1987年沙靖轶从西北民族学院医疗系毕业，被分派至陕西省西安市西电职工医院儿科工作，曾获得"先进工作者""优秀工会会员"等荣誉称号。1989年，26岁的沙靖轶扔掉了西电职工医院的"铁饭碗"，一头扎进了广阔的商海。结合自己多年的工作经验,他毅然选择了当时中国最大的中外合资企业——西安杨森制药有限公司。他出任市场部西北地区的销售经理,此间荣获地区销售经理"雄鹰特别奖""最低费用奖"和"最低欠款奖",为公司年销售额突破 10 亿元做出巨大贡献。他还组织策划了西安杨森制药有限公司"安乐计划"教育活动,巡回演讲,并在陕西省人民广播电台开办的"杨森热线"中担当节目主持人,为企业宣传和医药产品的营销做足了功夫。此外,他还协助香港博雅公共关系公司组织策划和主办了西安杨森制药有限公司的开业庆典,接待了合资方外方所属国的首相、副经理以及其他国内外重要嘉宾 2000 多人次,扎实的医学功底和丰富的医药知识让他在西安杨森制药有限公司的发展中如虎添翼、游刃有余,同时也为他在医药界的进一步发展积累了丰富的经验。

挑战自我 不断超越

1994 年,沙靖轶进入很有影响力的正大集团,任正大财务公司、正大制药集团副总经理、总经理,主要负责企业的收购兼并及重组。1994 年至 1998 年,他先后担任西安正大制药有限公司副总经理和安康正大制药有限公司董事兼副总经理、正大制药集团决策委员会高级行销员等要职,并先后在无锡正大科普利制药有限公司、连云港正大制药有限公司、济南正大制药有限公司、杭州正大青春宝有限公司等部门任要职。期间,他为西安正大药业、安康正大药业、连云港正大药业做出专业评定,并为正大集团所属企业的人才发展及专业市场策划、集团发展及企业上市做出贡献,使正大药业从无到有,总销售额提升到 21 亿元,还为正大药业在香港上市付出了巨大的努力。

1998 年 8 月他就职于步长集团,任常务副总裁兼总经理。凭着在医药行业十几年丰富的工作经验,他为企业制定战略目标,广泛建立销售网络,不断开拓全国的销售市场,培养和壮大销售队伍,使销售量成倍增长,将企业销售额由原来的 1.5 亿元发展到 12 亿元,逐年翻倍,使企业快速发展并连续六年蝉联"陕西省民营企业第一纳税大户"。2001 年步长集团被评为"中国民营科技企业新秀奖";2002 年又被中华全国工商业联合会、国家税务总局评为"诚信纳税企业""优秀企业文化一等奖"等。2009年步长制药集团位列中国制药企业综合排名第8位，年纳税6亿元。

2003年1月他出任长安信息产业（集团）股份有限公司总经理。该公司是集医疗服务、医疗器械、医药投资、药品制造、计算机应用、房地产开发、商业流通、管理、服务为一体的综合性上市企业集团，下设长安医院、长安百盛公司、海南长安国际制药有限公司、陕西秦明电子（集团）有限公司等10余个分、子公司。他为集团的医疗服务、医疗器械、医药投资和药品制造策划并制定相应政策和战略目标。在资产重组和新的经营领域方面，集团投资数亿元组建了集医疗、科研、康复为一体的长安医院；投资控股海南长安国际制药有限公司，生产新一代的抗癌新药；投资国内第一家生产心脏起搏器和传感器的陕西秦明电子（集团）有限公司。他积极引进具有国际专利的新技术、新产品，使集团制药国际化，为集团公司进入中国百强企业、立足高新技术起到了较好的引导作用。长安信息产业（集团）股份有限公司曾连续四年进入中国电子百强企业，多次被西安高新技术产业开发区评为优秀企业，被陕西省银行同业协会评为"诚信企业"。多年来，长安信息产业（集团）股份有限公司立足于高新技术企业，创造了不凡的业绩，产品销售与服务领域不断向全国拓展，在长期的实践中积累了丰富的经验，其经营业绩与企业形象在业内颇具影响。

2004年，他投资收购重庆中邦药业集团并任董事长。该厂是以农药生产为主的新型现代化大型企业，目前是西南地区最大的农药生产企业之一，不仅拥有先进的农药生产设备和研发技术，而且与国内外的科研院校建立了良好的合作关系。在沙总的带领下，公司连续两年被评为"重庆市高新技术企业"，同时还被国家发改委正式授予"中国化学制造百强企业"荣誉称号。

难忘母校情

沙靖轶说："我很感激民院，兼容并蓄在这个多民族院校得到了真正的体现。民院宽容和博大的胸怀成就了今天的我。"母校的大学生活往事历历在目,他至今怀着对母校的深深眷念。沙靖轶说特别感谢那些关心、帮助、支持他的学院领导、老师和同学,没有他们的帮助教诲,就没有自己的今天。20多年后再回首,同学们各奔东西,虽然每个人所走的路不同,但现在发现,大学的生活原来是那么美好,那么值得怀念。"还记得老师上课时对我们的谆谆教诲,还记得在丁香园里的浅浅脚印,还记得球场上我们矫健的身影……"

沙靖轶大学时代十分热爱体育运动,是当时医疗系的活跃分子,在校田径队、足球队、篮球队期间多次代表学校参加甘肃省大学生联赛,还取得过不错的名次。丰富多彩的大学生活不仅给他深厚知识,还成就了他健康的体魄,使他拥有了旺盛的精力、协调的能力,为现在的工作和事业奠定了坚实的基础。

他说:"我们西北民院培养的学生社会适应能力很强。我们学校学生的最大优点一是敢拼敢闯,吃苦耐劳,适应能力特别强;二是多民族多文化复杂环境成长的学子会知难而上,毫不畏惧,不给自己留退路。"回忆起自己当年的大学生活,让他难忘和受益的东西很多,他对学弟学妹们今后的发展提出以下建议:首先,兴趣是最好的老师。要想把事情做好,首先必须找到自己最喜欢的、找到适合自己的事来做,找准自己的优势并且不断放大。其次,人需要有长远的目标,哪怕困难的时候也不要放弃你的梦想,在向目标迈进的过程中我们应该学会像日本著名的马拉松运动员山田本一那样,把大目标分解成一个一个的小目标,然后分阶段去实现,把你的目标分解到月份,甚至自己再简单分解到每个月的旬、周,并且每周争取完成本周制订的目标,这样下来,像马拉松运动员一样,一定能够达到人类长跑的极限。第三,成功给予有准备的人。准备、准备再准备,没准备好千万别出手,要达到"一击得手"的效果。做好充分的准备才能产生量到质的蜕变。

共铸中国心

商场纵横多年,沙靖轶一直很感激家人的理解和支持。"在困难的时候,有了家人和朋友的支持帮助,有团队的坚守,才使我的修复能力特别强。"鸦有反哺之情,羊有跪乳之义。沙靖轶认为财富是从社会中得来的,在自己有了一定的发展之后应该反哺社会、感恩社会。人不能仅为自己活着,应该在自己力所能及的范围内帮助别人。他不仅是这么想的,也是这么做的。"共铸中国心"活动就是最好的体现。"共铸中国心"大型公益行动计划实施于2008年5月16日,是由全国优秀医务工作者共同倡导发起的一项社会化公益行动。该活动以关注、解决西部穷困地区心脑血管疾病的防治工作为宗旨,以改善西部地区群众的健康状况,提升当地医疗救治水平为目标。自开展以来,步长集团先后在宁夏西海固、内蒙古阿拉善等西部偏远地区,用慈善资源,把发达地区的优势医疗资源和偏远贫困地区缺医少药的人群有机联合起来,引导优势的医疗资源投入到西部地区。沙靖轶是"共铸中国心"的策划者之一,他告诉记者:"通过慈善活动为贫困的人们、为国家、为少数民族贡献自己的绵薄之力,给予别人帮助,自己的心灵也能得到满足,给予别人帮助,受助者也许就此会改变一生,这才是真正的大爱无疆。"

2010年5月26日,在西北民族大学陕西校友联谊会上,沙靖轶代表优秀校友讲话,表达了对母校60年校庆的深深祝福和对美好大学时代的无比留恋,并即兴高歌一曲《忘不了》,他那高亢深情的歌声打动了在场所有校友的心。我们有理由相信,沙靖轶和步长投资集团及重庆中邦药业集团将有更大的发展机遇,他必将带领他的团队开拓更加辉煌的明天。

自由的人　自由的梦想

——记原医疗系 1992 届校友马文贵

马文贵，男，回族，中共党员，1992 年毕业于西北民族学院医疗系。在校期间曾任医学院学生会主席、西北民族大学校学生会主席、甘肃省青年联合会副主席。现任甘肃博大医药有限公司董事长，自由金融投资人。

校园生活

1987 年，马文贵怀着梦想考进了西北民族大学医疗系，虽与自己的初衷和最爱——当时的民贸系失之交臂，但也如愿以偿地踏上了自己向往的西北民族大学，也就是从那一刻起，开启了他美好的大学生活和孜孜不倦的求学之路，开始了他的民大情缘。从入学开始，他就刻苦努力，潜心钻研、勇于奉献，从班长到系学生会主席、校学生会主席，再到省青年联合会副主席，每一次的进步都是一种历练与提高，也是一种财富的积累。五年大学时光匆匆，母校的培育，师长的教诲，时代的机遇，让青涩少年的马文贵在这里成长，收获了知识，收获了理想，也让人生充满了梦想，感恩母校。

就业与转型

1992年7月,马文贵毕业被分配到兰州市肺科医院工作,在肺科医院从事了两年多的呼吸内科的临床工作。作为一名医生,虽然有着不错的职业、薪水和社会地位,但他一直无法压抑住骨子里的那种拼搏和创业的激情,而此时正值改革开放的初期,党和国家也鼓励百花齐放、百家争鸣,各行各业要勇于探索、勇于创新。怀着对未来的梦想,他决定去闯一片属于自己的天地。1994年末,他停薪留职,开始了自己的转型之路。这个20多岁的青年独自来到广州,开始了人生的探索。

在广州结合自己的专业和所长,马文贵进入了一家医药销售公司,在经过系统性的专业销售培训后,公司派他负责兰州地区的业务。由于他的勤奋与付出、才华与智慧,从刚开始的只负责兰州地区,到负责甘肃地区,最后负责整个西北地区,成为公司的副总,成功进行了职业的转型。

创业与发展

在商海学习、拼搏了多年后,在有所积累、有所建树的基础下,怀着自己人生的理想,马文贵在2004年注册成立了自己的企业"甘肃博大医药有限公司"。公司本着以人为本、诚信经营的经营信条,凭借专业的团队和完善的管理体系,在日新月异的经济大潮中,逐步成长为一个甘肃省医药行业中的卓越的企业。

2014年末,马文贵将经营了十余年的企业进行了改制,从而将自己从具体的管理工作中脱离出来,开始了新的生活、新的追求。渴望成为一个人生自由的人,开启自己的自由人生。马文贵对自由的理解是"不仅仅要实现财务的自由,更要实现时间的自由、空间的自由",这才是一个完美的自由,一个真正的自由。

从医生到商人,从普通从业者到管理者,到自我的拥有者,马文贵不仅孜孜不倦地钻研学习，又吃苦耐劳，勇于实践，敢于开拓、创新，力求在每一个台阶上都做得最好，从而成功实现了成功转型。在他的成长轨迹中，压力就等同于动力，奋斗才能成就精彩的人生。

跨界与超越

卸任管理工作之后，马文贵开始了自己人生新的追求——做自己喜欢的事，跨界探索与学习。从 2015 年开始，马文贵一方面开始学习了解相关金融投资类的知识，花费了两年的时间，在清华大学深圳研究生院系统性地学习了相关的金融投资类的知识，并结识了国内众多的优秀投资者和交易者，另一方面开始接触国内金融投资行业的成功人士和行业中的佼佼者和师者，与良师相随，受益匪浅。

在开辟新的专业领域的同时，马文贵也积极努力地在实现自己的人生追求——自由的人生、自由的梦想，期望在有生之年，走遍世界各地的秀美山川。在学习进步的同时，抽出更多的时间去学习了解世界各国的人文历史和风土人情，感受世界的大同与不同，修正自己原有对世界的认知。他的足迹踏遍了亚洲、欧洲、非洲、美洲和大洋洲，在游历中无论是欧美等发达的老牌资本主义国家，还是亚非等发展中国家，都有着自己认知外的优点和不足，通过对比，才更加深刻体会到自己祖国的伟大和不易，才真正感受到了祖国的强大和发展，才更加激发了热爱祖国的深深情怀。

一生民大情

离开母校近三十年，马文贵在医疗行业、商界、金融业等领域一路奋进，在医生、商人、交易员等多重身份中成功转型跨越。回望历程，在民大学习生活的五年，是他人生中最难忘和宝贵的经历，是他人生之根基、事业蓄能之起点，是西北民族大学助他展翅高飞。在感恩时代机遇、改革开放的同时，更感恩母校的培养。

寄语大学生

每当春暖花开,马文贵都能忆起满园春色、香飘四溢的美丽母校,无论身处何地,都能忆起西北民大是自己人生蓄能之起点,是母校培养了他。在母校70华诞之际,他寄语师弟师妹们:作为现代大学生,当我们离开校园,步入社会的时候,我们应该了解自己、了解社会、了解祖国;热爱自己、热爱社会、热爱祖国;通过实现自己的理想、抱负,回馈社会、报效祖国。所有的幸福都是奋斗出来的,所有的成功都是努力换来的,为自己的理想奋斗,让人生无悔。

勇于逐梦　追求极致

——记原民贸系 1992 届校友马健

马健，男，回族，青海西宁人，1992 年毕业于西北民族学院民族贸易系。甘肃省政协委员、兰州市政协委员、兰州市城关区政协常委、甘肃省摄影家协会副主席、兰州市摄影家协会主席、马健摄影集团董事长。

勇于挑战，自行钻研

1988 年，马健考入西北民族学院，学习民族经济贸易专业。毕业后，因成绩优秀，留校从事宣传工作。一个偶然的机会，他开始给学校宣传部一位负责校刊的老师当助理，由此走上了摄影创作之路。

回顾在大学的四年时光，记忆像电影画面一般在马健脑海里掠过，许许多多的回忆纷至沓来，历历在目。谈到拍照的经历，一向沉稳的他显得有些激动："想当年峥嵘岁月，一个字'穷'了得！"这虽是笑谈，其中的苦涩却不经意弥漫。创作之初，马健就把学校的宿舍当"影棚"，以白墙当白背景，黑布当黑背景，免费给校友们拍照。只要是和人像摄影相关的拍摄，他都喜欢挑战，并且在挑战的过程中感到其乐无穷。

1994 年，马健举办了自己人生中第一个摄影个展"甘南人物风情摄影展",这使得马健在学校和社会上一下子成了大众明星,很多人都开始粉他。对于自己的迅速走红,马健并不觉得这很偶然,相反他认为自己的"一夜爆红"得益于自己对摄影艺术的热爱、理解和积累,即便一下子蹿红,那也是过往时光积累在摄影事件上的一次爆发。

舞光弄影,游刃有余

1996年,马健离开学校,开启了艰难创业的征程。他只想在不同的岗位上实现自己的人生价值,做到不被时代淘汰。此时,以马健本人姓名命名的工作室在黄河剧场里悄然成立,这也是兰州市第一个以个人名字命名的摄影工作室。将摄影作为职业是件幸福并痛苦的事情,幸福的是马健可以在工作中得到满足和乐趣,痛苦的是他必须要忍受事业的煎熬和生活的困顿。从创立的那一刻起,他便品尝到了创业的艰辛和磨难,梦想就像一把锥子悬挂在他的头上让他无路可退。刚开始成立公司的时候,可以说是一穷二白,资金相当吃紧,因为要把为数不多的资金投入到公司运营层面,最苦的时候,马健拉着亲弟弟在暗房里冲洗照片,一忙起来就是几天几夜,那时冲洗照片,药水把手都伤坏了。有一天,马健的父亲实在为儿子们担心,便歇斯底里地冲马健发火:"你这样将自己没白天没黑夜地泡在药水里,你要死我管不着,可你千万不要拉着你弟弟一起死。"

最初那几年,创业的巨大压力压在了马健身上,马健经常通宵达旦地待在公司,亲自拍摄、跟妆、定制服装,最后将企业做到多达两百多人的拥有台湾现代管理模式的摄影集团,做到兰州市婚纱摄影市场的NO.1,就连现在很多影楼的老板还是马健当年的员工。一步一脚印,一辛一苦甜,回想最初的创业经历,人到中年的马健心中澎湃,自不待言。

马健是一个用感觉拍摄的摄影人,"非专业"的摄影技巧和天生的审美观点形成了他独特的摄影风格。他的每件作品里都仿佛有一个小故事,细腻的画面、自信的表现,给人一种抵挡不住的诱惑。作为一名少数民族艺术家,他不断钻研少数民族的商业拍摄模式,得到了西北少数民族的认可,并且在全国填补了少数民族形式的商业拍摄模式空白。多年来，他经常在国外采风和参加展览活动，先后到过伊拉克、埃及、印度尼西亚、马来西亚、土耳其、泰国、阿联酋等国家进行采风，并携带大量反映中国社会主义建设发展、人民生活水平提高、中国欣欣向荣变化的影像作品给国外华侨及政府官员们观看，还不断向海外亲人反映中国的变化及经济发展、法制建设的完善、人民安居乐业的现状。2013年6月，马健摄影作品展"丝绸之路的表情"在甘肃国际会展中心开展，这是"兰洽会"首个个人主题的摄影展。截至目前，在兰州把摄影个展搬进"兰洽会"会场的，只有马健一人。其实，在此前马健还成功举办过多个个展，如"马健人像摄影展""马健眼中的伊朗"等，可谓在兰州轰动一时，在人像摄影领域里取得了令众多摄影人羡慕的成绩，其作品斩获国内外大奖无数。

反哺社会，报效桑梓

2007年，马健在兰州大学经济管理学院EMB学院开启了自己的求学深造生涯继续充电。2010年毕业后，带着对摄影艺术全新的理解，果断将企业成功转型，专做文化产业。在他看来，即将面临的不过是一个又一个不应惧怕的考验，创新之路永无止境，上下求索的心也永无止境。

自1988年来兰州求学至今，他已在兰州生活了三十多年，早已将甘肃当作了自己的"第二故乡"。他始终不忘感恩养育他的这方热土，懂得将自己的一技之长回馈社会。为了更好地宣传甘肃，马健参与了很多由政府组织推介和宣传甘肃的大型活动的策划与编撰工作，曾多次组织和带领甘肃的摄影人，用他们手中的镜头宣传和推介甘肃，让更多人通过一场场大型的摄影采风和展览活动，对甘肃有更深刻的印象和更直观的了解。他竭尽全力为更多的有志青年搭建展示自我的平台。在公司发展壮大的同时，他为兰州市各大中专院校的毕业生以及下岗人员提供了很多就业机会，并向社会输送了一批又一批优秀的管理者，专业的摄影师、化妆师等人才。他还坚持在兰州大学、西北民族大学义务授课，毫无保留地向师生们传授自己的知识和实战经验。

作为一个成功的少数民族企业家，马健在竭力运筹发展自己的企业，创造更多价值的同时，始终热心关注社会公益事业，并教育他的员工也能够多为社会做一些力所能及的事情，共同构建和谐社会。二十多年来，马健在外出采风寻找摄影灵感的过程中，对西部地区的贫穷落后深有感触。每一次外出，他总是会留意资助当地贫困家庭或失学儿童，并坚持拿出企业的一部分利润资助失学儿童和甘肃、青海偏远山区的贫困学校，汶川地震时他捐款20万元，对农民工儿童及失学儿童的捐款及帮助更是不计其数。马健用他的一份份真心感染了身边的员工并赢得了大家的爱戴。

马健常说："一个人成功算不了什么，如果他能够带动身边的人都成功，那才是真正的成功。"他倡导"摄影在摄影之外，管理在管理之外"，作为一位企业家，在员工面前，不像是苛刻的老板，更像是一位博学的师长。他用自己的一言一行影响着身边的人。

在学校建校70周年之际，作为母校的一名学生，马健也很想把毕业后27年的工作感受见诸文字，一是抒发对母校的眷恋之情，表达对母校的感激之情；二是希望他的创业经历能让在校和今后的学弟学妹们有所借鉴，有所帮助。借此机会，马健衷心祝愿母校：未来征程，初心不改，韶华不负，笃定前行。

藏药传承与开发道路上的奋进者

——记原医疗系 1998 届校友孙泰俊

孙泰俊,男,藏族,中共党员,1972年2月生。入学前是青海省贵德县新街乡一个偏僻闭塞村庄的农家子弟。幼年家境贫寒,但他读书不辍,敏而好学,故全家举一家之力供其求学。

读书不易。年少的孙泰俊在心里暗暗决定自己一定要好好学习,不能辜负父母兄弟的期望。上天总是优待那些敢于向命运挑战的人。求学期间,孙泰俊总是无比认真地对待每一件事,积极争取每一个机会。在激烈的高考竞争中,很幸运地考上了西北民族大学,成为93级医疗系(本科班)临床医学专业的一员。在校期间,他一直担任班长,于他,这些是考验也是经历。"学习不仅仅是学知识,还有慢慢积累经验的过程。民大是很务实的一所大学,民大的同学们都很优秀,老师们也是如此。"

五年,对某些人可能只是弹指一瞬,但对于他,这或许是他坚定今后发展方向的五年。"在民大这五年里,我形成了自己的价值观,学会更加深刻地体悟世界,更重要的是,学会了如何做人。"

怀一腔情，存高远志

当孙泰俊在美丽的校园里漫步的时候，他深切地感受到西北民大就是他们的智慧之源，课堂就是他们成长的摇篮。因为，西北民大不仅有门类众多的专业设置，设施齐全的教学环境，更有一支兢兢业业、忘我工作的教师队伍和科学规范的管理规则。学会学习、学会生活、掌握知识、掌握技能、发展智商、培养情商，塑造自己的人生，成为建设祖国的有用专才，是学子们共同追求的理想。学院科学而又严格的管理制度，为他们营造了良好的学习和生活氛围，培养了他们认真负责的习惯，让他们在学习知识的同时，更懂得做人做事的道理，令他们终生受益。

五年的大学生活很快结束了，带着对美好未来的憧憬和民大老师的嘱托，他来到藏药生产企业金诃藏药，从事藏医药的科研和生产、管理工作，从一个初出茅庐的莘莘学子到藏医药青年专家和企业管理型人才，只用了仅仅10多年的时间。无论是在藏医药研发、质量管理、生产管理，还是在藏医药特色炮制方法、新药研发、生产工艺改进、制药企业全面管理等方面，都做出了突出的成绩和较大的贡献。

求学归来，传承藏药

通过他的精心管理，金诃藏药产业链企业年均产值销售增长20%以上，依托全新的藏医药软硬件平台，倡导以"药品关系生命，质量决定生存"为生产质量管理的核心理念，注重科学技术创新，采取了一系列行之有效的措施，取得了显著成效，使金诃藏药成为科技部、国务院国资委、全国总工会确定的国家创新型企业，国家发展和改革委员会确定的国家高新技术产业化示范企业，国家民委确定的全国少数民族用品指定生产企业，国家工商局确定的全国"重合同，守信用"企业，青海高新技术企业，青海省科技型企业。2006年被青海省政府授予"青海省财务诚信十佳单位"荣誉称号。2007年度被青海省精神文明办公室、青海省工商行政管理局评为"青海省诚信单位"，青海省利税大户；2007年荣获国家科技进步二等奖；2007年公司组织编制的"七十味珍珠丸'赛太'炮制技艺""藏药材阿如拉炮制技艺及应用"等4个代表作品被文化部列入国家级第二批非物质文化遗产名录，2008年4月被青海省精神文明建设指导委员会办公室、青海省工商行政管理局、青海省个体私营经济协会评为"青海省文明诚信民营企业"，2009年"金诃"牌商标被认定为中国驰名商标。

为了解开传统珍宝类藏药的神奇疗效和神秘面纱，2002年他作为主要研究者，与中国科学院西北高原生物研究所共同承担完成了国家重点科技项目"名贵藏药金诃七十味珍珠丸矿物质元素研究"，该科研成果通过专家鉴定，并达到国际先进水平。为了保护拯救藏药传统炮制技艺，孙泰俊积极倡导充分挖掘、整理传统炮制技艺。2007年4月，由他主持组织编制的"七十味珍珠丸'赛太'炮制技艺""藏药材阿如拉炮制技艺"被文化部列为国家级第二批非物质文化遗产名录；2007年3月又主持了2007年青海省第一批企业技术创新资金项目"藏药炮制关键工艺及设备研究"，使藏药生产工艺改进和设备更新得到了全面的提升；参加了"十一五"国家科技支撑计划项目"民族医药发展关键技术示范研究"分课题二"藏药佐太、寒水石和诃子的特色炮制技术研究"。参与编写了由青海省食品药品监督管理局批准颁布实施的《青海省藏药炮制规范》。

藏药开发，天道酬勤

藏药丸剂的崩解问题始终是困扰生产工艺和市场推广的大问题。他经过深入细致的调查了解后，以公司技术创新为基础，联合青海师范大学化学系共同研究、探讨。2007年5月，金诃藏药与青海师范大学协作的"丸剂溶散时限"试验成功，使民族药中的水丸制剂普遍存在丸剂溶散时间长、崩解度差的问题得到彻底解决，是藏药工艺发展史上一次质的飞跃，对藏药工艺的发展起到重要促进作用。仅几年发展，企业已发展成为每年完成生产丸剂 1.7 余万粒，胶囊 1.3 余万粒，颗粒剂约 132 万袋，洗剂 5 万余支，还有金、银、铜、铁、锌、锡等矿物原料的炮制，共计产值达 9900 余万元，年主营业务销售达亿元，年上缴税收 1800 万元的企业，取得了经济和社会效益双丰收。另外，他还参与了以下重大项目与管理工作：2002 年 9 月，公司技术中心申报的藏药分析实验室和药理实验通过国家中医药管理局三级实验专家评估验收；2004 年金诃藏药承担建设的"国家重点技术改造国债项目——藏药高新技术产品产业化 GMP 技改工程项目"竣工验收；2004 年以来组织参与旧厂、新厂两次 GMP 认证，从组织编制 GMP 软件，到 GMP 的硬件改造，为 GMP 顺利通过奠定了扎实的基础；2005 年 11 月申报的"藏药制药联合研究开发中心"被西宁市科技局批准为"西宁市企业研究开发中心"。

孙泰俊从事藏药生产、研发和管理工作近 20 年，先后参与研制"珍龙醒脑胶囊"等 25 种新药和 6 种国药健字保健食品。组织编写及整理了 25 个药品的申报资料，于 2002 年 2 月申报取得国家食品药品监督管理局的国药准字号批文，是当时青海省及民族药行业中通过最多的品种及剂型，其中安儿宁颗粒、红龙镇痛片等几个品种临床疗效显著，近几年为企业创造了丰厚的业绩和利润，有 21 个品种在 2007 年申报了国家发明专利。同时还参与了青海省科学技术厅主持的 2004 年"青海主要药用野生植物资源分布规律及保护利用对策研究"重大项目的研究。2007 年申报新药研发国家发明专利 21 项，2010 年申报新药研发国家发明专利 4 项，2011 年申报药品外观设计专利 48 项授权。

2005 年，公司在经营体制发生变化后，他针对药品形势和市场环境，及时地调整了经营体制，组建了一支职业经理人组成的营销团队，细化分工，职责分明，并通过多次培训、融合，激活了团队的凝聚和冲击力。一是加强市场管理；二是稳定和发展以现有 OTC 市场总代为主的网络格局；三是建设自己的营销队伍。2007 年以来开创全国首家"金诃藏药馆"营销新模式，培育了庞大的市场需求的新空间，走上增长之路，销售业绩创下了历史新高。

如今，他无暇回首自己付出的心血和汗水，又踏上了新的征程，跋涉在莽莽草原、皑皑雪山，采撷藏药奇葩，运筹产业发展，正以昂扬的斗志和饱满的热情，奋力拼搏，不断地超越自我、完善自我，朝着既定的目标阔步迈进，迎接灿烂辉煌的藏医药产业发展的明天。

不负少年梦　未曾惰寸功

——记原经济管理学院 2000 届校友乙壤月

乙壤月，学名陈晟杰，男，2000 年毕业于西北民族大学经济管理学院；人工智能技术领先企业 XrayBot 创始人；中国科学院计算机网络信息中心客座研究员；清华大学五道口金融学院全球金融博士，香港理工大学管理学博士；中欧国际工商学院 EMBA/ 招生面试官。创立 XrayBot 前，乙壤月曾在京东、汇付等著名科技及金融企业担任集团副总裁、CFO、CEO 等高层管理职务，早前他还曾在华为集团的多个核心业务领域任职多年并担任重要主管。

立志宜思真品格，读书须尽苦功夫

1976 年夏，乙壤月出生在我国大西北某大型企业，父母亲都是优秀技术人员。乙壤月自小品学兼优却少年叛逆，对那个年代中学填鸭式的僵化教学方式非常抵触，整个中学时代的他一直是在非常压抑的状态下度过的。

1996 年，乙壤月考入西北民族大学，这就如为他开启了一扇"逃生窗"，而这里也成为他事业发展的起点。

从入学直到毕业，乙壤月几乎一刻也没闲着，相对于中学时期压抑、僵化的学习氛围，西北民大的学术环境宽松、文化多元且鼓励创新，他迅速开始释放自己的求知欲与探索精神。乙壤月通过严苛考试争取到了西北民大第一批攻读双学位的稀缺机会，而且他还选择了跨文理科攻读：一个专业是国际经济与贸易，而另一个专业是计算机科学与技术，除了他，当时获准攻读双学位的其他几位同学没有人像他那样跨科选专业的。

除了在校攻读，乙壤月从大三起就充分参与到了技术性的商业活动当中，几乎所有的周末和假期，他都是在"电脑一条街"里度过的。在那里，他兼职为一些科技公司做一些诸如搭建局域网、维护电脑及服务器、3D设计之类的技术工作，也逐渐有了"不菲"的收入，大学的后半段，乙壤月基本没有再花过父母的钱。

既是文艺青年又是体育健将的他，在西北民大攻读的日子里反而几乎没有参加过文体活动，因为确实没有时间。即便是路遇了难得举办且颇具吸引力的"周末锅庄舞会"，他大概也只能在旁边停留一会儿，感受一下那热闹友善的氛围。那个时期，乙壤月脑子里都是比尔·盖茨、IBM、互联网、硅谷，站在篝火旁的他偶尔会觉得恍如隔世……

辛勤付出靠自己，自强不息报家国

从西北民大毕业时，乙壤月如期获得了两个学士学位，凭借两个热门专业学历以及大量的实际工作经验，他被正在求贤若渴的华为公司看中，乙壤月的人生步入事业发展的快车道。

华为，无疑是今天中国高科技企业的翘楚，是中国科技在世界的靓丽名片。但乙壤月进入华为的那个时期，华为还远没有如今的盛名，甚至同在深圳的长城电脑、康佳电视等都比它知名。乙壤月刚入职不久，华为就遇上了2000年的全球IT泡沫破灭。那时候华为还是很艰难的，因为通信网络是重要基础设施，要求绝对稳定安全，市场的主流设备供应商全是朗讯、西门子、爱立信这些跨国巨头，运营商一般情况下不敢随便更换设备，像华为、中兴这样国产厂家的设备当时大多使用在村、县及一些经济不发达地市，即便如此，国际巨头还到处封杀它们。

乙壤月在华为的第一个岗位是智能网技术工程师，主要工作是夜以继日地调试、验证、开通由一人高的 IBM 或 SUN 的小型机所组成的智能网机群。后来乙壤月坚持创办人工智能技术公司 XrayBot，多少跟这一时期的智能技术功底有关。那之后，他被派往华为创始人任正非的故乡——贵州，在那里负责该省的移动市场业务及总部派驻当地团队的综合管理。在贵州，乙壤月开始为华为建功立业，成功拿下了当时华为史上最大的一个"网改"项目，即替换了原某国际巨头全省的交换机。这是华为全 IP 大容量交换机首次大规模进入省会城市。这个项目后来对全国甚至全球通信市场产生了深远影响，因为有了这个样板，很多世界级通信运营商的交换机后来都陆续被"狼性"的华为所替换；而乙壤月在贵州更是乘胜追击，带着团队在短短两三年的时间里便将贵州省移动通信网络上的其他很多系统也都替换成了华为的。因为业绩突出，乙壤月被调往首都北京的华为中国区总部，后升任为华为移动集团业务部副部长，直接向主管副总裁汇报工作。在北京，他作为核心主管，开始面对全球竞争最激烈的决策总部，领导华为全国的移动市场业务。

在华为工作了七八年之后，乙壤月在华为的工作已经非常得心应手，他的团队在奋战的移动市场业务依然势如破竹，高歌猛进。华为及客户不断给予乙壤月各种褒奖和荣誉，但顺风顺水之下他反而感受到了危机：他觉得自己进步的速度突然降下来，日子过得太舒服，而这是他不能接受的。那时候他才 30 出头，他觉得自己需要做些转变，于是乙壤月狠下一条心，虽万分不舍，却十分坚决地离开了深爱的华为，携带家眷从北京回到深圳父母身边，开始了人生的第一次创业。

依靠自己虽还不算强大但也羽翼初丰的能量和影响力，他很快组建了一支强大的技术团队，开始开发大容量数据存储系统，这是一个当时国产系统几乎完全缺失的巨大市场，技术难度极高，那时的乙壤月显然是期望再打造一个大容量数据存储及服务器领域的华为。但当费了九牛二虎之力，好不容易在 2008 年开发出了原型机之后，又一场巨大的全球金融危机爆发了，正需要加大投资的乙壤月突然发现谈得很热闹的投资人一夜之间全部消失，甚至早就说好马上打钱的当地园区和金主也开始推三阻四。资金紧缺，加之创业经验不足，团队内部的各种矛盾和压力也开始显现，直至大量人员流失。面临巨大冲击的乙壤月并未放弃，在当时极端恶劣的外部环境下，他拿出过去在华为奋斗时还剩下的一些积蓄，不断尝试各种机会力求活下去，直到他看到了另一个巨大的机会——电子商务！

时光飞逝到了 2009 年下半年，打拼了近十年的乙壤月此时正在中欧国际工商学院攻读 EMBA，一心想着边学习边筹备创办自己电子商务公司的他，在中欧遇到了同样仍在创业的刘强东以及阿里巴巴的核心人物——阿里合伙人、时任集团战略投资总裁的谢世煌。一开始乙壤月只是想找他们取经，但在交流的过程中，刘强东和谢世煌对乙壤月所拥有的先进管理、前沿技术、大型 IT 项目运作的经验，以及乙壤月自身所散发出的拼搏气息充满了兴趣和好感。后来，谢世煌邀请乙壤月加入阿里巴巴，刘强东也邀请他进入京东一起打拼。当时的他想法很简单，一是想回到北京，因为对这个城市有感情；另一方面主要还是想创业，那个时候阿里巴巴规模已经很大了，而京东还是一个创业公司，所以他决定接受刘强东的邀请加入京东，他对自己说："就算是我的第二次创业吧。"

乙壤月加入之后，为京东带去了很多急需的先进管理方法及发展经验，随后便迎上风口的京东开始步入超高速发展阶段。由于发展太快又导致管理跟不上，人力资源尤其是高级管理人才急缺，乙壤月被委以重伤，在京东主管过很多领域，京东的战略投资部、战略研究部、政府事务部、BD 等部门都是由他一手创办的，期间还主管过市场、公关、企销、公司变革等重要业务板块。

十年后，在回首当时加入京东的决定时，乙壤月的反思是：也对，也不对——说对，是因为对趋势判断正确，正好迎上了 B2C 的风口，对京东，他甚至比对华为和对他自己第一次创业时期的工作更拼命，他们齐心协力、一鼓作气就把京东做大；说不对，是因为如果当时他自己再咬咬牙，坚持做自己的企业，在那种风口之下，自己的公司很可能也早就做大了。

在京东之后，乙壤月还在上市公司汇付集团及大数据集团担任过 CFO 及

CEO，并兼任旗下科技金融支付公司 Globebill 总裁。伴随着这些公司在商业上取得的巨大成功，乙壤月自己的综合管理能力及创业经验也得到了全面提升和加强。

在从西北民大毕业后的 20 年中，除了在事业上不断开拓进取，乙壤月在学业上也从未止步——在中欧国际工商学院攻读 EMBA，在香港理工大学攻读管理学博士，在人称"中国金融黄埔军校"的清华大学五道口金融学院（中国人民银行研究生部）攻读金融学博士……一方面是高速发展的事业，另一方面是不断突破认知边界的勤奋学习，个中辛苦难以言表。

特别是从香港理工大学毕业时，除了顺利获得博士学位，乙壤月还获得了含金量很高的"年度学术论文奖"。他坚持把父母妻儿都接到香港参加他的毕业典礼。时任香港理工大学校长唐伟章先生亲自为他隆重颁奖，当全国政协副主席、香港特首梁振英先生亲自为他授予博士学位证书的时候，乙壤月和他的家人无限感慨，而今天的乙壤月已获聘成为中国科学院计算机网络信息中心的客座研究员。

2016 年，乙壤月已成长成为一位成熟的企业家，国外一家著名世界 500 强公司及国内的一家大型企业集团先后对乙壤月开出了高达千万的年薪，邀请他担任大中华区的总裁及 CEO，但他都没有接受，毅然选择了再次上路——创办 XrayBot。随后，中国科学院宣布战略投资入股，多位高级技术专家及顶尖经济学家也倾力加入。

2017 年，XrayBot 启动"机器智能经济神经系统"项目开发，此等级的超大规模经济数据分析系统，目前在全球范围内只有美英两国的个别企业拥有。乙壤月和他的团队认为，未来人工智能的世界里，全球的经济及金融将以几大智能经济神经系统为核心展开竞争，他们希望 XrayBot 系统能够成为其中之一！这一次乙壤月更加坚定——坚决把全部的资源和精力都倾注在研究和开发上。

几年来，秉承工匠精神坚持做大量的技术投入，为乙壤月及 XrayBot 公司带来了回报——今天 XrayBot 公司的技术及产品，在智能金融赛道上处于领先地位，其研发的"机器智能经济神经系统"是中国第一个将人工智能技术大规模应用于金融投资研究核心流程的数据分析系统，具有完全自主知识产权，产品及服务不但可面向政府及各类型金融机构，也可面向普通投资者。智能金融市场大幕迅速开启，XrayBot智能系统对于金融投资市场中各种复杂、海量信息及数据的深度学习及自动分析能力受到多家著名金融投资机构及专家学者的高度评价。

待到功成名就时，方能笑看来时路

"不忘来时路，方知向何生。"二十多年来，乙壤月始终感恩母校、心系母校——西北民族大学，因为他确信这里是他人生的转折点，是他事业的起点，是他的"风水宝地"。

不负少年梦，未曾惰寸功。乙壤月一路奋力拼搏，几乎在每个发展阶段，他都能以其天生的敏锐洞察与战略远见做出先于他人的决策并长时间付出艰苦的努力，而正是这样的天赋与超越常人的坚持与勤奋，让乙壤月正在一步步成为他想成为的自己。

创业有路 藏药飘香

——记医学院 2005 届校友吉美才让

吉美才让，男，蒙古族，青海省海晏县人，2005 年毕业于西北民族大学医学院，青海省商会副会长，海北州夏格尔藏药开发有限公司董事长。

年轻有梦，风雨无阻

吉美才让出生在海晏县托勒乡一个普通的牧民家庭，懂事的他从小就和兄弟姐妹一起帮助父母放牧。看着乡亲们生病时痛苦的样子，小小的

吉美才让就在自己的心里播下了成为医生的梦想。也就在那时，懵懂的吉美才让对医学产生了浓厚的兴趣，梦想着有一天也可以做一名医生，减轻病人的痛苦。

2005 年，吉美才让顺利从西北民族大学医学院毕业，这为他以后从事医药行业打下了坚实的基础。在学校期间，吉美才让就是一个善于把握机会、孜孜不倦学习的学生。药学书是成就他梦想的奠基石，在他的床边始终放着厚厚的几本，每晚只有看会儿药学书才能安心入睡。在求学期间，有心的他从不轻易浪费时间，细致认真地做药品研制和销售等方面的工作。每个周末，吉美才让都会准时出现在某家药店从事着自己喜欢的工作，在他看来，周末虽然少了一份轻松，却多了一份充实。毕业后，吉美才让在兰州大学药学院

实习，并在奇正藏药公司学习藏药研制及生产技术。实验室的开发研究有了成果，研究成果需要转化成药品，但院校没有在行的药品申报人员，吉美才让就主动担当起这个角色。

在实践过程中，吉美才让深感自己的专业知识不够用，对自己要求严格的他便自掏腰包去沈阳药科大学学习。在沈阳，吉美才让一边专心致志地学习专业理论知识，一边兼职做起了药品代理，全国多个厂家的药品在青海的销售都由他来代理。每天吉美才让奔波在厂家、医药公司、医院，对药品的研制、申报、生产、销售、价格等环节了如指掌。就是在这短短的两年时间里，吉美才让积累了丰富的市场经验，同时也有了一笔不小的积蓄，为以后创建自己的事业奠定了坚实的基础。吉美才让从沈阳药科大学毕业后，本想实现儿时的梦想当个医生，为家乡的父老乡亲们解除病痛，然而现实让这个纯真的梦想破灭了。无奈之下，吉美才让下决心考公务员，为父母脸上增光添彩，可现实却再次给这位刚刚走出校园的年轻人泼了一盆冷水。

吉美才让第一次感到了人生的迷茫，站在人生的十字路口，"怎么办"成了他脑海里唯一存在的词语。干老本行，去大城市闯荡，继续搞药品推销？不行，吉美才让自我否定了这条路。一来，药品推销行业已经趋于饱和，并不像以往那样好做；二来，对家乡那种深深的眷恋和一门心思为家乡父老办点实事的想法让吉美才让不愿离开。在人生的岔路上究竟何去何从，吉美才让再次有种深深的无奈感。

"在藏药中，闻到了梦的味道"

放了一辈子牛羊的大哥对吉美才让说："别胡跑了，去医院慢慢学吧，说不定有用处。"于是，四处碰壁的吉美才让来到海北州藏医院实习。实习没过多久，吉美才让逐步了解了藏药的药性、药理。藏药按八性（轻、重、润、糙、锐、钝、凉、热），六味（甘、酸、苦、辛、咸、涩），十七效（柔、重、温、润、稳、寒、钝、凉、软、稀、干、干枯、热、轻、锐、糙、动）来分细类。藏药不仅药效显著而且价格实惠，医院制剂室传承和新开发的藏药针对风湿、肠胃、肝胆、心血管等疾病的特色疗法，不仅为当地群众解除了病痛，就连浙江、北京、西安、兰州等省市的患者也慕名前来就诊。吉美才让领略到民族传统医药的魅力，也惊喜地发现藏药潜在的价值。藏药的功效虽然很好，可惜覆盖面却不是很广，医院制剂室的药品只能在有限范围流通，不能上市销售，这小小的弊端却让思维活跃的吉美才让看到了自己的价值所在与浓浓的商机。

"在藏药中，我闻到了梦的味道。"在海北州藏医院实习的吉美才让兴奋地说："我的家乡在海北，海北的藏医资源丰富，我在大学所学的专业又和藏医藏药有着密切的联系，这可是办藏药厂的最佳基础啊；同时利用海北州藏医院老专家们的技术，进行产品的研发，并将科研成果转换，这就有了办藏药厂的优势；如果藏药厂真能办成的话，不仅可以创造很多的就业机会，同时可以拉动海北地区的经济发展，对家乡父老来说也算是办了件好事。"

在自己的家乡办个药厂，把家乡的丰富资源转化为乡亲们的希望。抱着这样的想法，吉美才让开始接触海北州藏医院的领导，希望得到他们的支持。在海北州西海镇藏医院后面的厂房里，吉美才让一边仔细查看药品的工艺流程，一边想着怎样和医院领导谈谈自己的创业想法。医院是个大研究所，不仅有专业的仪器设备，也积累了大量的临床经验和丰富的科研成果。吉美才让想把这些潜在的价值转化为产品，和院领导交换了自己的想法。吉美才让丰富的经验和孜孜不倦的学习品格已经给院领导留下了深刻印象，海北州藏医院医务科主任三智曾这样评价吉美才让："这个小伙子专业知识丰富扎实，精通藏、蒙古、英语，更难得的是，他熟练掌握了药品研制、生产及药品注册申报、营销等法律、法规业务技能和知识，能够独立完成新药注册申报工作。他是个难得的人才，更是个创业的人才。"有了对吉美才让专业实力与人品的了解，医院决定与他合作，共同把制剂这块"蛋糕"做大做强。就这样吉美才让走上了自主创业的道路。他总结了自己的创业秘诀，那就是了解自己的优势，把握一切时机，成就自己，服务他人。

创业有路，藏药飘香

吉美才让的创业得到了当地政府的大力支持。据海北州工商局企业科才科长介绍，为了贯彻《关于鼓励大中专毕业生创业促进就业的若干意见》精神，局里已为大学生创业开通登记注册"绿色通道"，在登记注册过程中提供全程服务，实行了大中专毕业生首次创业"零收费"。吉美才让通过"绿色通道"向海北州高校毕业生自主创业基金管理委员会提出申请，得到了6万元的小额创业担保贷款。同时，他将自己打工赚的钱通通拿出来，他的大哥也将自己攒了许久的几万元钱汇来，又向朋友借了些钱，连同贷款共计52万元注册了海北夏格尔藏药开发有限责任公司，而吉美才让也成为海北州大学生自主创业第一人。

经过不懈的努力，海北夏格尔藏药开发有限责任公司目前已经取得了省级监管部门颁发的产品生产许可证和"夏格尔甘露足浴粉""夏格尔活肤膏""夏格尔冬虫夏草胶囊"等产品的批准文号。吉美才让的藏药厂部分产品已走入正轨，进入了试生产阶段。生产出的产品以其独特的功效和纯天然草药制剂不断受到消费者的青睐。藏药厂现在生产的主要是根据藏传典籍《四部医典》开发的"六味藏红花丸"。目前，制剂室可以生产193种藏药制剂，其中新开发研制了23种。

走上创业路的吉美才让不忘帮助更多大学毕业生。"大学生就业难，正因为难才要实践，我愿和他们共同起步。"目光坚定的吉美才让有着清晰和远大的构想。公司13名员工中，有4名当地的大学毕业生。2005年毕业于西北民族大学计算机专业的严贵成说，自己愿意到吉美的公司打工，因为吉美是一个乐于助人的人，再加上在学校时吉美就做过成熟的市场调查，有自己的想法，又有丰富的实践经验，跟他干肯定没错。

吉美才让对自己的藏药厂有着长久的打算，将逐步与各医药科研机构密切合作，开发各种先进、新型、实用、有效、安全的藏医药产品，并投放市场。同时，与国内新型藏医药产品接轨，力争在未来三年内开发3至5种新产品，让藏药开发成为拉动本地经济新的增长点。

助力抗疫，共克时艰

2020年初，新冠肺炎疫情发生以来，口罩、防护服、护目镜等医疗用品供不应求，特别是医用口罩急剧缺乏。小小的医用口罩这样的防护用品，牵动着海北夏格尔藏药开发有限公司的心。

公司积极响应青海省防疫工作的号召，在海北州、县党政及相关部门的支持和山东省援青干部管理组的全力支持和协调下，经多方面的努力，在防疫物资生产设备、原辅材十分紧俏、厂家停工停产的情况下在短时间内从山东协调购进生产设备，为海北州应急建设了一条医用口罩生产线，经过紧张的安装、调试，全面严格的试生产测试、产品检测后，海北州首条日设计生产能力为6万只的一托二全自动医用口罩生产线正式投入生产，填补了海北州境内无防疫物资生产企业的空白，解决了复工复产复学中医用口罩的供需矛盾，同时也延伸了产业发展链。公司新增安置就业20余人，多为海晏县及西海镇高校毕业生，疫情防控期间平均每天正常生产5万只左右的口罩。这些一次性使用医用口罩和一次性日常防护型口罩，均以平价供应海北州市场及医疗机构。

"打赢这场疫情防控阻击战，是每位公民的责任，也是企业责任所系、使命所在，是义不容辞的责任。"在疫情防控的第一线，吉美才让带领公司员工们挺身而出、积极行动、勇挑重担，彰显了新时代民大校友的风采与力量。

回首自己的创业道路，一路风雨兼程。吉美才让说："未来的创业路上还有很多未知的艰难，但我相信，只要坚定信念、鼓足勇气，再加上自己的聪明才智，一定会成功。"我们也相信天道酬勤，命运会青睐勤劳智慧的吉美才让。

产业政策互联网的创新创业之路

——记教科院 2006 届校友兰林

兰林，男，畲族，2006 年毕业于西北民族大学。查策网创始人、总经理，现任深圳市查策网络信息技术有限公司执行董事、深圳市正邦大数据与信息工程技术研究院院长、中共福田区民族团结发展促进会党支部书记、深圳市少数民族团结发展促进会理事、深圳市中小企业家联谊会理事、深圳市新明企业家协会理事。

十三年如一日，深耕细作同一行

1983 年，兰林出生于江西赣州农村，2006 年毕业于西北民族大学应用心理学专业。怀着一腔热血，刚步入社会的兰林踏上了从兰州到深圳的列车。初到深圳，兰林进了一家企业管理咨询公司，为企业提供政策咨询服务和项目孵化指导。没想到，在这行一做就是 13 年。13 年里，兰林先后创办了深圳市正邦企业管理咨询有限公司、深圳市正邦信息技术有限公司、查策网，完成了从一个产业政策行业门外汉到产业政策互联网领军人物的华丽转变。如今，为了自己的梦想，他仍在创业路上不断前行。而他的信念也像一盏明灯，照亮了他的创业之路。

做一行精一行才能在这一行有所建树。刚参加工作的那几年，兰林常常工作到深夜，忙起来的时候更是连续几个月都没有周末。紧张而高强度的工作让兰林迅速掌握了行业相关知识，而行业的特殊性，也让兰林有更多的机会接触和了解各行各业，为未来的发展打下了坚实的基础。

适逢国家大力出台产业政策，深圳作为经济发展的核心城市，产业政策的扶持力度也不断加码。2009年，看好政策咨询市场，秉承着为企业服务的初心，凭借着多年来积累的丰富经验和工作能力，兰林开启了自己的创业之路，创立了深圳市正邦企业管理咨询有限公司。彼时，兰林带领团队致力于企业政策辅导服务、企业管理咨询、高新技术项目孵化、知识产权服务，帮助近千家企业成长壮大。在此期间，兰林也先后担任证通电子、桑达集团、中电集团、震雄集团、国美电器、超频三等国内知名企业产业政策顾问。

尝试跨界，"绕不开"的企业服务

作为一位创业者，兰林富有远见，更勇于挑战。

2013年，物联网行业兴起，看好物联网智能巡检市场的兰林，大胆地开始尝试跨界。拥有丰富项目孵化指导经验的他，把成功开发了公司内部OA系统的技术团队孵化成了深圳市正邦信息技术有限公司。基于RFID技术的智能巡检系统＋安全管理系统为公司的核心技术，并开发了设备巡检系统、水务巡检系统、电梯巡检系统、校园安全管理系统、电力安全管理系统、水务安全管理系统、食药品管理系统等不同行业需求的安全管理系统。深圳市正邦信息技术有限公司也被成功打造为一家智能安全巡检管理系统的软件企业、国家高新技术企业。

截至目前，正邦信息公司一共获得了30多项知识产权，包括由兰林主导的发明专利"一种设备巡检系统及其巡检方法"、实用新型专利、软件著作权等，在市场获得了一席之地。兰林也由此成为了咨询专家里的"软件行家"。

从企业政策咨询到软件系统开发，看似风马牛不相及的两个领域，在兰林看来却有着密不可分的联系，因为两者都是为企业服务的，可以帮助企业更好地成长，而这也正是兰林创业的初心。

解决行业痛点，查策网平台孕育而生

致力于企业政策咨询服务十余年，兰林认为，产业政策对我国经济的发展作用明显，但在服务企业的过程中，他却发现，无论是企业还是作为服务机构自身，要全面获得产业政策信息很难，要掌握并用好产业政策更难。

事实上，涉及产业政策的部门繁多，从主管部门看，有工信、科创、发改、税务、文体、人社等；从行政级别分，又有国家部委、省、市、区／县等。

"不同级别的主管单位有不同的侧重点，并拟定不同的产业政策，而这些政策又在不同的网站或渠道发布，企业查找政策很不方便，无法及时获取信息，或者是好不容易得到了信息，却不知自己公司是否符合，因而往往错过申报。"兰林表示。

面对行业痛点，结合正邦信息原有的研发团队力量，兰林心里萌生了借助互联网和大数据打造产业政策平台的想法，意在让产业政策变得易查、易找、易匹配，最终解决行业痛点。

2017年中下旬开始，兰林率领技术开发团队，尝试运用大数据与人工智能，深度挖掘产业政策并将之结构化处理，把全国的政策集中于一个平台上。

经过近一年的筹备，2018年8月，查策网平台正式上线。随后两个月，兰林带领查策网团队走访了中国几十个城市，包括厦门、福州、杭州、上海、常州、南京、合肥、武汉、南昌、北京、天津、西安、兰州等地，与各地科技企业、政府相关部门、商协会团体、科技服务机构等深入沟通交流，为查策网发展奠定了市场基础。

广受认可，查策网变革行业服务模式

通过深入调研，查策网不断优化平台架构和用户体验，在行业内首次引入数据智能清洗及大数据挖掘技术，解决了海量政策数据结构化问题，是行业内独家将繁杂的政策进行拆分解读，使政策易查，易找的平台。

查策网实现了 1 秒查政策、5 秒匹配的高效服务，实现了最初开发平台的目标，受到了市场的广泛认可。上线一年多以来，查策网实名注册的科技企业会员达 4 万余家，代理机构 5000 余家。

不仅如此，作为行业解决方案提供商，查策网首创了"数字化在线孵化 + 智能 SaaS 工具"，变革了政策咨询行业的服务方式。

2019 年，查策网成功为宝能科技园、南方软件园、天安数码城、深圳软件园、港湾科创产融城等园区搭建了一站式政策服务通道，帮助园区企业更好地使用产业政策，助力园区企业成长。

打破信息壁垒，建立政企连接机制，查策网因此得到各地方政府的大力支持。目前，查策网已为深圳、东莞、天津、上海、青岛等多地政府搭建政策服务系统，东莞市"企莞家"等平台已经正式上线运营。政策服务系统的搭建，为地方政府相关部门落实政策、构建良好的营商环境起到了积极作用，成为了连接政企的桥梁，真正做到"智连接，慧政企"。

作为国内领先的产业政策互联网平台，查策网正在不断地引领行业的发展。经过不断的迭代升级，目前，查策网已开发智能机器人客服系统，实现了产业政策查询和使用的智能化。

不忘初心，砥砺前行

坚定的信念，能使平凡的人们做出伟大的事业。

2019 年 12 月，兰林所在的查策网成功举办了第一届中国产业政策高峰论坛，来自国内的知名专家学者、政府领导、企业代表、行业协会代表、园区机构代表 400 余人参加，包含 1 位院士、18 位教授和 42 位博士参加，成了产业政策发展途中新的亮丽风景线。

成立短短一年多的时间，查策网受到了政府、园区、企业、服务机构等的广泛好评，平台影响力与日俱增。2019 年 12 月 8 日，查策网创始人兰林在接受央视网《美好守望者》栏目组采访时表示：利用人工智能技术搭建的这个大数据平台，一方面是帮助政府更有效地宣导产业政策，营造良好的营商环境；另一方面也是帮助企业高效快捷地用好产业政策，提升企业发展速度。

"企业在创新创业及转型发展过程中，离不开产业政策和产业服务，查策网有幸参与探索和实践，做了一件有利于企业创新发展，有利于社会和国家的事情，我倍感荣耀！"兰林说，未来，查策网还将致力于帮助企业完成产业链的赋能和价值链的塑造。

不忘初心，方得始终。我们相信，在兰林的带领下，查策网定将扬帆远航，抵达成功的彼岸！

不忘初心　做新时代"赶路人"

——记电气工程学院 2007 届校友马占虎

马占虎，男，回族，1984 年 5 月出生，宁夏回族自治区固原市人，2007 年毕业于西北民族大学电气工程学院。现任甘肃驭驰天下汽车服务股份有限公司董事长。

不一样的学生

马占虎，人如其名，他从记事起在同龄人中就是娃娃头，虎虎生威，心思灵巧，带着小伙伴们干了不少"惊天动地"的大事儿，学习也是一点没落下，是大人们口中"别人家的孩子"。

从小学到初中、高中，马占虎一路走得顺畅，在老师眼中，他是学习的"好苗子"，在同学眼中，他是行走的"知识库"，爱折腾、喜欢尝鲜，让马占虎的少年时期过得无比丰富。然而，临近高考之际，因为身体原因，马占虎没有考出理想的分数，这曾是他的遗憾，却也是他今后迈入社会大门的一件幸事，这一切源于他与西北民族大学的遇见。

2003 年 9 月，马占虎背着行囊走进了西北民大，成为电气工程及其自动化专业的一名新生，在书香氤氲、朝气蓬勃的校园，他感受到了无比的惬意与欢喜。因为活泼开朗的性格与突出的协调领导能力，他很快与同学们打成一片，开学的第一次班会就被选为班长。马占虎也没有辜负同学们的信任，热心班级事务，尽职尽责，营造了良好的班级氛围。大学四年，马占虎曾担任班级团支部书记、学院学生会主席等职务，在大三时成了一名光荣的共产党员，是当时校园里的风云人物。

在人群中显得出众，是外表使然，在人生路上走得超前，便是性格决定。马占虎始终好奇、咬定目标拾级而上的性格，在大学阶段体现得尤为突出。刚入学，当周围的同学们享受大学生活的时候，马占虎心里萌生了一个念头：不管在宿舍楼还是图书馆，大家都要走一段距离才能买上日用品或是零食，何不就近摆个地摊呢？生意应该不会差。说干就干，马占虎选取了最佳的位置，摆起了地摊，因为价格合理、种类齐全，生意很不错，足以贴补自己的生活费，减轻了家里的负担。

首次试水成功之后，马占虎在课余时间开始勤工俭学，充分发挥自己"最佳辩手"的口才，兼职做过销售、培训学校校长等多个工种，早早地积累了一些社会经验。其中，他印象最为深刻的是第一次失而复得的创业体验。当时，校园里有很多古建筑，马占虎看到很多同学买明信片寄给远方的家人朋友，他想到可以制作有西北民大主题的卡片卖给同学们，既实现了通信的需求，也体现了民大的特色。思虑成熟后，他投入了自己兼职积攒的5000多元钱，与一名同学合伙开始干，相比当时一个月300元的生活费，这笔钱算是巨款了。找摄影师、打印店，忙活了一个多月，他们赶制出来了第一批西北民大主题卡片。马占虎开始逐个宿舍推销，让他始料未及的是同学们并不买账，销售惨淡。临近暑假，积压了几千张卡片，心灰意冷的合伙人也不再参与了，留下马占虎和一堆无人问津的"废纸片"。马占虎反复翻看着手里的卡片，想不明白，质量过关、价格不高，怎么就卖不出去呢？他不死心，有空就去宿舍推销甚至免费送一两张。暑假期间，因为创业押上了全部身家，马占虎正愁学费和生活费从哪来，之前可是给父母夸下海口再不用家里资助了，现在兜比脸还干净。幸运的是，有一天，马占虎收到了一位同学要买下所有卡片用来迎接新生的消息，他如释重负，所有的努力总算没有白费。那一刻，他体会到了失而复得的意外之喜以及创业的成就感，也为他今后走上创业之路埋下了种子。

对马占虎来说，大学四年他收获了太多，学到了专业的知识，遇到了交心的朋友，挖掘了多方面的才能，受到了良好的社会启蒙，培养了步入社会的适应能力，"勤学、敬业、团结、创新"的八字箴言深深刻印在他的心里，这是西北民大人的共识，也是值得遵循一生的真谛。

跳出舒适圈

大学毕业后，马占虎顺利进入国有企业端上了"铁饭碗"，得益于在校期间写程序、做推广的经验，工作上手很快，入职不久，便成为某个重大项目的执行人之一。随着项目的顺利开展，马占虎不仅得到了职位上的晋升，也获得了丰厚的薪资回报。然而，日复一日的常规工作，他逐渐失去了激情，想要更进一步、做一些突破的想法占了上风，他决定辞职考研。

因为缺乏系统的管理知识，马占虎选择报考兰州大学管理学院。为了这次考试，他拿出了高考时的劲头，全心全力投入其中，也算是弥补当年高考发挥失常的遗憾。用上了百分之百的努力，马占虎收获了应得的成绩，顺利考取了该专业的研究生。

步入新的校园，不变的是走上创业路的敏锐与果决。研一时，马占虎创办了兰州天豪文化传播有限公司，那一年，他25岁，真正开启了他的创业生涯。公司要做什么业务，马占虎心中早有想法。当时学校食堂、宿舍还没有安装电视，他想到与学校商议，自己投资在学校能安装电视的场所安上电视，70%时段的播放内容交给学校，其他30%的时段由自己安排插播适宜的广告，以此赚取广告费用。获得学校的准许之后，他迅速在兰州理工大学开始实施第一个试点。当时，网络与电视之间的转播技术应用较少，马占虎自己摸索，完成了相关技术工作，成功上线了首档校园媒体。随后逐步完善，自主开发完成了"数字化校园网络电视平台"项目，并获得科技部创新基金立项支持，累计到位资金115万元。截至2014年，该平台已落地兰州市8个高校，覆盖10多万师生。

谈及此次创业经历，马占虎坦言，基于项目的性质，公司经营平稳，但是发展缓慢，规模做不大，因此，他又开始谋划起新的项目。通过对二十几个项目的考察筛选，最近选择汽车后市场项目，构建全国汽车连锁平台体系。说起选择该项目的原因，马占虎讲道，汽车售后服务市场容量大，跑道长，更重要的是当时还没有形成行业龙头企业。"这个项目值得一做，而且能够长期发展！"打定主意后，马占虎重新组建团队涉足汽车后市场业务。

招兵买马，租赁场地，马占虎在雁滩高新区开了第一家店，取名"车行天下"。从传媒行业跨行到汽车服务行业，马占虎成了"门外汉"，技术、经营统统不懂，而且行业普遍零散、混乱，没有相关标准可以参考。马占虎开始天南海北地跑，最开始的半年时间，他跑遍了北京、上海以及广东等多个一二线城市的汽车服务门店"取经"，回兰州后，一有时间，就坐在店里看员工怎么工作，客户有哪些需求，一点一滴梳理完善汽车服务行业的准则，照此标准培训店员，提高服务水平。他也逐渐明晰了方向：打造一家价格适中、服务到位、性价比高的汽车服务连锁企业。

行业新标杆

2016年1月，甘肃驭驰天下汽车服务股份有限公司成立。考虑到行业混乱的现状，马占虎决定以收购的方式拓展店面，也能达到逐步规范行业秩序的效果。与此同时，他安排专业人员制定行业标准，从源头提升行业服务质量。2017年，驭驰天下向商务部提交了行业标准制订方案，获得汽车连锁特许经营许可，也是全国第一家官方备案的汽车服务企业。同年，企业获得了兰州科技产业发展投资基金2500万元的第一笔融资，市场估值1.2亿元。有专业的服务标准及充足的资本做基础，驭驰天下发展迅猛，优质人才储备充足，每年开店数量呈几何倍数增长。目前，驭驰天下在兰州市有11家店，在银川有4家店，未来将按照"社区店＋中心店＋钣喷中心"快速布局市场。

同时，为了进一步提升服务质量，驭驰天下与各大保险公司合作，为客户提供更贴心、省心的服务；与驾培学校合作，为车主提供一站式服务；2019年7月，与京东达成战略合作，双方在产品经销、门店开设、智慧管理系统、人才培训、汽修联盟建设等方面展开深度合作，线上线下相结合，将开启全新的汽车后市场行业智能服务模式，这也是京东在全国范围内该行业合作的首家企业。五年的摸索与升级，"驭驰天下"已经成为汽车后市场行业的一块金字招牌。

2020年，突如其来的疫情将汽车后市场企业及上下游供应链企业进行了大洗牌，驭驰天下凭借过去打下的扎实基础，迅速将线下业务转型为线上营销和培训。目前企业稳居行业前列，企业估值5亿元。谈及今后的发展，马占虎表示，早在去年，企业制定了"一核两翼"的发展格局，"一核"是驭驰天下汽车主营业务，"两翼"是企业成立的实业资产板块公司，以及省商务厅主管，驭驰天下作为主发起人合伙人参与成立的甘肃省绿色生态通道物流产业发展基金，该基金首期规模达13亿元。马占虎透露，驭驰天下汽车后市场主营业务不会变，资本的加持将为业务升级及品牌塑造带来质的飞跃，企业计划未来3～5年完成上市。

在这条曲折的创业路上，马占虎一路奔驰，吃了不少苦，也收获了很多成功的喜悦，他本人及企业曾获得国家高新技术企业称号、第六届全国创新创业大赛甘肃赛区三等奖，入围全国行业决赛、华龙杯投资创业大赛三等奖，成为银川市委首批"高精尖缺"骨干人才，2018年度、2019年度AC汽车中国汽车后市场连锁百强、商务部2018年中国汽车后市场连锁百强企业。

作为西北民族大学的幸运儿之一，马占虎以自己的成长经历为依托，感谢母校给自己提供了广阔的发展平台，希望母校继续重视学生的个性化发展及综合素质的教育，鼓励学生在实践中多锻炼，未来能培养出更多对社会对国家有用的栋梁之材。

高原上"智慧城市"的建设者

——记马克思主义学院 2010 届研究生校友才让扎西

才让扎西，男，藏族，中共党员，硕士学历，2010年毕业于西北民族大学马克思主义少数民族理论与政策专业并留校在校党委宣传部工作。2016年，离职并创立青海东山恒智信息科技开发有限公司，任董事长。

校园的记忆

时光荏苒，岁月如梭，西北民族大学学习、生活、工作的经历，他认为是殊深驰系。春天的三四月，校园里扑面袭人的丁香花，给他留下了深刻的印象。"那里有一处被称作丁香园的地方，也是每天在文科楼上课学生的必经之地。"他说，"作为民大学子，我如何不知此地？"可见他对此的感情。"每年春季是校园中最有青春气息的时候，花香、书香，友情、诗情和多民族文化的展演，让曾经在那里生活过的学子记忆深刻。"在丁香园畔读完了本科和硕士学位，也领略到了我国丰富多彩的民族文化。回忆起在母校学习和工作的时光，他不禁露出久违的微笑，上学时，每一节清晨的晨读，每一场酣畅淋漓的篮球赛，每一次食堂的聚餐……工作后，每一次和同事们奔赴新闻一线时的兴奋，每一次挑灯夜战写出新闻稿时的成就感，每一次同事们聚会时的快乐……都历历在目。在民大的学习经历和工作经验，对他能更好地应对之后创业中遇到的挫折和困难。在工作中，他一直恪守"勤学、敬业、团结、创新"的校训。

创业的执着

在创业短短的几年时间里，经历了许许多多让人刻骨铭心的事情，艰苦奋斗是每一家初创公司都要面对和经历的事情。他记得在刚接手贵德智慧城市项目的时候，对顶层设计理念还有点把握不准，申请了贵德县政府的授权，只身一人跑到北京去找中央网信办、住建部、国家发改委等五个对口部委了解情况，一趟一趟地跑，一次一次地问，核心围绕国家为什么要做新型智慧城市，要达到什么效果等问题进行咨询和讨论，每天回到酒店捋思路，不清楚的再去问，最后住建部的门卫开玩笑给他起了个名字"青海智慧藏族小伙"，也是有了这个经历，他才能够思路清晰地回到贵德，做出优化后的顶层设计，更符合贵德县的实际情况，更便于落地。

2018年7月，他去北京参加中国智慧城市产业与技术创新战略联盟会议，这个会议云集了国内很多IT行业的大咖，在会议休息期间与其他公司做交流时，得知他是来自青海的一名藏族青年，几乎所有交流的公司都露出了诧异的眼光，因为他是各位IT行业大咖见过的第一个做智慧城市的藏族，能歌善舞和藏传佛教大概是他们对藏族仅有的了解。在随后的交流过程中，才让扎西从智慧城市的顶层设计讲到纵深系统的融合，从系统内的工作流推送讲到外置终端感应设备架设，从产品核心技术壁垒讲到商业推广模式，等他讲述完毕后，讨论会上的嘉宾们纷纷投来了赞许的目光，成功转变了对青海藏族青年的看法和认识。会后联盟推荐青海东山恒智信息科技开发有限公司成为理事单位，同年联盟推荐他入选教育部研究生智慧城市技术与创意设计大赛专家库。这件事情也一直激励着他不断探索和学习，努力对标内地的互联网公司，虽然公司起步晚，但是有决心迎头赶上，努力为建成第一个藏汉双语系统的智慧城市不懈奋斗。

社会的肯定

作为公司最高层领导,他特别注重个人的品德修养,遵纪守法,讲原则、讲团结、讲稳定、顾大局,在大是大非问题上,始终能够做到头脑清醒,立场坚定,旗帜鲜明。在紧张繁忙的工作中,首先把公司建设和团结稳定工作放在首位,经常同各族员工进行沟通、交流,时刻打造一种相互信任、相互支持、精诚团结的氛围。他在开会和学习时强调,员工要在工作上踏实,作风上朴实,为人处世上诚实。在管理方面不失时机地制定完善各项规章制度,坚持做到对事不对人,干事靠制度,做到言行一致,廉洁自律,勤政务实,不计较个人得失。在组织方面,凭借他个人的领导艺术和人格魅力,造就了一支有向心力、号召力和凝聚力的员工团队,在公司上下形成了民主管理的良好氛围。2017年,才让扎西成为智慧城市高级规划师;2018年,他被评为国家研究生智慧城市技术与创意设计大赛专家库成员;2018年,担任中国智慧城市产业与技术创新战略联盟理事。他所创办的公司2018年与深圳市腾讯计算机系统有限公司合作,成为腾讯政务旅游行业青海省独家合作伙伴,并在2019年荣获华为"最佳ISV伙伴""智能计算突出贡献合作伙伴"两项证书。

党员的担当

无论是在高校任职老师,还是创立自己的互联网公司,才让扎西始终牢记自己是一名共产党员,时刻提醒自己要听党的话,跟党走,踏踏实实做事,老老实实做人,热爱党、热爱祖国,忠诚党的事业,坚定不移地走有中国特色的社会主义道路,用自身一点一滴的言行诠释共产党员全心全意为人民服务的宗旨,用自己的实际行动认真践行"三个代表"重要思想。作为公司党支部书记,他要求全体党员要在工作中对外抓好舆论工作,对内严肃对待党建工作,树立党员形象,不断增强党支部的凝聚力和战斗力。2020年初,面对这一场突如其来的新型冠状病毒感染的肺炎疫情时，他带领专业的技术团队勇于担当，主动以公司和公司党支部名义向青海省红十字会各捐款一万元，并研发"新型冠状病毒性肺炎自查上报平台""疫情防控检查站检录系统"两款抗疫小程序，给战斗在一线的防疫工作人员送去一份微薄的温暖与关怀。

饮水思源，作为校友，才让扎西感恩母校的栽培，也密切关注着学校的建设和发展。在母校 70 年华诞之际，他祝愿母校宏图再展，桃李芬芳！

后 记

2020年西北民族大学迎来了她70岁生日。70年赓续奋进，70载薪火相传。西北民族大学走过的70年就是一部创业史、奋进史、发展史。70年的光阴里，18万余名民大学子，秉承朴实无华、甘于清贫、淡泊名利、无私奉献的黄土地精神和志存高远、奔流不息、百折不挠、勇往直前的黄河精神，走出母校的怀抱，在祖国各地、各条战线谱写着奋进的旋律，续写着民大的辉煌。

校庆前夕，通过出版《西北民族大学校友风采之七十年七十人》，展示校友风采，秉承和发扬"黄土地、黄河"精神，守为党育才、为国育人之初心使命，赓续奋斗、砥砺前行，全力推进高水平大学和一流民族大学建设，显得更有意义。

学校党委和行政高度重视此书的出版工作，成立了以学校党委副书记、副校长李辉同志为主任的编委会。编委会精心筹划、周密安排，在甄选前六卷《校友风采录》入选校友的基础上，积极吸纳补充了近些年涌现出的优秀校友，共70人。

受新冠肺炎疫情的影响，本着对校友健康负责的原则，本书的编写方式由"访谈"改为"约稿"。包括编委会主任在内的每个编委通过各种途径积极联系入选此书的70位校友，转达学校对校友的关心和问候，详细介绍编写要求，回答校友的关切，得到了所有校友的理解和支持。校友们按照编写要求，认真撰写，如期交稿。书中的每一篇文章、每一个故事，每一句肺腑之言都倾注着对母校的深情厚谊，令人感动。借此机会，向各位校友表示由衷的敬意！

在此书的编辑过程中，得到了学报编辑部李晓丽和戴正两位老师的大力支持和帮助，在此一并表示感谢！付梓之时，还要感谢学校党委和行政对编委会的信任，感谢各位校友对编写此书的支持，感谢学校各方面对出版此书的帮助，感谢各位编委几个月来的无私奉献和努力付出。

限于篇幅，择片言成册，能力有限，疏漏难免，期待广大读者指正。

编委会

2020 年 7 月

图书在版编目（CIP）数据

西北民族大学校友风采之七十年七十人 / 李辉主编．
— 北京：民族出版社，2020.9
ISBN 978-7-105-16139-3

Ⅰ．①西… Ⅱ．①李… Ⅲ．①西北民族大学－校友－生平事迹 Ⅳ．① K820.7

中国版本图书馆 CIP 数据核字（2020）第 171933 号

西北民族大学校友风采之七十年七十人

策划编辑：李燕妮
责任编辑：李燕妮　尹俊　肖鑫
封面设计：北京东方乾坤文化传媒有限公司
出版发行：民族出版社
地　　址：北京市和平里北街 14 号
邮　　编：100013
电　　话：010-64228001（汉文编辑二室）
　　　　　010-64224782（发行部）
网　　址：http://www.mzpub.com
印　　刷：河北鑫兆源印刷有限公司
经　　销：各地新华书店
版　　次：2020 年 9 月第 1 版　2020 年 9 月北京第 1 次印刷
开　　本：787 毫米 ×1092 毫米　1/16
字　　数：320 千字
印　　张：21.75
定　　价：75.00 元
书　　号：ISBN 978-7-105-16139-3/K · 2823（汉 1616）

该书若有印装质量问题，请与本社发行部联系退换